职业教育·铁道运输类专业教材

U0649278

TIELU YUNSHU ANQUAN GUANLI

铁路运输安全管理

第2版

杨松尧　主　编
于伯良　李海荣　副主编
冯春祥　主　审

人民交通出版社股份有限公司
北　京

内 容 提 要

本教材为职业教育铁道运输类专业教材,是在中国铁路沈阳局集团有限公司等行业企业的支持下,根据铁道运输类专业人才培养方案以及课程标准的要求,结合近年来职业教育教学改革、校企合作、企业培训实践的基础和经验,在第1版的基础上修订而成。

本教材共6个模块28个单元,内容包括:铁路运输安全管理概述、铁路行车事故处理、铁路行车安全管理、铁路货运安全管理、铁路客运安全管理、铁路运输事故的预防。

本教材可作为职业院校铁道运输类专业及相关专业的教材,也可供相关企业作为培训教材参考使用。

* 本教材配套多媒体课件、教案、课程标准、任务工单、案例分析、录课视频、习题及答案等丰富的教学资源,仅供相关任课老师教学参考,有需求者可通过加入职教铁路教学研讨群(教师专用 QQ 群:211163250)获取。

图书在版编目(CIP)数据

铁路运输安全管理/杨松尧主编. —2 版. —北京:
人民交通出版社股份有限公司,2022.8 (2025.7 重印)
ISBN 978-7-114-17992-1

Ⅰ.①铁… Ⅱ.①杨… Ⅲ.①铁路运输—交通运输安全—安全管理—高等职业教育—教材 Ⅳ.①U298

中国版本图书馆 CIP 数据核字(2022)第 086846 号

职业教育·铁道运输类专业教材

书　　名:	**铁路运输安全管理**(第 2 版)
著 作 者:	杨松尧
责任编辑:	袁　方　杨　思
责任校对:	赵媛媛　魏佳宁
责任印制:	张　凯
出版发行:	人民交通出版社股份有限公司
地　　址:	(100011)北京市朝阳区安定门外外馆斜街 3 号
网　　址:	http://www.ccpcl.com.cn
销售电话:	(010)85285911
总 经 销:	人民交通出版社股份有限公司发行部
经　　销:	各地新华书店
印　　刷:	北京武英文博科技有限公司
开　　本:	787×1092　1/16
印　　张:	14.25
字　　数:	348 千
版　　次:	2015 年 2 月　第 1 版 2022 年 8 月　第 2 版
印　　次:	2025 年 7 月　第 2 版　第 4 次印刷　总计第 14 次印刷
书　　号:	ISBN 978-7-114-17992-1
定　　价:	42.00 元

(有印刷、装订质量问题的图书,由本公司负责调换)

前·言
Preface

课程特点

"铁路运输安全管理"为铁道交通运营管理专业的核心课程,涉及铁路行车、货运、客运安全管理方面的内容。该课程须在学习铁路行车组织、铁路货运组织、铁路客运组织、铁路行车规章等课程的基础上进行。该课程也是一门实践性很强的课程,需要结合铁路运输安全相关的实训设备设施来组织教学。

教材编写背景

教材编写组在中国铁路沈阳局集团有限公司等行业企业的支持下,根据铁道运输专业教学指导委员会制定的《铁道交通运营管理专业人才培养方案》以及《铁路运输安全管理课程标准》的要求,结合近年来职业教育教学改革、校企合作、企业培训实践的基础和经验,根据相关规章的修订,再结合第1版使用者反馈的意见,经过修订形成了本教材。

教材内容

本教材共6个模块28个单元,内容包括:

(1)铁路运输安全管理概述;

(2)铁路行车事故处理;

(3)铁路行车安全管理;

(4)铁路货运安全管理;

(5)铁路客运安全管理;

(6)铁路运输事故的预防。

教材特色

第1版教材经过了近10年的使用,第2版教材吸收了广大使用第1版教材的师生与业内专家提出的意见和建议,按照职业教育校企合作和"工学结合、理实一体化"等教育改革思路编写。

本教材遵循职业教育教学规律和人才成长规律,符合学生认知特点,体现先进职业教育理念,体现产业发展的新技术、新工艺、新规范、新标准,反映人才培养模式改革方向,将知识、能力和正确价值观的培养有机结合,适应专业建设、课程建设、教学模式与方法改革创新等方面的需要,满足案例学习、模块化学习等不同学习方式要求,有效激发学生学习兴趣和创新潜能。

同时,为了贯彻教育部《"十四五"职业教育规划教材建设实施方案》《高等学校课程思政建设指导纲要》的指示和精神,本教材设置了"课程思政"的教学要求,培养安全文化、树立责任意识,为使用本教材的师生进行课程思政教育改革和探索提供参考。

教材编写分工

本教材由辽宁铁道职业技术学院杨松尧老师担任主编,吉林铁道职业技术学院于伯良老师、辽宁铁道职业技术学院李海荣老师担任副主编,中国铁路沈阳局集团有限公司运输部高级工程师冯春祥担任主审。具体编写分工如下:辽宁铁道职业技术学院杨松尧老师编写了模块2、模块3,吉林铁道职业技术学院于伯良老师编写了模块4,辽宁铁道职业技术学院李海荣老师编写了模块5,辽宁铁道职业技术学院代明莉老师编写了模块1,南京铁道职业技术学院白荣老师编写了模块6。

致谢

本教材在编写及修订过程中,收集和参考了大量铁路运输安全管理方面的资料和事故处理的实际案例,得到了中国铁路沈阳局集团有限公司有关站段的大力支持,得到了兄弟院校教师的大力帮助,在此表示感谢。同时,也向人民交通出版社股份有限公司为本教材出版和配套工作所付出的努力表示感谢。

最后,希望读者对本教材多提宝贵意见,以便及时修订、完善(联系邮箱:ysylty@163.com)。

编　者

2022 年 4 月

目 · 录

Contents

模块1
铁路运输安全管理概述

学习目标

1. 了解安全在铁路运输中的地位、我国铁路运输安全的现状。
2. 掌握铁路运输安全的特殊性。
3. 掌握铁路运输各级监察机构的职责。
4. 掌握人员因素对铁路运输安全的影响。
5. 掌握行车安全系统的管理原则、行车重点管理工作、安全管理的手段。
6. 掌握班组的概念、性质和特点，岗位职权与岗位形象以及班组管理的意义、要求和工作方法。

技能目标

1. 能够根据人、机、环境等因素分析铁路运输安全中出现的各种问题。
2. 能够把铁路运输安全管理原则落实到铁路运输生产实践中。
3. 能够发挥班组在铁路安全生产中的积极作用。

课程思政

在介绍世界铁路发展历程的同时，回顾中国铁路的发展历程，通过对比近200年来中外铁路的发展，引导学生认识到新中国铁路的发展取得了巨大的成就，培养学生热爱祖国、拥护中国共产党的领导的思想情感。

在介绍铁路交通事故的过程中，警醒学生，增强其社会责任感，使其牢固树立安全第一的意识，培养对国家和人民生命财产高度负责的使命感。引导学生吸取前人的教训，总结经验，将所学规章制度的理论知识与实践充分结合，为将来工作奠定良好的基础，为铁路运输事业做出贡献。

建议学时

14 学时。

微课堂

教学导航　　第一章微课①　　第一章微课②　　第一章微课③　　第一章微课④

案例1-1

世界铁路史上第一起行车事故

案例描述：1825年，世界上第一条铁路通车时就发生了行车事故。尽管事故不大，却影响深远。

1825年9月27日，世界上第一条铁路——英国达林顿至斯托克顿铁路正式通车运营，并举行盛况空前的表演。检阅式由5列车组成。第一列由运动号(Locomotion)蒸汽机车牵引，后挂煤水车、若干辆货车和11辆客车。客车编挂在列车中间，专供铁路公司的官员乘坐；在一些货车内加装座位供一般旅客乘坐；其他货车则满载着煤和面粉。除第一列车外，其余4列车均由1匹马拖6辆货车。第一列车由机车的设计者乔治·斯蒂芬森(George Stephenson)亲自操纵。上午9时，列车在奏乐声和欢呼声中出发，铁路两旁人山人海，许多小伙子和孩子跟着火车奔跑，也有人骑马沿路相随。途中列车发生过脱轨，经抢修后继续前进。列车平均速度为13km/h，最高速度达到24km/h。这是世界上第一条正式办理客货运营的铁路。因此，人们把1825年作为世界上第一条铁路诞生的时间。这趟列车的开行，成了当时轰动一时的大事，从而引起了运输生产力划时代的重大改革。

案例分析：资料没有详细记载当时列车脱轨的情形，但是列车脱轨是一次行车事故，影响了行车的时间。

案例启示：从铁路诞生时起，铁路行车事故就随之发生了。

在铁路运输过程中，不安全的风险无处不在，关键在于预防与控制。安全是相对于危害而言的，即指没有危险，不受威胁，不出事故，没有能导致人员伤亡或造成设备破坏、财产损失以及危害环境的条件，就是安全。因此，安全是相对的，当危害性低于某种程度时，即可认为是安全的。铁路运输安全，就是把旅客和货物平平安安地运达目的地。在运输的全过程中没有危险，不受威胁，不出事故。

铁路运输安全是世界铁路发展面临的共同的课题。随着科学技术日新月异，世界各国都采用最新科技成果研制的设备来保证铁路运输的安全。但是，即使在发达国家，每年仍出于各种不同的原因而不断发生不同的铁路交通事故，并对人民生命财产、国民经济造成重大损失。这是为什么呢？因为影响铁路运输安全的因素很多，除了技术设备、规章制度外，还有许多难以控制的因素，例如雨、雪、雾、风暴、泥石流等自然因素，而且许多事故是人为造成的，例如操作人员的违章，民众的安全意识淡薄、法治观念缺乏、科学知识欠缺，甚至有人故意破坏，这些都可以引发铁路交通事故。

单元1.1　安全在铁路运输中的地位

案例1-2

世界铁路史上第一起死亡事故

案例描述：世界上第一个在火车轮下丧生的人是英国议会下议院议员赫斯基森。

1830年9月15日，英国利物浦至曼彻斯特铁路按期完工，盛大的通车典礼在利物浦车站举行。参加检阅的列车由"火箭号""诺森伯兰人号"等7台机车及许多客车编组而成。典礼当天宾客云集，热闹非凡。由于世界上第一条运营铁路在英国诞生还不到5年，火车常被一些封建保守势力说成是异端邪说的产物。鉴于此，大家都想看个新鲜。600名受邀嘉宾也兴高采烈分乘各组列车由利物浦车站出发，向曼彻斯特疾驰而去。列车正常行车速度为32～40km/h。当列车行至帕克赛德时，机车补水。斯蒂芬森操纵的"诺森伯兰人号"也利用这个机会把威灵顿公爵一行人乘坐的客车调往侧线，以便他们观看正线上以"火箭号"为首的浩浩荡荡前进的车队。这时，赫斯基森心不在焉地站在正线轨道上，当"火箭号"机车邻近时，他想往公爵所在的客车上爬。但为时已晚，躲闪不及，结果被压断一条腿，当即"诺森伯兰人号"机车将其送往距帕克赛德24km的地方医院抢救。列车速度最高达到58km/h，只用了25min便到达目的地。这在当时已是创纪录的速度。可是，议员终因伤势过重，抢救无效而于当晚死亡，这次事故成为世界铁路史上第一起死亡事故。消息不胫而走，很快传遍英国直至欧洲。

案例分析：人们虽然由这起事故意识到使用一种新的运输工具可能会带来危险，但更重要的是发现了货车运输的优越性及强大的生命力，因此人们更加重视铁路运输的作用，并重点加强了行车中的安全措施，不少安全规章制度就是由此诞生的。

案例启示：世界铁路史上的第一起死亡事故及其影响力，让我们更加深刻地认识到安全在铁路运输中的重要作用。

我国是一个典型的大陆性国家，经济联系和交往跨度大，需要一种强有力的运输方式将整个国家和国民经济联系起来，同时引导和促进其他运输方式的发展。铁路运输最显著的特点是载运质量大、运行成本低、能源消耗少，既在大宗、大流量的中长以上距离的客货运输方面具有绝对优势，也在大流量、高密度的城际中短途旅客运输方面具有很强的竞争优势，是最适应我国经济地理特征和匹配人民收入水平的区域骨干运输方式，这也决定了铁路在我国运输市场中居于主导地位。因此，铁路是我国重要的基础设施、国民经济的大动脉、交通运输体系的骨干，安全、准确、迅速、经济地输送旅客和货物是铁路运输的职责。

运输安全是运输生产系统运行秩序正常、旅客生命财产平安无险、货物和运输设备完好无损的综合表现，也是在运输生产全过程中为达到上述目的而进行的全部生产活动协调运作的结果。铁路运输是现代社会主要的运输方式之一，确保运输安全是铁路运输的第一要务，安全是整个运输工作的核心。铁路运输生产的根本任务就是把旅客和货物安全、及时地运送到目的地,但是铁路运输是一个"大联动机",具有高度集中、半军事化、各个工作环节紧密联系和协同动作的特点,铁路运输工作由互相联系、互相影响的多部门、多单位、多工种协同配合完成,各部门、各单位、各工种间的紧密联系和协调一致对于保证铁路运输安全有着决定性的意义。因此,铁路运输生产的作用、性质和特点,都决定了铁路运输必须把安全生产摆在各项工作的首要位置。

一、安全在铁路运输管理中的地位

(一)安全是铁路运输适应经济和社会发展的先决条件

铁路运输是我国主要的现代化交通方式,因此铁路运输行业对经济、社会和科技发展,满足人民物质和文化生活需要起着重要作用。铁路是国家的基础设施,铁路运输安全既满足了国家重点物资、重要工程建设、重大科研基地及军事运输的需要,也为地方区域经济开发、招商引资和科技发展带来了生机和活力。铁路运输是公益服务事业,铁路运输安全保障了人民生命财产不受损失,提高了广大人民群众的生活质量。随着国家经济体制改革步伐的加快,如果作为国民经济大动脉的铁路发生事故,特别是重大事故,造成行车中断,甚至造成车毁人亡的严重后果,无疑将会给人民带来不幸,给国家造成巨大损失。

事实证明,铁路运输安全的可靠程度,不仅直接关系我国社会主义市场经济的健康发展和改革开放的进程,而且直接影响社会生产、社会生活和社会安定,甚至影响国家的声誉和形象。

(二)铁路运输安全的特殊地位是由铁路运输生产的特点所决定的

铁路运输相较于其他运输方式在安全问题上表现出了不同的特征,这主要是由于铁路运输是在特定的线路上运行,运输的技术组织具有"大联动机"特性,需要车务、机务、工务、电务、车辆、供电多部门的协同配合;由于运输生产的"结合部"较多,所关联的生产工种较多,因而安全工作的难度相对较大。另外,随着运输市场的不断发展,各种运输方式的竞争也在不断地加剧,运输管理体制、经营机制、利益分配等也在发生深刻的变化,这也增加了铁路运输安全的复杂性。概括来讲,铁路运输生产的特点主要体现为连续性、动态性、开放性、伴随性、高风险性及系统性6个方面。

1. 连续性

连续性要求铁路运输生产的产品即"位移"必须以安全作为保证。如果某一生产过程发生了事故,造成"位移"过程的中断,也就是运输产品生产过程的中断,就等于生产出了"废品"或"次品",因此,铁路运输生产必须具有连续性。铁路运输生产的各个环节是环环相扣、缺一不可的,只有协调一致,才能保障运输生产的正常进行,任何一个环节发生事故都会影响一条线甚至一大片,波及范围很大。

2. 动态性

动态性是指铁路运输生产"位移"过程处于时空的巨大变换之中,整个铁路运输生产是动态的,不可预料的因素很多,所以要求每位职工都要把安全放在第一位,不能发生任何差错,稍有不慎,就会造成不可挽回的巨大损失。

3. 开放性

铁路运输生产属于全天候作业,是开放性的,受外界干扰的因素较多,又是在露天环境下进行,受自然条件的影响较大,只有在确保安全的前提下,运输生产才能不间断地进行。它要求每位职工都要忠于职守、坚守岗位、遵规守纪、全神贯注,不能有任何疏忽。由此可见,保证安全是由铁路运输生产自身的特点决定的,是其内在的客观要求。

4. 伴随性

安全依附于生产而存在,只要有铁路运输生产活动,运输安全问题就必然会发生,安全与运输相伴而生;从另一角度看,由于市场机制的作用,企业间的竞争在不断加剧,伴随竞争而产生的安全隐患也在不断增加。

5. 高风险性

随着现代科学技术的发展,铁路运输生产活动广泛采用高新技术,客运高速化、货运重载化、调度集中化使铁路运输的各种技术系统的复杂程度增加,而相应的安全事故的风险也随之增加,铁路运输生产的风险越来越大。

6. 系统性

铁路运输系统是一个开放系统,安全问题涉及铁路运输生产的各个环节,以及铁路运输技术系统的各个方面,包括人员、设备、环境、管理等诸多因素,需要用系统工程的方法加以分析和处理,才能收到更好的效果。

(三)安全是铁路运输产品最重要的质量特征

铁路运输具有社会化大生产的性质,运输是生产过程在流通上的延续。铁路运输生产的全部意义就在于有计划、有目的、有成效地实现旅客和货物空间位置的移动,"位移"即铁路运输的产品。产品的数量以 t·km、人·km(或换算 t·km)计算,产品质量特征包括安全、准确、迅速、经济、便利和文明服务,其中安全最为重要。

就货物运输而言,任何企业的产品只有从生产地安全运达消费地后,才能实现其使用价值,产品的整个生产过程才算完结,运输产品"位移"的质量和社会价值也同时得到体现。"位移"这种产品既不能储存,也不能调剂,它在运输的同时就被消费掉了。如果在发站、到站或途中安全得不到保障,不仅会给物质生产部门造成物毁损失,而且因铁路无法向社会提供运输产品而造成的巨大损失必然使铁路经济效益下降。如发生旅客列车重大伤亡事故,其后果更不堪设想。安全得不到保障,路无宁日,安全已成为铁路运输的生命线。

(四)安全是铁路各项工作质量的综合反映

铁路运输车站多、线路长、分布广,其运输生产系统是由机务、车务、工务、电务、车辆、供电等部门构成的,它犹如规模庞大的"联动机"昼夜不停地运转,自然条件复杂,作业项目繁多,情况千变万化。安全工作贯穿于铁路运输生产全过程,涉及每个作业环节和人员。只要有一段路基、一根钢轨、一台机车和一台车辆关键零部件损坏,一架信号机发生故障或损坏,一个与运输生产直接相关人员瞬间疏忽、违章作业、操作失误,就会造成行车事故、货运事故或人身伤亡事故。因此,在铁路运输生产过程中,各部门、各工种人员必须遵章守纪,才能确保旅客和货物运输安全。

(五)安全是加快铁路改革与发展的重要保证

加快铁路改革与发展,必须有一个稳定的运输安全局面。如果安全形势不稳,不断发生事故,势必打乱运输秩序,干扰总体部署,分散工作精力,社会舆论也会反应强烈,铁路工作就会处于被动局面,铁路改革与发展就失去了重要前提与基础,难以顺利进行。铁路走向市场,更需要确保安全、提高运输产品质量,树立良好的运输企业形象。

若铁路运输安全质量下降,必然会损害企业形象,从而阻碍或延缓铁路深化改革、全面走向市场的进程。面对日趋灵活多变的市场需求,铁路通过运输管理体制、组织方法、经营方式的改革,努力从粗放型经营方式向集约型经营方式转变,重载、高速(提速)及多元化经营带来的运输安全问题日益突出,安全已成为影响运输企业市场竞争实力的"当头炮"。没有稳定的安全形势,就没有铁路运输"大联动机"的高效、正常运转,就难以使铁路运输优势和铁路运力资源得到充分发挥和利用。所以,铁路越是深化改革、加快发展、走向市场,越要强化安全意识,搞好安全生产。

(六)安全是法律赋予铁路运输的义务和责任

《中华人民共和国铁路法》(简称《铁路法》)是保障铁路运输的法律手段。为了保证铁路运输的安全畅通,避免事故的发生,《铁路法》列出了一系列法律规定和措施。其中,有关条文明确指出:"铁路运输企业应当保证旅客和货物运输的安全,做到列车正点到达。""铁路运输企业必须加强对铁路的管理和保护,定期检查、维修铁路运输设施,保证铁路运输设施完好,保障旅客和货物运输安全。"这就从法律意义上规定了保障客货运输安全是铁路运输企业应尽的职责和义务。从法律角度讲,旅客和货物托运人(当事人)与铁路运输企业之间的关系是合同关系(合同形式是客票和运单)。当事人支付费用后,铁路运输企业向其提供货物运输服务,彼此的权利和义务对等。如果铁路运输企业因为事故不能保证旅客和货物运输安全,不仅违背了当事人的意愿,损害了他们的权益,而且违反了《铁路法》的规定。全路广大职工应知法守法,树立"遵章守纪是光荣、违章违纪法不容"的思想,并结合事故案例教育,真正做到忠于职守、安全生产。

在我国,党和国家一贯高度重视铁路运输安全工作,多次强调指出:"铁路一定要把安全运输放在第一位""要把安全作为铁路运输的永恒主题"。经过长期实践和科学总结,"安全第一,预防为主,综合治理"已成为我国铁路运输安全管理方针。

二、铁路运输中安全与效率及效益的关系

长期以来,铁路各级管理人员也都将运输安全摆在重中之重的位置,提出了"安全第一,预防为主,综合治理""安全是铁路永恒的生命线""安全为了生产、生产必须安全"等一系列体现安全重要性的耳熟能详的方针。正是铁路运输在国民经济发展中所处的地位和其关系广大人民群众生命财产安全的基本属性,决定了安全必须摆在铁路运输生产的首位。

作为一种运输方式,铁路运输在从计划经济向社会主义市场经济转变的历史大潮中,在与其他运输方式竞争日益激烈的今天,如何在保证安全的前提下,提高运输效率,进而提高运输效益,是关系自身生存与发展的关键问题。

牢固树立"安全第一"的思想是正确处理安全与效率、效益关系的根本保证。效率一般是指单位时间内所完成的工作量,效益主要包含社会效益和经济效益。运输生产的目的是不断满足国民经济发展和人民生活水平提高的需求,安全没有保证或效率低下都不能实现"人民铁路为人民"的目标,应力求达到安全与效率的辩证统一。尤其是要将安全与效率看作一个统一的有机整体,良好的安全形势为提高效率创造了条件,效率提高后又能更好地为安全提供保障。

铁路运输企业具有公益企业的性质。公益企业最主要的特点是它的一切生产和经济活动首先考虑社会效益,然后才考虑自身的经济效益。由此可见,铁路运输企业需要从国家、人民和自身利益出发,不断提高运输生产效率和经济效益,以获得社会效益和自身持续发展的条件。但是,安全状况不好,运输生产效率就失去原有的意义;生产效率不高,运输安全的根本目的也难以达到,只有在安全的基础上提高生产效率,才能同时实现社会效益和经济效益,"安全第一"的意义和作用也才能真正落到实处。

"安全第一"是安全与生产效率、效益相比较的结果。因为安全是提高运输生产效率和效益的前提和保证,有了安全,运输生产才能有序进行,才会带来效率和效益。特别是当安全与生产发生矛盾时,生产要服从安全,更要坚持"安全第一"的位置不动摇、不移位,防止把安全与生产对立起来的倾向。那种安全状况不好则抓安全而不顾效率、效率不高则抓效率而忽视安全的做法得不到有效遏制,必然会造成生产效率上不去,安全形势不稳定,铁路运输整体工作效率下滑的严重后果。

铁路运输中安全与效率的辩证关系主要体现在以下两个方面。

(一)安全是效率的基础

在铁路运输生产过程中,安全与效率是相辅相成的统一体。安全是效率的前提、基础和保证,效率寓于安全之中,没有安全,效率就无从谈起。一旦发生重大事故,不仅人民的生命和社会劳动成果会丧失,而且铁路运输的具体劳动会成为无效劳动。

一方面,从确保铁路运输畅通无阻、充分发挥运输能力的角度看,安全是效率的基础。近几年来,随着铁路建设的发展,运量和运能的矛盾总体上有所缓解,但一些繁忙区域的铁路运输能力仍然严重不足,以能定运、以能限运的情况仍然存在。解决运能与运量的矛盾不仅要靠增加投资提高运输能力,更重要的是要靠安全正点、畅通无阻,保证铁路运输的正常运转,向安全要效率、要运能。如果发生事故,造成行车中断,则会导致运能大量浪费,运输效率下降。另一方面,即使运能需求比较小,同样也要保证安全。因为一旦发生事故,不仅会造成设施设备的破坏,还要投入大量的人力、物力予以救援,并且会打乱运输秩序,造成列车晚点甚至停运,给铁路运输企业的市场信誉造成无法估量的损害。

可见,安全是效率的基础。没有安全,就没有铁路运输的高效正常运转,就难以充分利用运力资源,更谈不上效率。例如,美国 CSX 铁路公司就特别提出"安全即是效率,安全即是效益",该公司不仅从物质和制度上保证安全生产,而且授予每位职工拒绝不安全工作的权利。

因此,铁路运输企业必须把安全放在第一位,消灭事故,保证畅通,最大限度地发挥运输能力。

(二)效率是安全的目标

运输的最终产品是人或物的位移。铁路运输需要固定资产、人力、材料、能源的大量投入。提高运输生产的效率,有利于降低运输成本,提高设备的利用效率,使铁路运输在市场竞争中更有竞争力。安全是运输的前提,只有保障运输生产的安全可靠,才能提高效率。

提高运输能力,降低综合成本,安全、高效是铁路运输一贯追求的目标。保障行车安全,则是提高运输能力和效率的先决条件。撇开效率,片面地讲运输安全就失去了应有的意义。富有效率的运输生产,才能更好地完善和改进生产过程和生产设施,更好地强化安全。

铁路运输生产是一个动态的过程,影响安全的各种因素、内外部环境在不断发展变化。但铁路运输安全管理的方式方法没有大的差别。我们应当根据铁路运输市场新的环境和特点,积极探索和创新安全管理机制。以贯彻 ISO 9000 系列标准为契机,建立健全各项安全管理机制;实现安全的有序、可控,使铁路运输安全工作真正落到实处,实现安全、效率和效益的统一。

很多铁路运输企业正确处理了安全与效率、效益的关系,在铁路运输生产中带头,整顿干部作风,突出重点,综合治理,提高职工队伍素质和运输设备质量,建立健全规章制度,加强安全监督,在安全运输上不断取得好成绩。多年来,由于在运输组织和运输经营方面加大了投入和改革力度,我国的铁路运输产品结构和运输市场营销有了突破性进展,取得了显著的社会效益和经济效益。这都说明安全与效率并非势不两立,而要使两者和谐统一,关键在于认识上不能有偏差,措施上必须有保证,只有这样,才能把安全生产搞得更好。

总之,安全不仅本身是效益,而且是实现铁路整体效益的基本保证。要使铁路运输工作重点转到提高质量和效益上来,铁路运输生产部门的各级领导和广大铁路职工必须把安全生产作为头等大事来抓,用科学的态度和方法处理好安全与效率的关系,保持铁路运输长治久安的局面,以适应国民经济发展和人民生活水平日益提高的需要。

单元1.2 我国铁路运输安全现状及铁路运输安全特殊性

案例1-3

中国铁路史上第一例死亡事故

案例描述:1876 年,中国大地上出现了第一条营业铁路。它只运行了 1 个月,就因为一次轧死人的行车事故而被迫停运……

1872 年,美国驻上海副领事奥力维·布拉特福在美国驻上海领事乔治·西华、美国驻北京公使娄斐迪的核准下,并在美国政府知情人士支持下,未经中国准许,就组织了一个"吴淞道路公司",诡称要修建一条"寻常马路"而骗取了上海道台沈秉成的许可。沈秉成还指示上海县贴出告示,宣布"吴淞道路公司"有权建造适于车辆通行的道路。后来,"吴淞道路公司"由于缺乏资金,又转让给英商怡和洋行,由它组织成"吴淞铁路有限公司",于1874年在伦敦正式登记,成为一家英国政府认可的公司,总办事处设于伦敦,以怡和洋行为在华代理人。接着,英国驻上海领事麦华佗以建筑"一条寻常马路"为名,向上海当局提出购买上海、吴淞间地皮的要求。由于清朝地方官员态度暧昧,外国侵略者的这个计划得以实施。1876年1月,在已建成的路基上开始铺轨。2月24日试车。6月12日第一次开行至江湾。6月30日,上海至江湾段工程试车。邀请欧洲侨民150人乘坐,全列车载客200人。次日请华人乘坐,载了满满一列。7月3日正式通车营业。这是一条窄轨铁路,轨距30英寸(合76.2cm),采用每码重26磅(约13kg/m)的钢轨;机车叫作"先导号",速度为每小时15~20英里(24~32km/h),客货车辆也是小型的。头等客车长15英尺(合4.572m),可载客16人;火车有12辆,每节长10英尺(约合3m),载重5t。

吴淞铁路通车后,营业收入很高。但是,由于原来在吴淞港口工作的搬运工人及上海、吴淞间的运输工人,在铁路通车后大批失业,沿线大批农民也遭受破产,他们心头燃烧着仇恨的怒火。

吴淞铁路沿线居民从一开始就用实际行动反对外国侵略者筑路。在勘测线路时,标桩屡次被拔走;在填筑路基时,沿线居民因其妨碍引水灌溉,或要求地方当局制止,或直接阻止工程的进行。由上海至江湾一段通车营业后,江湾一带的居民曾鸣锣聚集几百人,捣毁吴淞铁路有限公司办事处的家具和车辆。但无论上海当局官吏不满也好,还是沿线居民破坏示威也罢,始终未能有效阻止外国侵略者筑路计划的实施,他们该怎么修还是怎么修,并不断延伸铁路长度。

一石激起千层浪。1876年8月3日,运行中的火车轧死了一个行人,这如同触发了巨型炸弹的引信,沿线群众的情绪瞬间爆发出来,男女老幼近千人齐集江湾一带,愤怒的群众将肇事的机车司机拉下来痛打,随即他们抬着被轧死的行人尸体聚集在吴淞铁路有限公司办事处门前,高喊口号,抗议示威,吓得办事处的外国工作人员畏缩在屋内不敢出来。他们还采取卧轨和破坏铁路设施等手段,坚决阻止火车开行。抗议示威活动持续了10余天。在群众团结起来同外国侵略者进行英勇斗争的形势下,清政府通知暂停行车。9月开始谈判,10月在南京开始会商,最后中英双方签订了《收买吴淞铁路条款》,规定由清政府用285000两白银赎回吴淞铁路。英国人规定,赎款在一年内分三次付清,而在付清之前,吴淞铁路有限公司继续营业,该公司不但继续获取利润,而且按原定计划,继续把铁路修向吴淞镇。自通车之日起至1877年8月25日止,在一年多的时间内共运送旅客16万余人。

1877年12月20日,最后一期购路款付清后,怡和洋行将吴淞铁路交还清政府。在赎路交涉过程中,清政府一再声明要"收回自办"。当时上海、江湾、吴淞三处的一些商民也曾"请示两江总督,请准铁路继续办理"。但两江总督置之不理,负责接管的官吏当即命令工人撬掉道钉,搬除钢轨,铲平路基,拆毁设备,昏庸地把这条已经赎回的铁路拆除,将钢轨和配件运到台湾。

案例分析:从以上事例可以看出,虽然铁路行车事故不是爆发抗英行动的根本原因,却是一个导火索。由此可见铁路运输安全与政治经济和社会稳定有很大的关系。

案例启示:从中国铁路史的第一例死亡事故对政治、经济、社会稳定的影响,可以认识到铁路运输安全的特殊性。

目前我国的铁路运输生产是在全国纵横交错的铁路网上进行的。截至2020年,全路就有18个铁路局集团有限公司;拥有几万千米线路,数千个车站,几百万铁路职工,配备有大量先进的技术设备;每天有几万台机车和几十万辆货车、客车,编成数以千计的各种列车昼夜不停地运行。整个运输生产活动主要有客运作业、货运作业和行车技术作业,相应地,铁路运输安全主要包括行车安全、货运安全、客运安全、人身安全、设备安全和路外安全等。其中铁路行车安全在运输安全中的地位最为突出,因为人员伤亡、货物损毁、设备破坏等大多数损失是由行车事故造成的。行车安全状况好,旅客和货物运输的安全可靠程度就高,反之亦然。因此,我国铁路在评价运输企业安全工作时,一般采用无行车重大、大事故天数以及无行车事故天数等指标来衡量。一般来说,考察分析铁路行车安全状况,就足以反映铁路运输安全的基本情况。

一、我国铁路运输安全现状

近30年以来,我国铁路行车安全状况经历了一个起伏不定的动态变化过程,其间,有许多综合治理确保安全的成功经验,也从一些触目惊心、损失惨重的事故得到了教训。它们从正反两个方面留给我们很多思考,也提出了许多亟待解决的问题。

自1993年以来,铁道部在全路范围内,围绕干部作风、职工"两纪"、规章制度、设备管理和班组建设等问题,深入展开了安全基础整顿和基础建设工作,使安全基础得到加强、行车安全周期延长。1996年5月21日18时,全路首次实现了100天无行车重大、大事故的运输安全百日。1997年第一季度,连续实现了三个安全月。但是,在成绩面前,有些单位领导和职工产生了松懈麻痹和盲目自满情绪,全路运输安全水平在1997年4月后严重滑坡。尤为严重的是4月29日,在京广线荣家湾车站内,发生了震惊中外的324次旅客列车与停站的818次旅客列车追尾冲突的特大事故,造成324次旅客列车机后1~9位颠覆,10~11位脱轨,818次旅客列车机后15~17位(尾部3辆)颠覆,共造成126人死亡,机车报废1台,客车报废11辆、大破3辆、中破1辆、小破1辆,线路损坏415m,直接经济损失415.53万元(当年价格),给国家和人民生命财产造成了极为惨重的损失,在国内外造成了恶劣的负面影响。

进入21世纪以来,各种新的设备和技术在铁路运输上的应用,大大地提高了铁路运输系统的安全水平,尽管如此,各类铁路运输事故,包括重大事故仍然时有发生。例如2008年4月28日发生的胶济铁路列车相撞特大事故,造成72人死亡,416人受伤,1辆机车严重受损,14节车厢报废,另外还有648m铁路线及部分牵引供电设备损坏,胶济铁路也因此中断运行共21小时22分钟;2009年6月29日,在京广线郴州火车站内,发生列车侧面相撞事故,造成3人死亡、60余人受伤入院。这些事故的发生都与铁路运输系统的安全管理工作失误有关,相关责任人员也都受到党纪国法的严惩。

近年来,高速铁路和客运专线大量投入运营,对铁路运输安全管理工作提出了新的更高要求。全路在"规范管理、强基达标"工作中,运用科学管理方法(如全面质量管理、ISO 9000系列标准等),努力构建规范科学的安全管理体系,全面加强安全基础建设,达到了安全有序可控、基本稳定的目的,全路运输安全取得了事故件数减少、安全周期延长的好成绩。

近几十年来的铁路运输安全管理经验说明,尽管铁路各部门、各级领导和广大干部职工为铁路运输安全生产付出了许多心血,做了大量艰苦、细致的工作,使铁路行车安全技术和管理不断改善和进步,但其安全形势仍不稳定,波动、反复性较大,损失严重的行车重大、大事故时有发生,旅客列车伤亡事故仍未杜绝,货物列车一般事故层出不穷。"抓一下好一阵,抓不紧就反弹"的现象客观存在,安全生产的主动权还未牢牢把握住。铁路运输安全是一个长期而艰巨的任务,不可能一劳永逸,需要在努力完成运输生产任务的同时,居安思危、坚持不懈、抓紧务实、做好各项安全工作。

二、我国铁路运输安全管理经验

影响铁路运输安全的因素复杂多变,各种事故可能会以不同形式出现。但是,遵循铁路运输生产的客观规律,依靠科技进步和发展,把安全经验管理上升到安全科学管理层面,就能在一定程度上做到防患于未然。长期以来,我国铁路主管部门和运输企业,组织广大干部和职工根据形势发展和条件变化,进行开创性的工作,总结出许多好的经验。

纵观我国铁路经实践检验并加以推广的经验,大多内容丰富、内涵深刻、方法科学,并具有以下共同之处。

(1)把安全是铁路运输永恒的主题和"安全第一,预防为主,综合治理"的思想深深根植于各级领导和职工内心,使之成为他们开展工作的行动指南。

(2)将运输安全视为一个大的系统工程,运用安全系统工程理论和方法,分析、评论、管理运输系统,优化"人-机-环境"系统结构,逐步形成比较完备的、可操作性强的铁路运输安全保障体系。

(3)坚持运输安全两手抓:一手抓安全技术设备,一手抓安全科学管理。

(4)安全管理工作抓根本,一是以人为本,建立健全以人的素质为核心,集教育、培训、考核、激励、约束为一体的安全管理体系;二是规范人的行为,抓好各项安全管理制度的建设,建立健全安全生产落实机制,使人的行为、群体行为、管理行为制度化、规范化。

(5)安全管理注重实效,不搞形式主义,尤其针对后果严重的旅客列车重大事故,列车冲突、断轴、断轨事故,找到行车作业操作和控制系统中的关键点,分层次实行有序控制。

三、铁路运输安全管理的主要问题

事实表明,我国当前铁路运输安全状况的总体发展趋势良好,但仍不稳定,还不能满足铁路和国家经济快速发展的需要。而安全管理的基础不牢固已成为铁路运输安全状况不稳定的最主要原因,其主要表现在人员素质偏低、设备质量不良、环境条件较差和安全管理薄弱等方面。人员、设备和环境问题比较直观、易于理解。以下着重对铁路运输安全管理中的问题加以分析。

现代化运输生产必须将现代化管理与之匹配。多年来,我国铁路引进了不少科学管理方法和手段,这在很大程度上促进了铁路运输安全生产。然而,剖析铁路运输安全状况不稳定的原因,发现恰恰在安全管理方面暴露出一些不容忽视的问题。

（一）安全管理的目标不明确

铁路运输企业在安全管理上，尚未正确处理好安全与效益的辩证关系，往往以牺牲效益为代价，不计成本地搞安全，把安全作为终极目标来追求。显然，这是难以适应社会主义市场经济要求的，其结果必然是企业管理重心不断移位，最终也难以搞好安全。

（二）安全管理的思想观念较陈旧

较长时期以来，受传统经验管理的影响，铁路运输企业的安全管理往往是局部的、定性的和静态的，比较注重事故发生后的"事后"管理，而又主要以事故指标评价安全管理工作。就安全抓安全，就事故论事故，不能从有利于提高企业整体素质和管理水平的高度去认识和解决问题。"不出事故就是安全"的片面认识，淡化了"预防为主，综合治理，消除隐患"的思想观念。此外，重硬件轻软件、重形式轻内容、重眼前得失轻长远利益等认识上的偏差，很容易对安全管理工作造成影响。

（三）事故信息价值未得到充分利用

事故是其成因的信息载体，事故信息的价值不仅在于教育作用，也体现在可通过分析事故成因，预防同类事故再次发生。因此，在分析处理事故时，应坚持原中国铁路总公司（现为中国国家铁路集团有限公司，简称国铁集团）提出的"三不放过"原则，即事故原因不明、责任不清不放过，没有防范措施不放过，事故责任者和群众没有受到教育不放过。然而，在许多时候，对于事故原因的分析，常常停留于表面，而对事故的根本原因及不同原因间的内在联系缺乏深入分析，急于定性定责，忙于经济罚款。尤为严重的是因受利益驱使，对事故隐瞒不报、弄虚作假、互相推诿、大事化小、小事化了的不良现象屡禁不止。这种不正当行为既为运输安全留下了后患，也浪费了难以估量的事故信息价值。

（四）安全管理的手段和方法落后

在社会主义市场经济的大潮中，铁路的改革和发展使职工队伍结构、生产技术和运输设备的先进水平、运输组织方式和运营管理模式都发生了很大的变化，但铁路部门习惯性指派工作组、检查组下基层的工作方式变化不大。这种突击式的工作方式虽然短期内能收到一定成效，但难以从根本上解决问题。相反，可能会起到消极作用。如有的单位急功近利、外美内虚、应付检查；有的单位把安全管理等同于行政管理，抓措施性的东西多，抓实质性的工作少；事故预测技术及计算机安全管理辅助系统、大数据及其应用，还局限在较小的范围内。

（五）安全基础仍然比较薄弱

安全基础薄弱主要表现在有些干部作风漂浮、责任心不强、工作抓得不实；少数职工"两纪松弛"，作业有章不循，违章蛮干，简化作业，有些主要行车工种职工对基本规章制度不熟悉，非正常情况下应急和故障处理能力较差，简化培训现象大量存在；规章制度不完善、有重叠，有的规章制度不随设备、作业条件变化及时修订，甚至与《铁路技术管理规程》（简称《技规》）相矛盾；一些行车设备失修，维修费用不到位，新换设备缺乏完善的修、管、用制度，责任制未落实；班组基础不牢，有些班组长不称职，班组自我约束机制不健全，缺乏自控能力。

（六）安全监督管理机制亟待健全和规范

一是管理责任界定不清，各层次管理职责雷同，而且职责中原则性、笼统性的内容较多，操作性不强；二是监督检查不规范，一些单位和部门在安全检查工作中，不同程度地存在着随意性和盲目性，达不到预期效果；三是逐级负责与专业负责、岗位负责之间缺乏有效的衔接，存在着管理漏洞；四是对安全事故的整改效果不明显。一些单位和部门对事故的定性定责存在推诿、隐瞒现象，缺乏追究责任、吸取教训、超前预防的意识，从而陷入事故防不胜防的恶性循环。

四、安全的普遍性与铁路运输安全的特殊性

（一）安全的普遍性

伴随生产而存在的安全问题，对于所有的技术系统都具有普遍的意义，铁路运输系统也不例外。

1. 安全的系统性

安全涉及人员、设备、环境等因素，而这些因素又涉及经济、政治、科技、教育和管理等许多方面。特别对于像铁路运输这样的开放系统，安全既受系统内部因素的制约，也受系统外部环境的干扰。而安全的恶化状态，即事故，不仅可能造成系统内部的损害，而且可能造成系统外部环境的损害。因此，研究和解决安全问题应从系统观点出发，运用安全系统工程的方法，进行综合治理。

2. 安全的相对性

凡是人类从事的生产活动，都有可能出现安全问题，所不同的只是发生事故的可能性有大有小，危害程度有轻有重而已。安全是相对的，不安全是绝对的，系统发生事故的可能性始终存在。但是，事故是可以预防的，可以利用安全系统工程的原理和技术，预先发现、鉴别、判明各种隐患，并采取安全对策，从而防患于未然。

3. 安全的依附性

安全是依附于生产而存在的，它不可能脱离具体的生产过程而独立存在，只要存在生产活动，就有可能出现安全问题。另外，安全是生产的前提和保障，安全工作搞不好，生产便无法顺利进行。因此，需要持久地抓好安全工作。

4. 安全的间接效益性

要保证生产安全，就必须在人员、设备、环境和管理方面有相应适时的安全投入，但安全投入所产生的社会和经济效益却是间接的、无形的，难以定量计算。因此，安全投入往往被忽视，只有发生了事故、造成了损失之后人们才会意识到安全投入的必要性和重要性。事实上，安全效益不仅体现在减少事故所造成的直接和间接经济损失上，更重要的体现在提高人员素质、改进设备性能、改善环境质量和加强生产管理等方面所创造的积极的社会和经济效益上。

5. 安全的长期性

人们对安全的认识往往是滞后的，不可能预先完全认识到系统存在和面临的各种危险，即

使认识到了,有时也会由于受当时技术条件的限制而无法予以控制,随着技术进步和社会发展,旧的安全问题解决了,新的安全问题又会产生。所以,安全工作是一个长期的过程,必须坚持不懈、始终如一地努力抓才行。

6. 安全的艰巨性

高技术总是伴随着高风险,随着现代科学技术的发展,各种技术系统的复杂程度也不断增加。以现代交通运输系统为例,其在规模、速度、设备和管理上都发生了极大的飞跃,而一旦发生事故,其影响之大、伤亡之多、损失之重、补救之难,都是传统运输方式不可比拟的。此外,事故是一种小概率的随机偶发事件,仅仅利用已有的事故资料不足以及时、深入地对系统的危险性进行分析,而现代社会文明进步又不容许通过事故重演来深化对安全的认识。因此,认识事故机理,不断排除系统安全的各种隐患,确实是艰巨的任务。

(二)铁路运输安全的特殊性

由普遍性与特殊性的关系可知,普遍性寓于特殊性之中,特殊性离不开普遍性,可见,铁路运输安全除具有上述安全的普遍性外,还有其特殊性。

1. 铁路运输安全的动态性

机车、车辆在固定轨道上定向运动,是铁路运输最显著的特点,一系列铁路运输安全问题,例如轮轨作用、弓网作用、列车速度控制和进路控制等都是围绕机车、车辆或列车在轨道上的定向运动而展开的。

2. 铁路运输安全失控的严重性

处于高速运行状态的列车,一旦发生设备异常或人为操作失误,可供纠正和避免事故的时间很短,可供选择的应急方式也很有限。加之,铁路线路、机车车辆等设备成本很高,列车对旅客和货物的承载量很大,事故不仅会造成巨大的财产损失、人员伤亡和环境破坏,而且运输中断造成的影响将波及路网,打乱运输秩序,影响社会生产和运输的全局。更重要的是,铁路对其运输对象——旅客和货物没有所有权和支配权,而只提供运输服务,因此事故损失涉及广泛的社会因素,极大地损害铁路的形象甚至政府的威信,其社会影响的严重性难以估量。

3. 铁路运输安全问题的反复性

铁路运输生产具有连续性、周期性和季节性的特点,我国铁路年复一年的春运、暑运、防洪、防寒、防暑等安全问题比较突出。由于受铁路总体技术和管理水平的制约,各种事故和不安全状况的产生也具有一定的"惯性"和反复性,如"两冒错排"(冒进进站和出站信号,错排列车进路)、断轨、断轴等惯性事故,成为经常困扰铁路运输安全的主要问题。

4. 铁路运输安全对管理的依赖性

铁路犹如一台大联动机,是复杂的人-机动态系统,其运输生产过程是由车务、机务、工务、电务、车辆、供电等多工种协同配合的多环节(如货物运输的承运、保管、装卸、运送、途中作业、交付等)作业过程,具有设备数量庞大、种类繁多,设备布局的网络状态和作业岗位独立分散的特点,这就使各工种和各环节的协同配合离不开严格有效的管理。因此,铁路运输安全在很大程度上取决于管理的效能。

5. 铁路运输安全的复杂性

铁路运输安全受外部环境的影响很大,而且难以预测和控制。铁路运输生产是在一个开放的环境中进行的,其过程有较大的空间位移和较长的时间延续。自然环境,如雨、雾、风、雪及各种自然灾害等,均与运输安全状况密切相关。因此,铁路运输安全的综合治理涉及面广、难度大。铁路运输安全技术的发展,包括人员安全素质提高、设备安全性能改进、环境安全质量改善和安全管理水平提高,都是以对上述安全的普遍性和铁路运输安全的特殊性的认识为基础的。

单元1.3 铁路运输安全监察工作

📖 案例1-4

杨庄列车相撞事故

案例描述: ××年12月16日,陇海东线兰考县杨庄车站附近,发生了一起罕见的铁路特大行车事故。由西安开往徐州方向的368次列车与由南京开往西宁方向的87次列车发生相撞,造成死亡106人,轻伤171人,重伤47人。此后,从这里驶过的列车,都会自发地拉响汽笛。

××年12月15日的深夜,368次列车上的副司机阎××已经睡熟了,"伙计,醒醒",阎××的好友、正司机马××也困得睁不开眼,他想叫醒阎××替自己开一会车,自己好去睡一阵。阎××没有醒,马××看到兰考站快到了,便按规定将火车速度从65km/h减为40km/h,如果他这时头脑清醒,会在这里停靠6min,等待与87次列车交会,他还应该注意看另一位同事、运转车长王××在车尾给他发来的信号。但是,他在此刻睡着了,他驾驶的368次列车以40km/h的速度越过出站信号机。本应在车尾部值乘的运转车长王××正在和列车长讨论兰考站停车时间太短而没有按规定出来立岗,也没有发现行车异常,更没有采取任何阻止车行的措施。

"无人驾驶"的368次列车就这样驶入了杨庄车站的一号道岔。

87次列车突然拉响的汽笛声,以及两车接近时铁轨剧烈的震动,把马××惊醒,他立即拉起非常制动,但是已经来不及了。368次列车带着巨大的惯性,冲向他们的同事、郑州机务南段司机岳××驾驶的87次列车的腰部,将6、7、8、9四节车厢撞出铁轨。87次列车被拦腰斩为三截,铁轨扭成麻花状。这一瞬间,是××年12月16日凌晨3时12分。当时王××正准备到车门口去看看,列车相撞,巨大的冲击力让他一下子趴到小桌上,对面正在和他说话的列车长被摔到行李间端门玻璃上。

368次列车驾驶室里,马××在拉起制动后双腿用力一蹬,将自己弹出了正在变形的驾驶室;熟睡中的阎××被震得昏了过去,当他醒来以后,也爬出驾驶室;被撞的87次列车中,司机岳××在强烈的震动中走出驾驶室,他没想到,命运让他在这个凌晨,与同事马××、阎××、王××在杨庄"相遇"。

案例分析: ××年12月15日的深夜,驾驶着由西安开往徐州方向的368次列车,与87次列车几乎同时接近兰考站。**368次列车上的正副司机,由于疲惫困倦,在接近兰考站时均睡了**

过去,"无人驾驶"的 368 次列车就这样驶入了杨庄车站,12 月 16 日凌晨 3 时 12 分与由南京开往西宁方向的 87 次列车相撞,冲向他们的同事、郑州机务南段司机岳××驾驶的 87 次列车的腰部,将 6、7、8、9 四节车厢撞出铁轨。87 次列车被拦腰斩为三截、铁轨扭成麻花状。

　　案例启示:死亡 106 人的特大铁路事故的教训是惨重的,由此我们应该更加认识到加强铁路安全监察工作的重要性。

　　从铁路运输安全生产角度看,建立健全监督检查制度,与制定完善运输安全法规同等重要。我国铁路早在 1950 年 5 月就设立了铁道部行车安全总监察室,负责有关行车安全工作的计划、行车规章制度的贯彻执行及事故发生时的指挥处理。同年 9 月,在全路行车安全工作会议上,确定了监察工作的业务方针、性质和行车事故处理程序与方法,并为各级监察机构配备了专职监察人员。几十年来,我国铁路安全监察工作在铁路运输安全管理中发挥了重要作用,取得了显著成绩。

一、行车安全监察组织机构

　　为了监督铁路行车安全法规的实施,保证运输安全,铁路运输各级组织必须实行严格的监察制度。为此,在国铁集团、铁路局集团有限公司设置行车安全监察机构。铁路局集团有限公司行车安全监察机构具有双重性质,在行政上由国铁集团领导,在监察业务上受上级行车安全监察部门的领导。

　　各级行车安全监察机构除设领导人员外,还应按照车务、客货运、机务、车辆、工务、电务、路外安全和综合分析等业务,分别设置监察人员。监察机构的人员编制,由铁路局集团有限公司根据工作量大小、管辖单位多少、运营里程长短等具体决定,经铁路局集团有限公司行车安全监察机构与有关单位协商选聘。

　　在基层站段可设置不脱产的行车安全监察通信员。行车安全监察通信员有权直接向本单位领导提出行车安全中存在的问题和改进意见;有权不经过本单位领导直接向各级行车安全监察机构反映问题,在不影响本职工作的前提下,完成行车安全监察机构给予的任务。行车安全监察通信员在监察业务上受铁路局集团有限公司行车安全监察机构领导。

　　运输生产班组设不脱产的安全员。安全员对违章违纪行为有权加以纠正,有权越级反映情况,安全员在业务上受铁路局集团有限公司行车安全监察机构领导。目前,在我国铁路作业量比较大的站段设有安全室(科)。安全室是站段的职能科室,而不是安全监察部门。它在行政上受站段领导,在业务上受上级行车安全监察机构的领导,负责本站段的安全检查工作,参与安全管理,及时掌握安全情况,当好领导的安全参谋。

二、各级行车安全监察机构的任务和职权

　　国铁集团、铁路局集团有限公司行车安全监察机构的任务是贯彻"安全第一,预防为主,综合治理"的方针,对行车安全工作实行严格的监察,维护行车安全法规以促进路风建设,保证安全正点、优质高效地完成运输任务,提高社会和经济效益。

　　铁路局集团有限公司行车安全监察机构对铁路局集团有限公司行政领导、业务处和行车

有关单位人员执行行车安全法规的情况有权加以监督,发现有违反行车安全法规的情况,应如实地提出意见并加以纠正;如有关领导不予以解决,则有权向上级行车安全监察机构报告,请求处理。各级行车安全监察机构和行车安全监察人员具有以下职权:

(1)发现作业违反行车安全规定时,有权加以纠正;对危及行车安全者,有权制止,必要时可临时停止其工作并责成有关单位议处;对不适合担当行车工作的人员,有权责成有关部门予以调整。

(2)对危及行车安全的技术设备,有权向有关部门提出意见,要求限期解决;情况严重、确有发生严重事故可能时,有权采取临时扣留、封闭措施,并责成有关单位紧急处理。

(3)发现有关规程、规则、规范、细则、办法、设计文件和施工方案违反《技规》或其他行车安全法规时,有权通知有关单位予以纠正,必要时可停止其实施。

(4)调查处理事故中,确定性质和责任上有分歧意见时,由各级行车安全监察机构提出结论性意见。

(5)有权建议对违反行车安全法规或发生行车事故的责任人员和领导干部予以处分,建议对在铁路安全生产工作中做出成绩和防止事故发生的有功人员给予表彰和奖励。

在上述职权中,由于对事故定性、定责关系重大,行车安全监察机构提出结论性意见时,应积极慎重对待铁路局集团有限公司的意见;如果对领导的决定有不同意见,可以向上级行车安全监察机构反映,请示予以复查处理;若上级行车安全监察机构发现下级单位或下级行车安全监察机构对事故性质和责任的确定不符合规定、处理不当,有权加以纠正。

各级领导要大力支持行车安全监察人员的工作,保证行车安全监察人员正常地行使职权、履行职责,做好监察工作。任何人不得妨碍行车安全监察人员行使职权。如发现对行车安全监察人员进行打击报复者,必须严肃处理。要保证行车安全监察人员必要的工作条件,以使行车安全监察人员顺利开展工作,及时、迅速地了解事故情况,积极、有效地组织抢修、救援工作,准确、果断地确定事故性质和责任。因此,除为行车安全监察人员提供交通、通信、食宿等条件外,还要配备必要的检测仪表、工具、用品,并逐步采用先进的检测手段。行车安全监察部门有权参加或有权召开有关安全会议,查阅有关部门和单位的案卷、记录、报表,借用必要的工具及仪器,要求指派适当人员协助工作等。

三、行车安全监察人员的素质要求和工作准则

各级行车安全监察人员必须身体健康,具有较高的政治思想水平,熟练的技术业务知识,丰富的实际工作经验,中专或高中以上文化程度,较强的独立工作能力。

为了认真执行《行车安全监察工作规则》,各级行车安全监察人员必须遵守以下工作准则:

(1)坚决执行党的路线、方针、政策和国家的法令,维护行车安全法规的严肃性。

(2)预防为主,防患于未然。

(3)执法严明,刚正不阿。

(4)秉公办事,不弄虚作假。

(5)坚持原则,遵纪守法。

(6)积极钻研业务,技术上精益求精。

各级行车安全监察人员如有玩忽职守、执法犯法,造成不良影响的,应予以严厉的纪律处分。

四、铁路局集团有限公司行车安全监察机构的职责

(1)监督检查铁路局集团有限公司管辖内所属部门、单位及铁路局集团有限公司下属工厂贯彻执行上级领导机关颁发的安全生产方针、政策、法令、规章制度、指示等情况,监督检查在铁路局集团有限公司管辖内运行的外单位列车、机车、车辆、动车和轨道车,以及在管辖内施工的工程局、处、段(队)有关行车安全的情况。

(2)监督检查铁路局集团有限公司发布的有关行车安全的规章制度、命令和措施贯彻执行情况,督促有关部门加强质量管理和安全管理。

(3)监督检查各种行车设备、防火防爆设备的养护维修和定期修理,以及确保行车安全的先进技术设备的安装、使用、管理和维修情况。

(4)监督检查与行车直接相关人员的培训教育,任职、提职,技术考核鉴定及体格检查情况。

(5)监督检查有关部门、单位防止路外人员伤亡的工作情况。

(6)参与制订、修订《铁路行车组织规则》(简称《行规》),审查有关行车安全的各种细则办法和作业标准。

(7)参与审查行车设备新建、改造中有关安全部分和与行车安全直接相关的设计文件和施工计划,监督相关文件的执行情况。

(8)根据各个时期的情况,调查研究,提出做好行车安全的措施;对发现的不安全问题,向有关单位提出要求,限期解决;对重要问题,向领导作专题报告;会同有关部门总结推广安全生产经验。

(9)督促有关部门,根据不同时期的情况,及时采取预防性措施,保证安全。

(10)参加调查分析铁路行车重大、大事故,研究处理管辖内有争议的或处理不当的事故;督促有关单位按照"三不放过"原则及时、正确地处理事故;监督检查有关事故救援的工作。

(11)统计分析全局行车事故和路外伤亡事故,总结全局行车安全工作。

(12)检查乘务员公寓的食宿条件、清洁卫生及乘务员遵守公寓制度等情况,若发现问题则向有关单位提出改进意见。

五、站段安全科的工作职责

(1)检查监督站段各部门、各车间执行安全生产方针、政策、法令、规章制度及上级领导的有关指示的情况。

(2)参与制订站段的安全规章制度、细则、办法和各种作业标准并检查执行情况。参与审查、制订站段施工方案和安全措施并监督实施。

(3)监督检查站段内各种行车设备、防火防爆设备、机械动力设备及压力容器等的维修维护情况和使用安全情况。发现有危及行车安全等问题时,及时向有关部门反映。

(4)监督检查行车人员的培训教育,任职、提职,技术考核鉴定和身体检查情况。

(5)调查分析站段发生的一般行车事故、人身和路外人员伤亡事故、设备事故和严重事故

隐患,对事故提出定性、定责意见,在处理事故时要做到"三不放过"。

(6)经常深入地方厂矿企业、居民村落进行保护铁路运输设施和防止路外人员伤亡的宣传工作。

(7)深入车间、班组调查研究,检查职工执行规章和各项作业标准的情况,及时发现问题和排除事故隐患,并提出整改和防范措施。

(8)指导班组安全员的工作,定期培训安全员,总结、推广班组安全生产工作经验。

(9)负责站段安全生产的全面管理工作,对站段安全生产情况进行定期和专题的分析,根据不同时期的特点和要求,及时采取预防性的安全措施,确保安全生产。

单元1.4 影响铁路运输安全的因素

案例1-5

胶济铁路4·28事故

案例描述:××年4月28日凌晨4时41分,T195次和5034次两列客车在胶济铁路山东周村至王村间(K289+610)相撞,引起重大事故(图1-1),该地段限速80km/h,T195次列车实际运行速度达131km/h,已经超速。经初步调查认定,胶济铁路列车相撞事故,是一起典型的人为责任事故。

周村 淄博市
事故地点
王村 K289+610处

周村
淄博市
济南市 王村
山东

T195次客车 北京开往青岛四方
5034次客车 烟台开往徐州

图1-1 胶济铁路4月28日事故现场模拟图

案例分析:

原因一:文件及调度命令传递混乱。原××局(现××局集团有限公司)于××年4月23日印发了《关于实行胶济线施工调整列车运行图的通知》,其中含对该路段限速80km/h的内容。该重要文件仅在该局官网上发布。在没有确认有关单位是否知悉的情况下,4月26日××局又发布了一个调度命令,取消了多处限速命令,其中包括事故发生段。各相关单位根据4

月 26 日的调度命令,修改了运行监控器数据,取消了限速条件。

原因二:漏发调度命令。在调度员接到有关列车司机对现场临时限速与运行监控器数据不符的反映后,4 月 28 日 4 时 02 分××局补发了该段限速 80km/h 的调度命令,但该命令没有发给 T195 次机车乘务员,漏发了调度命令。

原因三:安全生产责任不到位。对最新临时限速命令,值班员未与 T195 次列车司机确认,也未认真执行车机联控。机车乘务员没有认真瞭望,失去了防止事故发生的最后时机。

案例启示:从本案例中可以看出,影响铁路安全的因素很多,在日常工作中,我们应该做好影响铁路安全因素的分析,以保证铁路运输的安全。

铁路运输系统是一个在时间、空间上分布很广的开放动态系统,铁路运输安全的影响因素错综复杂,涉及面很广,与铁路运输安全有关的因素可以划分为四类:人员、设备、环境和管理。

（一）人员因素

1. 人在保障铁路运输安全方面的重要性

在安全问题中,人是影响安全的重要因素。即使是高度自动化的系统也不可能完全避免人的介入,不可能完全不受人的操纵和控制。绝大多数事故的发生均与人的不安全行为有关。据统计,起因于人的差错的交通事故占 80% 以上;电力安全分析显示,80% 的事故的关键性因素为人员;机电设备事故中,由人员因素引发的事故占 60% 左右;矿山事故中,由人员因素造成的事故占 85% 以上;城市轨道交通运营事故中,由人员因素造成的事故占 90% 以上。

人对于安全具有主导作用,在铁路运输安全方面也不例外。铁路运输安全与许多活动有关,这些活动都依赖于高效、安全、可靠的人的行为。铁路运输工作的每个环节、每项作业,都是由人来参与并占据主导地位的,人操纵、控制、监督各项设备,完成各项作业,与环境进行信息交流,与其他作业协调一致。正是因为人在运输工作中处于重要地位,使得人员因素在铁路运输安全中起着关键的作用。

人在铁路运输安全方面的特殊作用可归纳为以下三点:

（1）人的主导性。

在人和设备的有机结合体中,人是主导方面。设备必须由人来设计、制造、使用和维护,即使是技术状态良好的安全设备,也只有通过人的正确使用,才能发挥它保障安全的作用。

（2）人的主观能动性。

只有人才具有主观能动性,能及时处理意外情况。当情况突然变化时,人能立即采取相应的措施和灵活的方法,排除故障等不安全因素,使系统恢复正常运转。

（3）人的创造性。

人能够通过研究和学习,不断提高和改进现有系统的安全水平。

2. 影响铁路运输安全的人员分类和素质要求

（1）运输系统内人员。

运输系统内人员主要是指车务、机务、工务、电务、车辆、供电、货运、客运、工程、安全监察等部门的各级领导人员、专职管理人员和基层作业人员,他们是保证铁路运输安全的最关键人员。铁路运营实践表明,铁路员工,特别是在运输生产第一线的职工和负有管理责任的人员,他们的思想品质、技术业务水平、心理和生理素质等不适应铁路运输工作的要求,往往是酿成事故的重要原因。

(2)运输系统外人员。

运输系统外人员主要是指旅客、货主以及铁路沿线居民、机动车司机等。系统外人员对铁路运输安全的影响主要表现在以下四个方面:

①旅客携带"三品"(易燃品、易爆品、危险品)上车,不遵守铁路运输安全有关规定而引起运输事故;

②在铁路-公路平交道口,经常发生机动车司机和道口行人不注意瞭望,强行通过而导致的道口事故;

③铁路沿线人员无视铁路运输安全法规,关闭折角塞门、偷盗通信器材、拆卸铁路设备和在线路上放置障碍物等,严重威胁铁路运输安全;

④货主不遵守货物运输安全规定,例如在承运货物中携带危险品而不如实申报等,也会影响铁路运输安全。

(3)运输安全对人员的素质要求。

影响铁路运输安全的人员因素是指上述人员的安全素质,主要包括文化素质、思想素质、业务素质、技术素质、心理素质、生理素质和群体素质等,不同工作岗位、不同人员的不同素质的影响程度不同。

①对铁路运输系统内人员的安全素质要求。

文化素质主要包括学历、学习能力、表达能力、安全知识等。文化素质较差导致操作人员对操作手册理解和故障分析能力不够,不能及时有效地避免事故的发生或在事故发生后不能采取有效的补救措施,导致事态扩大。

思想素质包括职业道德、劳动纪律、安全观念等。思想素质不高是导致"三违"(违反劳动纪律、违反操作规程和违章指挥)等不安全行为的重要因素,特别是生产指挥人员的安全意识不强,"先保安全,再保运营"的思想意识树立不牢,往往会大大制约一个企业的发展。

业务素质主要包括业务知识、基本操作能力、应急抢修能力和紧急应变能力等。打好日常基础,做好日常维护,夯实每一个步骤是保证铁路运输安全的坚实支柱,也是预防运营事故的前提条件。况且,由于铁路运输作业经常可能面临各种意外状况,所以行车工作人员的紧急应变能力非常重要。对于安全质量监督人员而言,其还应具备相应的安全管理和质量管理知识与能力。

技术素质主要包括专业设备研究能力、铁路运输经验和设备故障先兆性高度敏锐的洞察能力等。一般情况下不能在铁路运输设备运营时间内进行维护和检修,夜间检修一般交叉作业较多,所以必须有较强的技术能力和丰富的运营经验,才能做好对设备设施高质量、高效能的维护,才能既保证运营成本,也保障运营安全。

心理素质是指影响铁路运输安全的人的个性心理特征,主要包括个体的气质、能力、性格、情绪、需要、动机、态度、爱好、兴趣和意志等各个方面。例如,在气质方面,胆汁质的人往往容易冲动,表现为性急而粗心;多血质的人注意力容易转移,缺乏耐性,这可能成为引发事故的条件;黏液质的人表现为稳定、细心、工作有持久性,比较适合在安全、质量监督和要害部门工作。在性格和能力方面,表现为勤劳、认真、细致、自信和控制能力强的人,以及富有稳定和持久的情绪特征的人,在做好各项安全工作方面更具优势。因此,正确判断工作人员的心理素质,培养其良好的性格和其他心理特征,是保障运输安全的重要前提。

生理素质是指影响铁路运输安全的人体生命活动,包括身体条件及生理状况。主要有年龄、记忆力、体力、耐力、血型、视力、视觉(色觉、形觉、光觉)、听觉、动作反应时间和疲劳强度等,均与铁路运输安全有十分密切的关系。例如,客车司乘人员有视觉功能障碍,不能准确瞭望,极易发生行车事故。再如,司乘人员行车事故与年龄之间构成一种"浴盆"曲线,如图1-2所示。司乘人员时常受到外界人为因素的干扰,而年长者由于生理机能不断衰退,抗干扰能力减弱,往往更容易发生事故。

图1-2　行车事故与年龄关系曲线

对铁路运输事故案例的分析研究表明:运营操作人员必须具备良好的职业生理和心理条件,才能保障正常运营和在意外情况下防止事故发生。

群体素质是指影响铁路运输安全的群体特征,包括群体目标、群体凝聚力、群体的信息沟通、群体的人际关系等。由于铁路运输工作要求多工种协同动作,涉及多个环节,因而它对运输系统内部门与部门之间、部门内人员之间以及同一作业的不同操作者之间的协调性要求很高,这就使群体的作用变得十分突出。群体对铁路运输安全的影响,主要表现在群体意志影响其成员的行为。包括:

a.社会从众作用。个体在群体中,往往不知不觉地受到影响与压力,表现出与群体内多数人的知觉、判断和行为一致的现象,即从众现象。社会从众作用表现在运营安全上具有正、反两方面的意义。在一个遵章守纪的群体中,个别习惯于冒险作业的人会感受到群体的压力而改为安全作业。相反,如果是在一个不重视安全的群体里,少数一贯遵章守纪的人也会顺从群体的错误行为。

b.群体助长作用。一方面,群体的存在可以起到满足个体心理需求、增强勇气和信心的作用;另一方面,群体成员在一起工作,有助于消除单调和疲劳,激发工作动机,使工作效率得以提高。

c.群体规范作用。群体成员在一起彼此影响,会发生一种类化现象,个体差异会明显缩小。规范作用的强弱取决于群体意识的强弱。在安全意识较强的群体里,成员大多能保持安全的操作行为。与此相反,在安全意识薄弱的群体里,成员们为了抢时间、省力气、突击完成任务,往往倾向于不安全行为。对于这样的群体,必须密切注意,加强管理。

②对铁路运输系统外人员的安全素质要求。

铁路运输系统外人员不直接从事铁路运输交通运营生产活动,因此,对他们的安全素质要求主要体现在要严格遵守铁路运输相关运营管理规定,具备铁路运输安全法律法规相关知识,具有较强的安全意识和一定的安全技能、逃生技能。

不同工作岗位、不同人员的不同素质的影响要素如图 1-3 所示。

图 1-3　不同工作岗位、不同人员的不同素质的影响要素图

(二) 设备因素

影响铁路运输安全的设备因素主要是设备的安全性能,包括设备设计安全性、设备可靠性、设备可维修性、设备可用性、设备安全性等。

其中,设备设计安全性为本质安全,也就是设备的 RAMS,即可靠性(reliability)、可用性(availability)、可维护性(maintainability)和安全性(safety)的简称。

设备可靠性即零部件在给定条件下,对给定时间间隔内可能执行所要求功能的可能性。其表示方式为在规定应用和环境内的系统所有可能的故障模式、每种故障出现的概率或频率、故障对系统功能的影响。

在设备整个寿命期中,设备本身的可靠性可以用"倒扣浴盆"曲线表示,如图 1-4 所示。从图中可以看出,运营初期设备在调试阶段时,其可靠性较低(故障率较高),随着调整的进行,其可靠性逐步提升,经过长期运作后,由于设备老化、零部件性能减退等,其可靠性又开始逐步下降。

图 1-4　设备可靠性曲线

设备可维修性是指设备易于维修的特性,即在规定条件下使用规定的程序和资源进行维修时,在给定时间内对给定使用状态下的零件进行给定有效维护操作的可能性。其表示方式为计

划维修进行的时间,故障检测、标识和位置确定的时间,故障系统恢复的时间(非计划性维修)。

设备可用性即可操作性,是指假定所需要的外部资源已经提供,在给定瞬间或在给定时间间隔内,处于某种状态的设备在给定条件下执行所要求功能的能力。安全性和可用性的要求是存在冲突的:安全性要求越高,可用性可能会越低,设备使用中安全性和可用性目标,只能通过满足所有可靠性和可维修性要求,并控制正在进行的或长期的维修和操作活动及系统环境来达到,因此,无论从运营生产上,还是从运营安全上考虑,设备可用性越高越好,设备使用人员应充分保证及时修理或更换。

设备安全性则基于五个方面:一是在所有操作、维修和环境模式下,系统内所有可能引发安全问题的危害;二是以其后果的严重程度表示的每种危害的特性;三是安全及与安全有关的故障;四是与安全有关的系统部件的操作和维护;五是系统与安全有关的部件的操作和维护。

铁路运输设备是除人员因素外,影响铁路运输安全的另一个重要因素。运输设备质量好坏,直接关系铁路运输安全与否。质量良好的设备既是运营生产的物质基础,也是运营安全的重要保障。

1. 与铁路运输安全有关的设备类型

(1)基础设备。

基础固定设备:线路(轨道、道床、道砟、轨枕等)、信号设备(信号灯、联锁设备、闭塞设备等)、通信设备(基站、固定台、计算机系统等)、车站(编组站、区段站、中间站)。

基础移动设备:机车(电力客车、工程车、轨道车等)、车辆(客车、货车)。

(2)安全设备。

安全设备包括:安全监控设备,对铁路员工操作正确性进行监督,防止在实际运输作业过程中由于人的精力不济而发生行车事故,如防止机车冒进信号的列车自动报警、自动停车、速度监控、列车无线调度电话等设备;安全监测设备、自然灾害预报与防治设备、事故救援设备等。

2. 铁路运输安全对设备的要求

设备既是影响铁路运输安全的因素,又是保障铁路运输安全的物质基础。列车安全运行的基础条件要求各种运营设备必须处于安全状态。良好的运营设备是保证安全生产的重要条件,因此,设备管理、使用、维护的相关部门必须采用先进的检测手段,及时发现设备设施隐患,构建维修维护管理信息管理系统,不断提高设备的质量。按照设备管理控制体系的要求,正确使用设备,科学地进行设备管理工作,提高设备完好率和加大运营保障力度。避免状态不良的设备投入运营,影响列车运行。

3. 设备管理的内容

再好再新的设备,管理不好照样会出事故。只有狠抓管理、加强维护工作,使设备处于良好的状态,才有可能避免重大的事故发生。要提高设备本质安全,必须强化管理。设备管理的内容包括以下几个方面。

首先,坚持近期与远期相结合,做好设备安全投资规划。铁路运输设备系统是一个庞大、复杂的系统工程,必须坚持近期与长期相结合,在科学分析、调查研究的基础上,全面规划、正确决策、分清主次、掌握重点。

全面检查已用设备,深入一线,找出隐患,掌握第一手资料,分析清楚设备安全隐患形成的原因和危害程度,为设备安全投资规划提供准确的依据。根据财力、物力,区分轻重缓急,把重点放在以下几个方面:一是迅速消除危及列车安全的重大设备隐患,二是填补安全设施空白点,三是增设安全运营的控制、检测、事故预防及处理的装置和设备,四是提高列车修复能力。在设备安全投资决策上,要反复论证,防止主观臆断。要充分调动广大职工和各级组织的积极性,严格控制资金,保证专款专用。

其次,合理使用设备,增强设备可操作性、安全性。正确合理地使用设备,可以减轻设备磨损,使设备保持良好的工作性能,延长设备的寿命,增强设备的可操作性、安全性,为生产安全创造有利条件。

严格遵守设备使用说明,避免超性能、超范围、超负荷使用。严格遵守设备操作规程,精心养护、细心检修,确保设备处于良好运行状态。提高设备操作人员的责任心和技术水平,使操作人员熟练掌握设备的结构、性能、功能等,掌握设备维护的技术知识,增强设备操作人员主人翁意识。

最后,狠抓设备维护工作,提高设备可维修性,延长设备寿命。设备维护主要指日常维护、维修和定期修整。日常工作中应按照设备操作规程合理使用设备,经常擦拭与润滑,习惯性检查与测试,及时消除隐患。设备维护应坚持预防为主的原则,坚持检修与维护并重,做到"无病防病、有病根治"。维护与生产相统一,维护是为了保证生产和促进生产,生产必须有良好的设备。铁路运输过程中,在编制列车运行图时,必须考虑设备设施维护,必须给设备设施维护预留时间。

必要的安全设备和安全技术、新设备在防止事故发生或减免事故损失上起到首要作用。如列车安全技术设备——列车运行控制系统、列车车轴轴温探测系统、列车轮轴无损探伤等,工务安全技术设备——钢轨探伤车、轨道检测车、轨道打磨车等。

(三) 环境因素

影响铁路运输安全的环境包括内部环境和外部环境。

1. 内部环境

对于一般微观的人-机-环境系统而言,内部环境通常是指作业环境,即作业场所人为形成的环境条件,包括周围的空间和一切生产设施所构成的人工环境。但是,铁路运输系统是一个非常庞杂的宏观大系统,它是由系统硬件(运营基础设备设施和运营安全技术设备等)、系统工作人员(运输系统内的各级管理人员、工程技术人员、基层操作人员和后勤保障人员等)、组织机构(管理机构、运营组织机构、维护保障机构、后勤保障机构等)以及社会经济因素(政治、经济、文化、法规等)等相互作用而构成的社会技术系统。因此,影响铁路运输安全的内部环境绝不只是作业环境,它还包括通过管理营造的运输系统内部的社会环境(即企业文化),及运营系统外部环境因素在运输系统内的反映,包括内部的政治、经济、文化、法规等环境。

2. 外部环境

影响铁路运输安全的外部环境包括自然环境和社会环境。

自然环境是指自然界提供的、人类暂时难以改变的生产环境。自然环境对铁路运输安全的影响很大。铁路线路暴露在大自然中,经常遭受洪水、暴雨、风沙、泥石流以及地震等自然灾害的威胁。在各种自然灾害中,最常见的是暴雨、洪水,严重影响运输安全,危害极大。

社会环境包括社会的政治环境、经济环境、技术环境、管理环境、法律环境以及社会风气、家庭环境等,它们对铁路运输安全均有不同程度的影响,较为直接的影响体现在铁路沿线的治安状况和站车秩序上。

(四) 管理因素

铁路运输安全管理是指管理者按照安全生产的客观规律,对运输系统的人、财、物、信息等资源进行计划、组织、指挥、协调和控制,以达到减少或避免铁路运输事故的目的。换言之,铁路运输安全管理是指为了有效地减少或避免铁路运输事故及由铁路运输事故造成的人和物的损失而进行的一切危险控制活动。铁路运输安全管理主要包含以下五个方面的含义:

(1)铁路运输安全管理的目的是减少或避免铁路运输事故及其造成的损失。

(2)铁路运输安全管理的主体是铁路运输系统的各级管理人员。

(3)铁路运输安全管理的对象是人(基层作业人员)、财(安全技术措施经费等)、物(运输基础设备设施和运输安全技术设备等)、信息(安全信息)等。

(4)铁路运输安全管理的方法是计划、组织、指挥、协调和控制。

(5)铁路运输安全管理的本质是充分发挥人的积极性和创造性,调动一切积极因素,促使各种矛盾向有利于铁路运输安全的方面转化。

管理具有计划、组织、指挥、协调、控制的职能,管理使人、机器和环境组成一个能够有效实现目标的系统。虽然人、机器和环境往往是造成事故的直接原因,而管理者看似是间接原因,但追根溯源是本质原因。这是因为前者都是受后者——"管理"要素支配的,所以安全工作的关键是管理。管理对铁路运输安全的重要性主要表现在以下三个方面:

首先,管理有助于提高铁路运输系统内人员、设备和环境的安全性,如进行人员教育与培训等。

其次,管理具有协调铁路运输系统内人员、机器和环境之间关系的功能,包括人-人关系、人-机关系、人-环关系、机-机关系、机-环关系、环-环关系、人-机-环关系等。

最后,管理具有优化运输系统人-机-环整体安全功能的能力,即管理具有运筹、组合、总体优化的作用。

影响铁路运输安全管理的因素较多,主要有安全组织、安全法制、安全技术、安全教育、安全信息和安全资金等。

单元1.5 铁路运输安全管理的基础工作

案例1-6

荣家湾4·29 特大行车事故

案例描述:××年4月29日,昆明开往郑州的324次旅客列车,运行到京广线荣家湾时,与停在该站由长沙开往茶岭的818次旅客列车相撞,按照官方公布的情况,此次事故造成乘务员和旅客死亡126人,是继杨庄事故以来最大的一次旅客伤亡事故(图1-5)。

案例分析：长沙电务段荣家湾信号工区信号工郝××，当日在进行 12 号道岔电缆盒整理配线作业时，瞒过车站值班员，将 12 号道岔 XB 变压器箱内 1 号端子电缆线甩开，致使 12 号道岔在反位时不向定位转动；又擅自使用二极管封连线，将 1、3 号端子封连，造成 12 号道岔定位假表示，破坏了 12 号道岔与 2 道通过信号的联锁关系。郝×× 在 818 次旅客列车进站后发现 324 次旅客列车将要进站，既不将二极管卸下，恢复 1 号端子电缆线，又不拦停列车，导致本应从

图 1-5 荣家湾 4·29 特大行车事故现场

2 道通过的 324 次旅客列车进入 4 道，与停在该道的 818 次旅客列车尾部相撞。

案例启示：从本案例可以看出铁路运输安全管理的基础工作尤其是对重点人员管理的重要性。

一、行车人员重点管理

车站值班员、列车调度员、机车乘务员、调车长是行车工作中的主要工种，俗称"三员一长"。他们从事技术性、复杂性和变化性较强的工作。其中，机车乘务员驾驶机车、车站值班员领导接发列车工作，责任重大、影响因素很多（人员失误、设备故障、环境因素、管理因素和其他因素），稍有不慎，往往引起行车事故，甚至造成重大事故。在引起铁路事故的各类影响因素中，人员失误排在第一位，其中属于"三员一长"失误的占绝大多数。因此"三员一长"对保证行车安全具有举足轻重的作用。

由于人的主观能动性在行车安全中所起的作用越来越大，"三员一长"良好的生理与心理素质越来越重要。如何根据"三员一长"这些特殊的生理和心理素质来考察、选拔并择优录用胜任人员，对确保行车安全至关重要。我国铁路科技工作者和专家学者的研究结果表明，合格的"三员一长"应具备以下职业生理和心理素质：

（1）认知能力。智力中等程度以上，注意力转移和分配能力强，反应快，动作协调、准确。

（2）身体状况。生理功能正常，体格健壮，有良好的适应环境能力。

（3）人格特点。责任心强，情绪稳定，紧急情况下应变能力强，对单调工作有良好的心理适应能力，疲劳状态下有耐久力。

为了加强对重点行车人员的选拔和管理，除思想品德和业务素质要求外，管理部门应重视从生理、心理素质角度选拔"三员一长"，对他们进行专门的适应性检查，定期进行生理、心理测试和咨询，在不断录用新人员的同时，妥善安排生理、心理素质不适应的人员到其他部门或单位工作。

二、行车安全重点管理

行车安全管理的出发点和落脚点是现场作业控制，对现场作业重点控制的内容主要包括标准化作业控制、非正常情况下作业控制和结合部管理等。

(一)标准化作业控制

标准化是指在经济、技术、科学和管理等实践活动中,对重复性的事物和概念,通过制定、发布和实施标准,达到统一,以获得最佳秩序和社会效益。标准化作业是对既有作业标准,从学习、对照进而达到要求所进行的全部活动,如接发列车标准化作业是为保证车站接发列车安全,按照《技规》规定,结合设备特点,制定并实施包括作业对象、作业方法、作业过程、作业程序和时间、用语等标准的一切生产活动。标准化作业是个人行为、群体行为和管理行为的综合表现,只有在组织、制度、措施和监控等方面严格管理,才能使标准化作业得以实现并持之以恒。

1.实行站段、车间、班组三级联控

站段、车间对标准化作业的控制主要通过检查、监督、考核来实现,班组对标准化作业的控制主要通过自控和互控来实现。自控是指作业人员严格遵守劳动纪律、作业标准和标准化作业要求;互控是指不同工种人员之间相互配合、互相监督,共同遵守作业标准。在自控与互控关系上,首先,抓好岗位自控,认真落实班组岗位自查制度和班组对标自检制度,把各种不安全的因素控制在下一道工序之前,消灭在本工序之中;其次,要抓住工序互控,实施工种间、岗位间、工序间的互相提醒、互相监督、互相制约,使上道工序为下道工序着想,下道工序为上道工序把关;最后,抓好上下监控,尤其是对容易发生问题的关键生产环节和作业控制点,更要加大监控力度。

2.提高班组标准化作业自控能力

班组自控能力是运输安全保障体系中最重要的条件之一,它取决于班组的人、物、管理三者之间的和谐统一。为此,一要做好职工的技术培训工作,学知识、钻技术、达标准,争当业务骨干;二要以创建标准岗位为中心,全面执行"双达标"一体化管理,即将班组升级、岗位达标、设备(状态)创优、现场环境优化组合起来管理,使班组间相互竞争,班组内联责联心,增强按作业标准自控和互控能力;三要注意强化班组长的作用。因此,一方面要减轻班组长不必要的工作负担,保证其主要精力集中在安全生产上;另一方面要给班组长更多的关心和帮助,促使其合理调整责、权、利,更好地激发其尽心尽职、勇于负责的事业心和责任感。

3.严格遵守作业标准和制度

作业标准使参加同种作业的不同人员在动作、用语等方面取得最优配合,保证作业系统处于相对平衡的稳定状态。而在实际作业过程中,因简化作业程序而引发的行车事故并不少见,这就需要对运输作业过程中的重点部位、环节、人员、时间等的安全控制点制定单项作业标准,并建立相应的作业制度,如有了调车作业"三盯(盯关键岗、盯关键人、盯关键时间)、四标准(上标准岗、干标准活、讲标准话、交标准班)、把三关(进路关、信号关、制动关)"制度,才能使调车标准化作业落到实处。

4.增强职工遵守劳动纪律、作业纪律和标准化作业的自觉性

"两纪一化"(劳动纪律、作业纪律、标准化作业)是运输安全的基石,职工执行"两纪一化"的自觉性越高,运输安全生产的形势就越好。因此,应对职工进行敬业爱岗教育,开展新形势下的劳动竞赛,从正面激励广大职工自觉遵章守纪、标准化作业。同时,坚持公开、公正的竞争原则,择优录用、竞争上岗,利益分配拉开档次,关心职工生活,为职工排忧解难,使安全生产的责任感、紧迫感、危机感和主人翁意识在广大职工头脑中深深扎根。

（二）非正常情况下作业控制

📖 案例1-7

7·31 列车追尾事故

案例描述：××年7月31日，SY 机务段 SS90089 号机车（司机王××、副司机张××）牵引西安至长春 K127 次旅客列车（现车19辆，总重1049t，计长45.3m）运行至新城子至新台子间时，在4321通过信号机显示红灯的情况下，机车乘务员没有停车，又擅自2次解锁监控装置，使列车闯进4321通过信号机；在4333通过信号机故障显示红灯的情况下，又盲目地连续4次解锁监控装置，越过4333通过信号机。于19时49分在京哈线（沈阳北—长春间）433km +535m 处，与前行的33219次货物列车（编组66辆，总重3916t，计长82.1m）发生追尾。造成机车爬上33219次货物列车最后一辆车；机次1、2、3位客车颠覆，4、5位客车脱轨，其中3、4、5位车辆侵入上行线；33219次货物列车机后第60~66位车辆破损。事故造成5人死亡（其中旅客4人，乘务员1人），45人受伤（其中旅客33人，乘务人员12人）。中断上行正线行车9小时57分钟，下行正线行车16小时59分钟。

案例分析：造成这起事故的直接原因是，在新城子至新台子间4333通过信号机故障显示红灯的情况下，K127次机车乘务员严重违反《技规》第316条规定，不但没有在信号机前停车，反而解锁监控装置，以78km/h的速度超速运行（规定速度不超过20km/h），致使 K127 次旅客列车与33219次货物列车发生追尾冲突，构成旅客列车行车较大事故。

案例启示：从本案例可以看出，非正常情况下铁路行车，作业复杂，容易发生事故，要求作业人员更应严格执行标准化作业，执行相关规章制度。

正常作业条件下的标准化作业能确保运输安全。非正常情况下，由于部分作业标准无法得到实施，不得不执行特殊规定，稍有不慎极易造成行车事故。行车事故大多数发生在调车作业和列车运行中，非正常情况下接发列车造成事故的比例是相当高的，性质和后果也是比较严重的，这已成为安全行车工作中的顽症。从这个意义上说，非正常情况下的作业控制，主要是解决非正常情况下接发列车的作业控制问题。

1. 行车事故状况及事故原因分析

行车事故状况包括两个方面：一是站区停电、维修或施工，设备故障，自然灾害等；二是作业失误、违章操作造成列车冲突、列车脱轨、向占用区间发出列车、向占用线接入列车、未准备好进路接发列车、错办闭塞发出列车、列车冒进信号、调车冒进信号等。

事故原因分析：

（1）参与接发列车人员业务素质低、应变能力差。

（2）当班职工思想不集中，违反劳动纪律和作业纪律。

（3）车站领导对安全工作不重视。

（4）规章制度不严密或设备存在缺陷。

2. 加强作业控制的途径和办法

非正常情况下的作业应严格遵守有关作业标准和原则，此外，还必须根据非正常情况下的作业特点,采取相应的措施和办法。国铁集团将严把"三关"[闭塞、凭证(信号)、进路]列为接发列车"防错办"的关键环节,并制定了相应的硬性制度,对保证行车安全起了积极作用。为了保证《铁路接发列车作业》(TB/T 30001—2020)和各项规章制度,尤其是特殊情况下接发列车的硬性规定和制度得到认真实施,有效地控制非正常情况下接发列车事故的发生,应采取科学合理、切实可行的办法,强化现场作业管理。

(1)加强对行车作业人员在非正常情况下进行接发列车作业的业务培训,组织职工定期开展特殊情况下接发列车的演练,积极推广接发列车模拟故障应变处理、实操演示训练的经验和方法,提高接发列车人员在非正常情况下的作业技能和应急处理能力。

(2)严格执行《铁路接发列车作业》(TB/T 30001—2020),强化"三控"联防制度意识;增强非正常情况下接发列车的进路检查、确认、询问制度执行力;严格执行对关键作业、关键岗位和关键人员重点监控制度。

(3)建立以"三关(进路关、信号关、制动关)"为对象,以"防错办"为重点,以"严控关键环节"为突破口,以防止接发列车事故为目标的安全管理系统。通过大量的调查研究,在对非正常情况下接发列车进行系统的安全分析的基础上,充分运用控制论原理和行为科学方法,以《铁路接发列车作业》(TB/T 30001—2020)和《技规》为准绳,将"防错办""防溜逸"等制度层层分解到各种非正常情况下接发列车的控制系统中,如停电接车关键环节控制、使用特定行车办法发车关键环节控制等,并利用"控制卡"的形式,明确了各种情况下控制系统的适用范围、关键环节、控制要点、标准要求及监控人员等,使非正常情况下接发列车全过程的控制程序化、系统化、严密化。

(三)结合部管理

(1)结合部的内涵、实际意义和基本特征。

结合部是指几个单位或部门共同参与工作或管理而形成的互相联系、互相制约的环节、区域或部位。就行车工作而言,结合部是在运输过程中为了安全生产这一共同目的,不同部门和不同工种人员协调动作、联合作业,在生产和管理上发生交叉、重叠的区域和环节。例如,在列车运行、接发列车和调车作业等生产环节,必须由车务、机务等部门联合作业;在铁路区段上,铁路局集团有限公司间进行分界口管理;线路大修时,施工与运输部门间要密切配合等。这些部位往往是管理松散、矛盾集中、事故多发的系统薄弱环节,是行车安全管理的重点和难点。

行车作业结合部是一个系统,具有系统的一般特性,即整体性、相关性、目的性、有序性及环境适应性。此外,结合部还具有以下基本特征:

①多重作业。生产中多工种联合劳动,多工序紧密衔接。工种、工序间常会发生脱节、失调现象,使结合部处于无序状态。

②多元集合。管理工作由多个部门或单位共同负责、相互交叉,常会因自身利益而发生扯皮、推诿现象,影响结合部整体功能的发挥。

③多级传递。信息产生和处理往往要经过纵向上下几个层次的多级传递,自下而上汇集,自上而下反馈,往返传输,常会造成延迟或中断,影响系统的正常运转。

④多方受控。各单位都有自己的主管部门,在协调相互关系时,涉及管理模式、设备运用、利益分配等问题,只抓某一方面难以奏效。

（2）结合部作业联控。

要有效保证运输安全，就要保证各部门各工种间的协调配合、群体防范，否则会打乱甚至破坏运输的正常秩序，使安全失去基本条件。如果各部门只从本位出发，出了事故互相推卸责任，就难以抓住事故的本质问题，难以采取有效的防范措施。再者，作业人员总会有失误，设备总会出现故障，环境也在不断变化，意外的情况时有发生，如果不组织相关部门互相监督、多个工种共同预防，就会使本来可以避免的事故发生。强化结合部管理是降低事故发生概率、保证行车安全的重要途径。

结合部管理实质上是一种横向管理，是协调不同部门和工种之间横向关系的一种手段——联合控制（联控）。行车系统联控是针对不同结合部的问题，采取有效方法，并积极付诸实施，其基本原理和方法是增加有效冗余，加强前馈控制及系统要素优势互补，基本要求是：

①通过安全系统的分析和评价，找出系统薄弱环节，提出预防措施。

②制定相关部门联合控制的作业标准、程序和措施。

③建立信息网络，制定联控制度，加强联控考核。

在行车工作中，列车冲突事故位居行车严重事故之首，危害极大。"两冒""错办"本身既是事故，又是列车发生冲突事故的重要原因。如何有效防止"两冒""错办"事故的发生，就成为接发列车作业结合部急需解决的首要问题。从国情和路情出发，我国铁路采用"机车三大件"和"车机联控"相结合的办法，有效地解决了这一老大难问题，并成为结合部作业联控的成功典范。

车站错误办理接发列车进路的事故原因，除设备故障外，主要是参与接发列车工作的人员错误操作和监控不力。另外，在运输安全系统分析中，通过对列车冒进信号事故树的定性分析得知：在 14 个基本事件中，结构重要度较大的基本事件是自动停车装置被关闭和自动停车装置故障。对接发列车作业结合部的这些主要问题，可实施"车机联控"措施加以解决。

"车机联控"是在大力发展和完善"机车三大件"的基础上，利用列车无线调度电话使车（车站值班员）、机（机车乘务员）双方通话，实现列车运行与接发列车作业联控。列车进站前，机车乘务员必须在预告信号机外，利用列车无线调度电话向车站呼叫，车站值班员必须及时回答，告知列车进路和信号状态；非正常情况下，车站值班员主动利用列车无线调度电话向司机发出预告。机车乘务员与运转车长利用列车无线调度电话互相联系，了解列车尾部风压和列车自动控制系统状态。列车出发前，车站值班员和机车乘务员之间增加确认进路的联控作业标准用语，机车乘务员按照发车信号发车。

车机联控后，列车无线调度电话由以前的通信联络工具变为现行的行车指挥与监控的辅助工具。机车出库前，必须检查确认其状态良好并取得合格证。列车运行途中，机车有关安全保障设备必须全程运转，严禁"关机"。车、机运用列车无线调度电话进行互控和联控，相互提醒，互相监督，并对通话信息全面记载，定期考核分析，从而有效地防止"两冒""错办"事故的发生。

（3）结合部安全管理。

在班组里，以岗位、工种为单位，强调作业人员在单独作业时自我约束，重点控制简化程序和违章作业行为，按照岗位职责进行岗位的自查和对标自检来实现自控；在上下道工序间，通过上道工序保下道工序，下道工序查上道工序的互控办法，使作业人员做到互控不忘提醒，形成"你错我防,我错你纠"的局面;并以班组为对象,在强化班组内部现场作业控制上下功夫,实现各工种、岗位或工序间的全程联控,并通过安全控制体系中各班组间(包括同作业时外单位的班组)的联控运作,确保结合部的作业安全。

班组是确保安全生产的前沿阵地。班组长要对班组职工进行安全自控、互控的教育,并在岗位之间通过预想、监督、防护等形式做好互控工作,建立班组内部作业的互控责任制,使职工把搞好安全自控、互控当成自觉自愿的行动,养成一种良好的习惯,增强班组成员的群体安全意识,在班组内部形成"你忘了我提醒,你错了我纠正,你违章我制止"的良好局面。各铁路局集团有限公司根据各自的情况,为加强对行车设备的养护维修,减少行车设备故障的发生,确保铁路运输安全、高效,对一些部门之间结合部维修存在的问题制定相应的解决办法,从而减少结合部事故的发生,保证铁路运输的安全。

三、铁路运输安全管理原则

1. "管生产必须管安全"原则

管生产必须同时管安全,这是国家对企业的要求,是企业管理的重要原则之一,它体现了安全与生产的辩证关系以及安全的重要性。这一原则要求生产企业的领导对安全生产认真负责,坚持生产必须坚持安全。企业要达到安全生产的目的,就必须坚持"五同时",即在计划、布置、检查、总结、评比生产的同时,必须有安全工作的内容。在企业的生产、技术、物资、财务以及党、工、团等部门的工作范围内,都有保证安全生产的工作内容,形成"安全重担大家挑,人人头上有指标"的态势,做到组织领导落到实处,工作责任到位。

2. "以人为中心"的原则

在一切资源中,人力资源是最重要的资源。人力资源也是一种力量或能量,安全管理就是去调动、引导、组织这种力量,去实现预期目标。要实现安全生产,起决定作用的因素是人,所以调动、引导、组织人去实现安全目标就是安全管理的主要内容,以人为中心的管理就是要善于把管理者的权威和职工的主人翁地位统一起来,做到令行禁止;以人为中心的管理就是要善于做好激励工作,充分调动职工保安全的积极性和自觉性。一个人的积极性发挥如何,取决于因需求而产生的动机激发行为,人的需求大致可归结为物质和精神两大类,而物质需求是第一位的。因此,在安全活动中要特别注重关心职工生活,尽最大可能满足职工的基本物质需求,安排好他们的文化生活,教育和引导他们追求高层次的精神需求。同时做好激励工作,增强他们的责任感和事业心,使其在安全作业中不断实现自身的价值。

3. "抓小防大"的原则

从生产实践来看,小事故发生的频率大大高于较大事故、重大事故、特别重大事故发生的频率。但对小事故不抓、不处理,就会给较大及以上事故的发生造成很多隐患,促使这些事故的发生。在安全管理中,"抓小"就是不放过任何小事故、小隐患,把安全隐患消灭在事故发生之前,防患于未然。"抓小"的目的在于防止较大及以上事故的发生。对已发生的事故,要如实报告,按照"四不放过"(事故原因不明不放过,责任不清不放过,没有防范措施不放过,事故责任者和群众没有受到教育不放过)的原则,分析原因,吸取教训,制定整改措施,防止事故再次发生。安全目标是管理的核心,是通过制定经过一定的努力能实现的目标,去激励人们各司其职,各负其责,以达到实现安全目标、减少或在一定范围内杜绝事故发生的目的。如果安全目标过高,实现不了,必然产生不良后果,其主要的副作用是弄虚作假,这是因为安全目标是与个人利益、前途以及单位的效益紧密联系的。为了避免追究责任,一些单位就会隐瞒事故不报,或大事化小,小事化了。弄虚作假的结果,不仅使事故统计失去真实性,概率失去准确性,系统安全分析、控制失去可靠性,而且给大事故的发生留下严重的隐患。

事故的发生,大部分是人为因素引起的,从管理不到位,对违规现象熟视无睹,监督检查流于形式,不能及时弥补小的漏洞等这些"忽微"处开始,最终酿成大祸。海恩法则指出:每一起严重事故的背后,必然有29次轻微事故和300起未遂先兆以及1000起事故隐患。

按照海恩法则分析,当一起重大事故发生后,我们在处理事故本身的同时,还要及时对同类问题的"事故"和"事故苗头"进行排查和处理,以防止类似问题的重复发生,及时消除再次发生重大事故的隐患,把问题解决在萌芽状态。

4."集中统一指挥"的原则

铁路机务、车务、工务、电务、车辆、供电等部门的班组,都有明确的分工,在运输生产中都有自己特定的位置,彼此互相衔接,联系协作严密。列车在全国运行,生产过程高度社会化,因此铁路企业内部必须实行"集中统一指挥"原则才能保证铁路运输秩序正常和安全运行。

四、安全管理手段

(一)经济手段

经济手段是指通过工资、奖金、罚款等经济措施以及经济责任制、经济核算制等形式去影响和调动广大职工的积极性,这是一种为了保证生产任务的完成和安全目标的实现而采取的物质刺激手段。

在社会生产力发展水平不高、人们的思想觉悟和道德水准尚未达到高标准要求时,适当采用经济手段,可以起到其他手段无法相比的作用。

经济手段不是一种强制的直接影响被管理者意志的方法,而是以刺激、诱导等方式间接影响被管理者的意识和行动,是通过经济利益的分配,鼓励先进,惩罚落后,从而调动广大职工的积极性,规范人们的行为,把人们的注意力引到安全生产上来,使运输生产的参与者人人关心安全生产、研究安全生产,进而促进安全生产。

(二)行政手段

行政手段是通过一定的行政隶属关系,自上而下地对运输生产活动中个人、群体和管理行为表示肯定(应该做什么,怎么做,做好会怎样)和否定(不该做什么,做了会怎样),以协调人们之间的关系,保持相对平稳的一种重要的调节手段。它主要依靠行政领导机关的职能和权力,采用行政命令、指示、规定、决定(表彰或处分等),规范人的行为,指导和干预铁路运输安全生产。铁路运输是在全运程(旅客及货物由发站运到到站的全部里程)和全过程(基本生产和辅助生产中各部门、各单位、各工种的全部作业过程)中进行的,因此,在时间和空间上必须有严格的规定和统一的标准,如铁路行车组织的命令、指示,运输安全管理条例,规章制度及政策性指令等。因其事关运输安全正点和任务的完成,广大铁路职工必须无条件服从。

为使行政手段发挥好应有效能和作用,各级领导和基层干部应使决策民主化、科学化,并通过落实安全责任制,把管理、监控、服务三者有机地结合起来,为政令畅通、确保安全提供较为宽松的内部环境。

(三) 思想工作

思想工作是运输安全管理常用的工作方法和手段。在我国铁路行车安全工作中,出现过许多先进的安全典型,有的路段几十年未发生过行车事故,坚持思想工作是他们共同的经验。

安全生产管理的思想工作包括四个方面:一是掌握运输安全规律,抓住关键时间、部位、车次和人员,把思想工作落实到运输生产任务、生产环节和运输生产的全过程中去;二是根据大自然的风、雨、雷、雾、雪天气和季节的变化对运输生产和职工思想情绪带来的影响,有预见地做好超前的思想工作;三是掌握职工思想变化规律和社会诸多因素的影响,及时了解职工之间和职工家庭内部的矛盾情况,抓住职工思想问题的症结,及时疏通引导,增强团结,振奋精神;四是掌握人的生理规律,根据职工性别、年龄、体力的差异和在运输生产中反映出来的思想情绪,因人而异地做好思想工作。

(四) 法律手段

法律手段是在其他调节手段不起作用的情况下,用来解决比较复杂的关系和矛盾的。它是通过贯彻执行有关法律条文,规范人们安全生产和保护运输安全的行为,以达到维护法律尊严、保证生产安全的目的。铁路运输安全管理运用法律手段的范围主要包括以下两个方面。

1. 用法律手段保护铁路运输企业的合法权益

在运输生产中,人为破坏铁路设施和正常运输条件、危及行车安全的恶性案件有时发生,如有的违反规定携带危险品上车,有的偷盗铁路通信器材,有的关闭车辆折角塞门,有的拆卸轨道连接装置等。这些破坏行为严重危害铁路行车安全,必须依法整治。

2. 对严重危害运输安全的违法行为,由执法部门依法执行相应的惩处

如少数职工玩忽职守,对本职工作极不负责,违反有关法律规定或规章制度,不履行或不正确履行自己的工作职责,致使重大事故发生,应按《中华人民共和国刑法》规定处理。

(五) 各种手段的综合运用

经济、行政、思想和法律等手段有各自的功能和作用,但各有其使用上的局限性。以经济手段为例,它是通过让职工在经济上得到实惠或受到损失,激励他们关心并落实安全生产。但这只对那些有较高物质需求的人起作用,对一些物质需求过高或者物质需求不太高的人来说,就起不到应有的鞭策和激励作用。如果运用不当,还会使一些人只顾眼前利益而忽视长远利益,这就需要其他调节手段的配合。从调节的作用看,各种管理手段都不是孤立的,更不是互相排斥的,而是紧密联系、相辅相成的。因此在运输安全管理工作中,应实事求是、综合运用好各种管理手段,理顺各种复杂关系,化消极因素为积极因素,让广大铁路职工的安全生产积极性和创造性得到更充分的发挥。

铁路运输系统管理是运用安全系统分析和安全系统评价等理论和系统管理的思想方法,把构成运输系统的要素有效地组织起来,实行整体、动态、定量地全方位管理,以求铁路运输系统达到最佳安全状态。

单元1.6 班组安全管理概述

📖 **案例1-8**

班组的转变

案例描述：××年4月初，在某车务段某车站第一季度安全综合考评会上，客运一班因职工多次严重违章违纪并出现严重路风不良反映，被车站挂"红牌"警告，要求客运车间深刻反省并限期整改。客运一班成了名副其实的"问题班组"。1月28日，客运一班客运员周××值白班时，为一名旅客办理了一张本站至北京的卧铺退票，当时正值春运，票源紧张，他以高出票价50元的价格卖给另一名旅客，交易时被车间干部逮个正着，受到停职三个月的处分。2月16日，广播员李××因值班睡觉没有及时广播车讯，列车进站了，候车室匆忙放客，导致站台一片混乱。列车起动后，还有一名旅客死死地攀在车门上，欲上不能，欲跳不敢，幸亏被人拦腰抱下才化解了险情。2月23日晚班，进站口客运员张××趴在椅子上睡觉，鼾声如雷，谢××靠墙边一边哼歌一边玩着手机游戏，两人被值班的站领导用手机拍了个正着，站领导责令班组就此事组织检讨，两人分别被扣发当月奖金。3月9日，凌晨5点，两名搭乘K11次列车从上海来本地的无票旅客，出站时被客运员宁××、陈××发现，两人要求旅客补票，旅客问："多少钱？"宁××说："按规定每人60元，两人120元。"旅客说："少点，100元。"说完递过来一张百元钞票，两位客运员也"爽快"："100就100，但不能开票"，于是违规收取了100元，两位旅客走过出站口时，看到了贴在窗户玻璃上的一则告示："收钱不撕票，收一罚十，举报电话：255×××。"两位旅客看完告示后，跑到公用电话亭，一个电话直接打到值班室，接电话的正是纪委书记。宁××和陈××受到了严重的纪律处分。在新年的第一季度，班组就连续3个月被取消生产奖金，全班13个人，有10人因违章受到严肃处理。有职工编出打油诗："辛辛苦苦三个月，不见表扬反挨扣，往年春运忙签字，今年春运够倒霉。"刚上任的言班长面对客运一班如此现状，不怕困难，勇于面对，历经数月，坚持以人为本，将思想工作与班组管理工作有机结合，发挥思想工作优势，化不利为有利，变被动为主动，团结带领班组职工，统一思想，冲出低谷，一举跨入了先进班组行列，车站干部职工都说客运一班变了：他们的精神面貌变了，一个个精神抖擞，神采飞扬；他们的服务质量变了，一个个笑迎旅客，主动服务；他们的工作作风变了，立标准岗，干标准活，仿佛换了一班人马，变了一种工作状态。10月，客运一班的安全、任务、路风第一次被车间评为达标；11月，客运一班消灭了违章违纪和各类路风不良反映，被车站评为合格班组；12月，班组安全、任务达标，被评为车间优秀班组。随着服务质量的不断提高，客运一班收到旅客的表扬信、锦旗也越来越多。

案例分析：该班组的具体做法如下。

1. 坚持"以人为本"，注重引导人的价值取向

言班长结合一季度班组出现的问题，通过分析，深刻地认识到，班组出现问题的根源在于

职工各自为政,集体荣誉感没有得到充分发挥。为了扭转班组的被动局面,言班长把人本管理引入班组管理中,坚持以人为本,增强集体荣誉感、提升班组职工的主观能动性;以人的价值取向为本,力求实现全面普遍发展,确保人力资源潜力的最大限度发挥。坚持把典型教育作为增强班组职工荣誉感的一种重要手段来抓。只要是客运车间职工中涌现出的助人为乐、优质服务事例,言班长都在班组内部进行积极宣传,对于本班组内出现的好人好事,言班长更是利用点名会和班组学习时间,及时表扬和奖励,让大家用发生在自己身边的事进行自我激励和教育。在车站开展的"安全优质争先"和"安全生产专项整治活动"中,客运一班结合班组违章违纪的典型事例,主动引导职工进行大学习、大反思,引导班组职工围绕岗位做奉献,开展人生观、价值观大讨论。帮助职工从已发生的各类违章违纪中寻找失落的理想,通过思想工作激发职工活力,从价值理念上精心打造出了一支遵章守纪、敬业爱岗的职工队伍。

2. 坚持"以情感人",注重激发人的内心活力

要带好一个班组,使大家始终拧成一股绳,班组长就必须把情感融入日常管理之中。为此,言班长在抓班组管理的过程中,把深入职工家庭了解情况、解决困难作为与职工联络感情、拉近距离的重要方法。4月,正是江南的梅雨季节。天空下着淅淅沥沥的小雨,言班长沿着深街小巷,挨家挨户进行职工家访。当他来到职工周××家里时,看到的是一套一室一厅的过渡房。也许是年代久远的缘故,墙上的石灰有好几处斑驳脱落,空气里夹杂着一股霉味,靠南的墙角,还被雨水浸湿了一大片。家里的电器只有一台电视机,且画面不稳定。床上躺着周××的老母亲,一年前患病,生活不能自理,全靠儿媳服侍。当言班长问周××对班组有什么要求时,他惨然一笑说:"没有什么,只是……"后来,他在言班长的开导下谈道:"一家四口,母亲卧床,子无业,小女要读书,日常的衣食住行,全靠自己每月工资维系,实在有困难。"言班长一边跟周××交心,一边悄悄将200元钱塞进了周家书桌的抽屉里,周××知道了这个秘密之后,硬要将钱退回去。虽然没有如愿,但自那以后,他的工作劲头大为增长。后来,言班长又动员班组职工利用休班时间到周××家里帮忙搞卫生,乐得周××逢人就夸班组的思想工作做到了职工的心头上。同时,言班长把职工生日作为班组活动日,使班组内部更加团结,极大地增强了班组职工间的凝聚力。

3. 坚持"以身作则",注重提高人的工作热情

常言道"打铁还需自身硬"。言班长针对职工在作业中惯性"两违"始终不能从根本上得到遏制的问题,从自身做起,自我加压,主动缴纳了班组管理风险抵押金,向客运车间立下军令状,如果彻底改变了班组的落后面貌,请车间奖励班组职工;反之,扣除抵押金。为了兑现承诺,针对个别职工接车立岗较晚的问题,言班长带头做到比规定时间提前5min到位;针对个别职工接车不管事的问题,言班长要求自己严格按标准化作业程序办事;针对站台卫生清扫不及时的问题,言班长主动随脏随扫,用无声的行动去影响和感染班组每一位职工,带动全班组职工向高标准、严要求看齐。与此同时,言班长在职工中推行小组长轮流执行制,班组每个人都有机会、有权力定期担任一次小组长,协助他抓管理,对于他推行的此项管理措施,许多职工都很有兴趣。大家在竞当小组长时你追我赶,热情高涨,连当时正受停职处分的宁××和陈××也来到车间,主动找主任和书记,要求提前上岗,称也要体验一下当小组长的成就感。

案例启示:通过本案例可以看出,只要措施得当,班组也会发生改变。铁路管理者一定要认识到班组在铁路运输中的重要作用,班组管理对铁路运输安全的重要性。

一、班组的基础知识

(一) 班组的概念

班组就是企业根据内部的劳动分工与协作的需要而划分的一种基本生产(工作)集体,也是企业在劳动分工的基础上,根据产品或工艺要求,由若干相同或不同工种的工人及若干设备、工具、材料等组成的最基层的生产和管理单元。

班组按其生产产品、工作性质和业务范围一般分为基本生产班组、辅助生产班组、职能生产班组和服务班组,按自控型班组建设标准分为失控班组、可控班组、自控型班组和标准化班组。

(二) 班组的性质和特点

1. 班组的性质

班组的性质主要表现为:一是生产作业的类同性。班组是根据企业内部的劳动分工与协作的需要,以能完成独立的生产作业过程,便于经济核算和便于生产组织、管理而划分的一种基本生产(工作)集体。二是组织结构的基础性。班组是企业结构体系的组成部分,是企业整个生产流程的基础,是搭建企业系统组织结构的基石。三是基础管理的民主性。班组是企业现代化生产链条上的一个环节,是企业推进民主管理的基本环节。四是文化建设的亲和性。班组是企业培育“四有”员工队伍的起点,是企业精神文明建设与企业文化建设的出发点和落脚点。五是传承过程的创新性。作业技术与人文精神的学习和传承是班组生命力之所在,创新则是班组发展的基础。因此,班组建设要做到在学习中创新,在创新中传承。

2. 班组的特点

班组的特点包括:一是班组的规模小而结构简单。二是班组的工作细而具体。班组一般是一人一岗,一事一议,工作细而具体。三是班组的管理实而且任务重。班组管理从实际出发,干实事、想实招、说实话、亮实数,指挥生产要求实,按劳分配要求实,做思想工作要求实,这样才能真正建立班组安全质量保证体系,形成自我管理的内控机制。四是班组的工作环境相对艰苦。铁路运输生产具有点多线长、流动分散、全天候露天作业等工作特点,班组的工作环境比较艰苦。

(三) 班组的地位和作用

万丈高楼,起于基础;百年企业,始于班组。班组之于企业,如同肌体上的细胞,既是最细小、最微观的组织,也是最基本、最重要的元素。它不仅影响着企业整体的素质,还决定着企业未来的命运。它不仅肩负安全生产、提高效率、创造财富的历史责任,还要组织职工群众学习知识、掌握技术、开展创新活动。班组是企业的生产现场,更是职工的精神家园。班组在企业中的地位和作用主要表现在:

1. 班组是企业最基层的生产单元

班组职工是生产过程的直接操作控制者,是企业最基层的生产单元。企业生产效率的提高,设备潜力的挖掘,物资消耗的降低,安全运输的保证,都必须落实到班组职工的活动中。班组工作搞好了,每个职工才能自觉维护企业的利益,努力提高生产效益和效率。这样,企业全面均衡地完成生产任务就有了坚实的基础,提高经济效益就有了可靠的保证。

2.班组是企业生产经营管理的第一线,是做好企业管理工作的基础

班组是企业最基层的管理单位,只有把班组管理工作抓好,企业管理才有可靠的基础。

3.班组是促进技术进步的基本环节

企业的技术改造和进步,需要企业各个层次的积极努力。但有关技术进步的具体工作很多都要落实到班组,这就要求充分发挥班组职工的积极性和创造性,搞革新、提建议,促进技术进步。

4.班组是企业能人、强人的聚集库

班组对企业的发展起"输能"的作用。班组是企业职工学习政治、文化和技术业务的主要场所,是培养、锻炼职工的"熔炉"。实践证明,班组不仅能生产出合格运输产品,还可能为企业培养、输送各类优秀人才。

5.班组是企业精神文明建设的重要阵地

企业要实践"人民铁路为人民"的铁路职业道德准则,就必须从班组做起,在班组落实。只有班组职工树立积极、进取、向上的精神,形成文明健康、科学的生活方式,企业精神文明建设才会有坚强的阵地。

6.班组是企业民主管理的阵地

班组具有团结和稳定职工的凝聚作用。班组实行民主管理、班务公开,不仅为调动和发展职工的聪明才智起到"桥梁"作用,而且可以将企业方针的实施、生产经营责任制目标的实现和各项任务的执行落实到职工的具体行动上,从而做到管理顺畅,事通人和。

(四)班组的主要职责

从企业管理角度讲,班组的主要职责如下:一是根据车间下达的任务指标,具体安排生产作业进度,保证按质、按量、按期完成本班组生产或工作任务;二是优化劳动组合,认真贯彻各项规章制度和操作规程,维护劳动纪律和作业纪律,确保安全生产;三是积极开展劳动和合理化建议活动,尽可能减少非生产时间,努力提高劳动生产率;四是认真做好班组经济核算工作,妥善保管、合理使用班组设备、工具,节约原材料、燃料,不断降低生产成本,力求达到最佳经济效益;五是及时、准确地做好原始记录,为上级职能部门提供完善的资料、数据;六是多方面吸收外来的技术革新、劳动组合等信息,适时制定本班组最佳生产操作方案;七是掌握员工思想动向,做好班组职工的思想工作。

二、班组长相关知识

(一)班组长的概念

班组长是基层单位人事部门下令任命的班组负责人,是企业内部生产、服务班组的班长、组长、工长等最基层的组织管理人员。

（二）班组长的作用

班组长在企业的生产、管理、经营、科研和组织职工进行政治、文化、技术业务学习以及提高职工素质，建设主要行车工种队伍等方面，都起着重要作用。

1. 带头作用

班组长是一班（组）之长，既要组织和指挥生产，又要带头完成所承担的生产任务。从一定意义上说，班组长所起到的带头作用的强弱，关系着班组工作质量的好坏。班组长要率先垂范，通过自身的模范带头作用，带领全体组员出色地完成生产和其他各项任务。具体来说，班组长的带头作用可概括为"八在前"，即思想工作排在前，完成计划干在前，搞好管理抓在前，改革建议提在前，艰险任务抢在前，执行制度严在前，学习培训走在前，关心同志想在前。

2. 组织作用

班组系统的生产管理、民主管理和思想工作等管理内容，都要通过班组长的组织实施，才能实现运输生产的安全、优质、高效和低耗的理想目标。班组长组织能力的强弱，决定着班组劳动生产率的高低。

3. 园丁作用

班组是企业培育人才的重要阵地，班组长要像园丁一样，重视职工特长的发挥，多渠道、多方面创造条件，为人才的产生、培养起到"浇水""培土"的作用。实践证明，哪个班组长视野开阔、胸怀宽广，哪个班组就能为企业培养出优秀的管理人才和技能人才。

4. 协调作用

班组长是班组成员在生产和工作中相互关系的协调者，班组既然是群体，其成员之间就必然会有思想、观念、技能、情趣、爱好等方面的差异，而差异就是矛盾，需要协调，没有强有力的协调、导向作用，班组之魂就会丧失，生产工作任务就无法顺利完成。

（三）班组长的岗位职权与岗位形象

1. 班组长的岗位职责

2010 年 10 月 9 日，中华全国总工会和中华人民共和国工业和信息化部、国务院国有资产监督管理委员会、中华全国工商业联合会联合印发《关于加强班组建设的指导意见》（简称《意见》），对班组长的责任和权限作了明确规定，按照企业经营目标的要求，根据车间主任的指令，做好本班组的生产、经营和管理的组织工作，确保完成各项生产技术指标和工作任务。概括起来有如下三点：一是安排班组生产。认真编制和落实生产作业计划，做好人力、技术、材料设备、场地等主要环节的生产准备工作，带领班组成员严格按照安全制度、技术规程、工艺标准进行作业，实现均衡生产，达到安全、优质、高效、低耗的目标。二是加强班组管理。坚持以生产经营为中心，组织班组成员制定切实可行的管理制度，强化班组管理，立足挖潜，苦练"内功"，向管理要效率、要质量、要效益。三是做好思想工作。班组长要依靠和发挥党、团、工会小组和班组骨干的积极作用，促进班组团结，建设优良班风。

班组长主要从以下几方面履行好自身的岗位职责。

(1)准确把握自己所扮演的角色。班组长对上要扮演好"兵头"的角色,对下要扮演好"将尾"的角色。

(2)了解上级的期望值。作为下级,班组长必须准确地了解上级的指示,以及上级指示的背景、环境和上级的行事风格。只有了解上级的行事风格,才能更好地协调关系,开展工作。

(3)了解下级对你的期望值。下级对上级有以下几个方面的期望:办事要公道,关心部下,目标明确,准确发布命令,及时指导和给予奖励。班组长还应做到非常慷慨地把荣誉和奖金分给大家,部下的劳动模范越多,班组工作就能做得越好。

2.班组长的权力

赋予班组长应有的权力,不但是搞好班组建设的需要,也是推进企业改革发展的需要。《意见》对班组长的权力作了如下规定:有权组织、指挥和管理本班组的生产经营活动;有权根据生产经营活动的需要调整本班组的劳动组织;有权根据本单位的规章制度制定本班组工作的实施细则;有权拒绝违章指挥和制止违章作业;有权向上级提出对本班组职工的奖惩建议;有权按照企业内部经济责任制的规定,对本班组的奖金进行分配;有权推荐本班组优秀职工学习深造和晋升;有权维护班组职工的合法权益。

3.班组长的岗位形象

班组长的岗位形象是指班组长在履行职责的过程中应塑造的美好形象。目前班组长的类型主要有:一是生产技术型。生产技术型的班组长往往都是业务尖子,但缺乏对人际关系的协调能力,工作方法通常都比较简单,常常用对待机器的方法来对待人,用对待自然科学的方式对待很多社会现象和人际关系。二是盲目执行型。该类型的班组长往往缺乏创新和管理能力,常常表现为态度和作风生硬,给人一种官僚主义的感觉。三是大撒把型。该类型的班组长本身不是很愿意担任这一职务,所以上任后在工作上的表现为得过且过,没有责任心,这样的班组长实际上完全是徒有虚名,在班组成员中也没有什么威信可言。四是劳动模范型。该类型的班组长一般能踏踏实实、勤勤恳恳工作,但却不太适合担任班组管理工作。五是哥们义气型。该类型的班组长对待班组成员常常是称兄道弟,像哥们一样,在工作中自然也容易义气、感情用事,缺乏原则性,把自己混同于非正式的小团体的小头目,没有发挥班组长应有的作用。这几种类型的班组长都比较缺乏令人满意的管理能力和处理突发事件的能力,影响了班组长的岗位形象。那么,班组长的岗位形象应以什么为标准来塑造呢?

第一,班组长既是班组的指挥员,又是班组的勤务员。作为班组的指挥员,班组长既要熟悉生产,精通业务,又要敢于管理,善于协调,组织职工积极完成本班组各项生产、工作任务;作为班组的勤务员,班组长要关心、体贴职工,这就要求班组长既要有原则性,又要有灵活性,既要展示自己的创造性,又要发挥职工的主动性,既要庄重严肃,又要和蔼可亲。

第二,班组长既是班组的带头人,又是职工的好朋友。作为班组的带头人,班组长凡要求职工做到的事,自己首先要做好;凡要求职工不做的事,自己首先不去做。作为职工的好朋友,班组长应具有良好的修养。

第三,班组长既是职工思想上的良师,又是职工行为上的楷模。班组长要想当好班组职工思想上的良师,应当具有"五心",即春日融融的暖心、夏日炎炎的热心、诲人不倦的耐心、锲而不舍的恒心、情同手足的爱心，有了这"五心"，班组长才能真正与职工打成一片。作为职工行为上的楷模，班组长不仅在生产、工作中要起到表率作用，在道德、生活、社会行为等方面，也都要起到模范带头作用。

班组长在日常工作中要做到以下"十戒"，以提高其自身威信。

一戒"盲人摸象"。对班组的工作任务和人员状况要十分熟悉，对班组职工或生产过程中出现的问题要能够科学分析，正确界定，全面把握，做到不以偏概全，增强工作的针对性，要坚决避免凭经验、拍脑袋、想当然，抓住一点不及其余的"盲人摸象"行为。

二戒追名逐利。班组是一个集体，取得的成绩应该归功于全体班组职工，班组长又是班组负责人，班组工作出现差错应该主动承担责任，做到不揽功，不诿过，不争名，不图利，保持一颗平常心，如此才能赢得班组职工的理解、支持和信任。

三戒大包大揽。"好汉敌不过双拳"。班组工作必须岗位明确，职责清楚，重视发挥每一个人的作用，把任务分解到每一个人头上，各负其责，做到人人肩上有指标，调动好全体班组职工的工作积极性和主动性。个人的力量是有限的，如果班组长一个人大包大揽，即使有三头六臂也难以出色地完成班组工作。

四戒草率随意。班组长直接与职工打交道，处在矛盾的最前沿，没有退路和回旋余地。在工作中要养成严肃、谨慎、细致的作风，提要求、派任务要三思而行，批评人、表扬人要深思熟虑，超前思考，谨言慎行。要坚决克服乱表态、乱许诺，信口开河的草率随意行为，以免使自己处于被动状态。

五戒本位主义。要树立"全局一盘棋"的观念，从全局出发想问题、办事情，力戒本位主义，自觉做到个人利益服从集体利益，局部利益服从整体利益。

六戒独断专行。俗话说："三个臭皮匠，赛过一个诸葛亮。"班组长要注重发扬民主，坚持班务公开，做到成本公开大家算，任务公开大家干，通过合理化建议、民主恳谈会等多种形式集思广益、博采众长，集中大家的智慧，共同做好班组管理工作。

七戒做事拖拉。班组长要养成雷厉风行的作风，做到干脆利落，说干就干，不拖泥带水，增强计划性和超前性，具体工作要排出运行大表，周密部署，按时间和进度要求逐项落实，不断提高工作效率。

八戒经验主义。随着时间、生产条件、生产技术和人员结构的变化，班组工作管理的方式方法也要变化。班组长要善于利用已有的成功经验，减少探索的过程，少走弯路。但是，经验只能尊重，不能固守，不能犯教条主义和经验主义的错误，要尊重科学，尊重客观，加强学习，努力提高和充实自己，不断提高班组工作的实效性。

九戒盲目跟从。班组之间既有共性的地方，也有个性的一面。各个班组的环境、条件不同，其管理的方法也不尽相同。班组长不仅要善于向兄弟班组学习，更要善于研究本班组的特点，总结有利于提高本班组管理效果的好办法，不盲从，不跟风，有主见而不固执己见，做到有个性，有特色，有创新，有进步。

十戒标准不高。俗话说："不想当将军的士兵不是好士兵。"班组长要有攻坚克难的雄心和意志，要有力争上游的进取意识，坚持高标准、严要求，敢想敢干，敢抓敢管，敢于向先进看齐，敢于向高手挑战，敢于争先创优，敢于夺标扛旗，在平凡的岗位上努力创造一流的成绩，实现人生价值的最大化。要坚决杜绝标准不高、得过且过、做一天和尚撞一天钟的混天度日思想。

三、班组安全管理的意义

所谓安全管理,就是在生产活动中为消除事故隐患和防止有害因素向事故转化所采取的必要措施和进行的管理活动。具体来说,安全管理主要是探索和研究生产过程中各种不安全因素与劳动者之间的对立统一的规律,采取行政、技术、法律和教育等手段,通过管理网络,按照一定程序推进安全工作。安全管理包括对实物的管理和对人的管理,它既探索事故的成因和预防的措施,又研究劳动者在生产过程中的心理和行为,并研究安全管理系统的建立等,因此,安全管理是一门综合性很强的科学和艺术。

铁路运输安全管理,就是按照铁路运输安全生产的规律,通过各种管理活动,合理组织铁路运输生产中的人力、物力、财力和信息资源,提高铁路员工队伍素质,提高设备质量,提高规章制度的有效性和作业行为规范的准确性,从而有效防范铁路设备事故、行车事故和员工伤害事故的发生,保证铁路运输安全,取得良好的社会效益和经济效益。

班组在铁路企业生产结构中虽然是最小的生产和管理机构,但它是铁路运输安全生产的重要环节,是安全管理的基础和重点,是安全生产的第一线,是企业一切工作的出发点和落脚点。企业安全管理工作的起点和终点都落在班组安全管理之中,班组的管理水平和成员的素质直接关系铁路企业安全,反映铁路企业的管理水平,决定整个运输工作的质量、社会效益和经济效益。由此可见,铁路运输安全稳定与否,与班组安全管理质量高低有着直接关系,它在铁路运输安全生产中具有十分重要的地位。

班组安全管理就是把"计划—执行—检查—处理"生产程序反复贯穿于班组生产的全过程,班组安全管理的好坏,在很大程度上反映了班组管理水平的高低。加强班组安全管理的意义主要体现在以下几个方面:

(1)加强班组安全管理,是保证社会稳定的需要。从大的方面讲,事关国家形象,事关社会稳定,事关铁路声誉,事关人民生命和财产安全。从小的方面讲,事关班组的荣誉和利益,事关职工本人的安危及其家庭的幸福。震惊中外的1988年的"3·24"、1997年的"4·29"、2008年的"4·28"以及2011年的"7·23"等事故给国家和人民的生命财产造成了巨大的损失,在国内外造成了恶劣的影响,事故责任者也饱尝了事故造成的痛苦。这类行车事故和人身伤亡事故的惨痛教训、血的事实无时无刻不提醒我们安全生产是何等重要。

(2)加强班组安全管理,是加快推进铁路建设的需要。我国铁路正处在大规模建设的时期,高速铁路的大量修建,大量的新设备、新技术的广泛使用,修程修制不断深化,劳动组织必将发生很大的变化,这就对如何改进和加强班组安全管理提出了新的要求。安全得不到保障,路无宁日,局集团公司无宁日,对铁路的和谐、快速发展就会产生不良的影响,因此需要营造一个稳定有序的铁路运输安全局面。如果我们不抓好铁路班组安全管理,安全生产的根基就不可能牢固。如果发生了事故,铁路各项工作就会处于被动状态,扰乱了正常的铁路运输生产秩序,铁路建设就会失去重要的前提和基础,各项工作也难以顺利开展。

(3)加强班组安全管理,是保证铁路职工家庭幸福的前提。"要想富,灭事故"已经被越来越多的铁路职工认识,发生事故不仅会破坏铁路运输生产秩序,而且直接影响职工的经济收入。各种事故赔款、罚款等直接、间接的经济损失是无法计算的,因此,安全生产是铁路职工个人提高经济收入的基本条件。发生了事故,不仅要受到处分,还会扣减当事人甚至是单位全体职工的工资和奖金,事故严重时责任者还要受到法律制裁。因此,铁路职工必须树立强烈的主人翁责任意识,时刻牢记"安全第一",自觉遵守各项规章制度,按标准化进行作业。而班组长更要意识到自己肩负的安全责任,必须把安全管理放在班组各项管理工作的首位,带领班组全体职工搞好个人和班组的安全生产,保证各项安全目标的实现。

四、班组安全管理的要求和工作方法

(一) 加强班组安全建设的基本要求

(1)要有一个敢抓善管、技术过硬、重视安全的班组领导中心;
(2)安全生产要有一个明确的奋斗目标;
(3)要有一套完善的安全管理制度;
(4)要努力实现生产作业规范化,开展班组作业标准化活动;
(5)班组安全活动要做到经常化、制度化;
(6)要开展经常性的安全教育。

(二) 班组长抓安全生产的领导方法

(1)以身作则,做好表率;
(2)贯彻依靠群众的原则;
(3)贯彻法治的原则;
(4)班组安全管理严字当头;
(5)奖罚兑现;
(6)实现民主管理;
(7)开展各种形式的安全竞赛;
(8)号召党团员起模范带头作用;
(9)搞好班组团结。

(三) 班组长应开展的日常安全管理工作

(1)开好班前会;
(2)做好班前、班中、班后的安全检查;
(3)制止、纠正、处理违章行为;
(4)及时组织隐患整改;
(5)组织开展安全宣传和安全教育;
(6)协助处理各种事故;
(7)管理好各种档案资料和台账;
(8)安排好交接班,做好交接班记录。

五、培养班组群体安全意识

为了保证安全生产,生产班组有很多工作需要去做,但基本在于营造一种氛围、坚定一种共同信念、培养一种向心力和凝聚力,这就是群体安全意识。

1. 群体安全意识的含义和特征

群体也叫团体,二人以上为了达到共同的特定目标,相互依赖和相互作用,就构成了群体。群体安全意识,是一个班组内所有成员共同感知、认同和遵守的信念、意识。其特征为:

(1)各成员互相依赖,在心理上意识到对方的存在,即意识到群体中的其他个体的存在。

(2)各成员在行为上互相作用、彼此影响。

(3)各成员具有团体意识,具有归属感,彼此有共同的目标和追求。

2. 群体安全意识的作用

班组群体安全意识,一般不是明确规定的,但往往比正式规定的规章制度更有约束力,它往往是不成形的,但它在班组的整个安全生产实践中无时无处不在。它就像威力很强的凝结剂,使班组规章制度、思想教育、组织建设等结合、凝聚、统一在一起,形成生产合力,从而提高整个班组成员统一奋斗目标,使其产生一种个人得失与集体成就休戚相关的心理。因此,培养班组群体安全意识,将有力地促进班组安全生产。

3. 群体安全意识的培养方法

班组群体安全意识的形成是一件难度很大的工作,它不仅需要一定的时间,还需要采取正确的方法来培养,具体如下:

(1)开展正面教育。

正面教育就是多鼓励、多引导,用正面的道理使受教育者加深认识。要经常、反复地向班组成员宣传"安全第一"思想,讲清楚搞好安全生产与自身的主人翁地位、与对国家的贡献、与班组的集体荣誉、与个人的利害得失的关系,从而调动班组成员的安全生产积极性,并使班组成员认识到,有些最基本的意识和信念就是在不断重复中扎根于思想深处的。这种反复的正面教育是我们常用的一种基本教育方法。

(2)进行强化激励。

激励,就是激发与鼓励。强化,就是对人的某种行为给予表扬、肯定和鼓励,使这种行为得以巩固与保持;或对某种行为予以批评、否定和惩罚,使其改正。

(3)典型示范。

"榜样的力量是无穷的"。企业的每个车间乃至最基层的生产班组,都有安全生产方面的先进典型。我们要善于调查研究,总结经验、树立典型,使全班组都比学榜样、赶超对象,从而达到安全生产的目的。

这种方法运用了心理学中关于模仿的原理。当一个人感知别人的行为时就会产生实现同一行为的愿望,随之而来的便是模仿。这就是说,别人的行为影响和制约着自己相同行为的产生。这些人在自己的心目中威信越高,其影响和制约作用也就越大。这就是通过典型示范来进行安全生产教育效果显著的原因所在。

(4)利用从众心理。

从众心理是一种与模仿有紧密联系的心理学现象。人是在群体中生活的,人也接受群体的影响。不仅行为有感染力,认识和观点也有感染力。个体受群体影响而改变其行为的现象就是从众。从众源于一种团体压力,只要团体存在,就存在着团体压力。团体压力是通过多数人一致的意见形成一种压力,从而影响个人的行为。团体压力虽然没有强制人执行的性质,但它对个体心理所产生的影响有时反而比权威命令大,更能改变个体的行为。在进行安全思想教育的过程中,我们要自觉地利用这种心理现象。对于班组中个别安全思想不牢固,尤其是刚刚补充到班组中来的新职员,我们要充分利用班组优良传统和光荣历史荣誉等有利条件,增加团体压力,改变个别成员的思想和行为,以促进班组群体安全意识的形成。

思考题

一、填空题

1. 安全是指没有危险,不受威胁,不出事故,没有能导致(　　　　)或造成(　　　　)、(　　　　)以及(　　　　)的条件。

2. 经过长期实践和科学总结,"(　　　　)、(　　　　)、(　　　　)"已成为我国铁路运输安全管理方针。

3. 安全是效率的(　　　　),效率是安全的(　　　　)。

4. 将运输安全视为一个大的系统工程,运用安全系统工程理论和方法,分析、评论、管理运输系统,优化"(　　　　)-(　　　　)-(　　　　)"系统结构,逐步形成比较完备的、可操作性强的铁路运输安全保障体系。

5. 在基层站段可设置不脱产的行车安全(　　　　)。

6. 运输生产班组设不脱产的(　　　　)。

7. 在人和设备的有机结合体中,(　　　　)是主导方面。

8. 设计安全性为本质安全,也就是设备的 RAMS,即(　　　　)、(　　　　)、(　　　　)和(　　　　)的简称。

9. 影响铁路运输安全的外部环境包括(　　　　)和(　　　　)。

10. (　　　　)、(　　　　)、(　　　　)、(　　　　)是行车工作中的主要工种,俗称"三员一长"。他们从事技术性、复杂性和变化性较强的工作。

二、选择题

1. 影响铁路运输安全的环境包括(　　　　)和外部环境。

A. 内部环境　　　　B. 社会环境　　　　C. 文化环境　　　　D. 地理环境

2. 坚持运输安全两手抓:一手抓安全技术设备,一手抓(　　　　)。

A. 安全人员管理　　B. 安全科学管理　　C. 安全组织管理　　D. 安全环境管理

3. 下列哪项不是行车安全监察机构和行车监察人员的职权?(　　　　)

A. 发现作业违反行车安全规定时,有权加以纠正

B. 对危及行车安全的技术设备,有权向有关部门提出意见

C. 调查处理事故中,确定性质和责任上有分歧意见时,可以做出结论性意见

D. 调查处理事故中,确定性质和责任上有分歧意见时,由各级行车安全监察机构提出结论性意见

4. 下列哪一项不是人在运输安全中的特殊作用?(　　　　)

A.人的主导性　　　B.人的主观能动性　　C.人的创造性　　D.人的积极性

5.下列哪项不是"三违"的内容?(　　)

　　A.违反作业纪律　　B.违反劳动纪律　　C.违反操作规程　　D.违章指挥

6.群体对铁路运输安全的影响,主要表现在群体意志影响其成员的行为,不包括(　　)。

　　A.社会从众作用　　B.群体助长作用　　C.群体规范作用　　D.群体安全意识

7.影响铁路运输安全的设备因素主要是设备的安全性能,不包括(　　)。

　　A.设备设计安全性　B.设备可靠性　　C.设备可维修性　　D.设备保养安全性

8."两纪一化"不包括(　　)。

　　A.劳动纪律　　　　B.作业纪律　　　　C.标准化作业　　　D.军事化管理

9.调车作业"三盯"不包括(　　)。

　　A.盯关键岗　　　　B.盯关键人　　　　C.盯关键事　　　　D.盯关键时间

10.群体也叫团体,(　　)人以上为了达到共同的特定目标,相互依赖和相互作用,就构成了群体。

　　A.一　　　　　　　B.二　　　　　　　C.三　　　　　　　D.四

三、判断题

1.安全是绝对的。　　　　　　　　　　　　　　　　　　　　　　　　　(　　)

2.安全和效率是矛盾的。　　　　　　　　　　　　　　　　　　　　　　(　　)

3.对于一般微观的人-机-环境系统而言,内部环境就是指作业环境。　　　(　　)

4.结合部管理实质上是一种横向管理,是协调不同部门和工种之间横向关系的一种手段。
　　　　　　　　　　　　　　　　　　　　　　　　　　　　　　　　　(　　)

5.标准化是指在经济、技术、科学和管理等实践活动中,对重复性的事物和概念通过制定、发布和实施标准,达到统一,以获得最佳秩序和社会效益。　　　　　　　　(　　)

6.班组是企业最基层的生产单元。　　　　　　　　　　　　　　　　　　(　　)

7.班组群体安全意识,一般不是明确规定的,所以没有约束力。　　　　　(　　)

8.铁路运输系统外人员不直接从事铁路运输交通运营生产活动,因此,他们的安全素质对铁路运输安全没有影响。　　　　　　　　　　　　　　　　　　　　　　(　　)

四、简答题

1.简述世界上的第一条铁路的概况。

2.安全在铁路运输中的地位如何?

3.铁路运输安全工作的特点主要体现在哪几个方面?

4.铁路运输中安全与效率有何关系?

5.我国铁路经实践检验并加以推广的经验有哪些?

6.现阶段我国铁路运输安全管理的主要问题有哪些?

7.安全具有哪些普遍性?

8.铁路运输安全有哪些特殊性?

9.行车安全监察机构和人员具有哪些职权?

10.行车安全监察机构遵守哪些工作准则?

11.与铁路运输安全有关的因素有哪些?

12. 人在铁路运输安全工作中的特殊作用有哪几点?

13. 设备的 RAMS 指什么?

14. 管理对铁路运输安全的重要性主要体现在哪几个方面?

15. 铁路运输安全管理有哪些原则?

16. 行车人员重点管理有哪些一般要求?

17. 行车工作中"三员一长"各指什么工种?

18. 简述现阶段我国铁路行车事故的状况及事故原因。

19. 什么是结合部? 结合部具有哪些特征?

20. 简述班组在安全生产中的地位和作用。

21. 什么是群体? 群体有什么特征?

22. 如何培养群体安全意识?

23. 班组安全管理都采取哪些手段?

24. 班组长有哪些作用? 班组长要做到哪"十戒"?

25. 简述班组安全管理的要求和工作方法。

26. 简述加强班组安全管理的意义。

模块2
铁路行车事故处理

学习目标

1. 了解铁路运输安全的法律、法规体系及其发展历程,了解《铁路安全管理条例》《铁路交通事故调查处理规则》。
2. 掌握铁路行车事故的分类及构成条件。
3. 了解铁路行车事故的报告、调查和处理程序。
4. 掌握铁路行车事故救援的设备及使用方法。
5. 掌握铁路突发情况的应急处理方法。

技能目标

1. 能够根据行车事故的构成条件对行车事故进行正确的分类。
2. 能够使用简单的铁路行车事故救援设备。
3. 具备编制事故调查报告的能力。
4. 具备利用所学的理论知识,处理铁路突发事件的能力。

课程思政

在介绍铁路运输安全法律体系的过程中,简要介绍我国的法律体系,使学生树立"遵章守纪"的意识,明白法治是铁路运输安全管理的基础,铁路运输安全管理必须以法治为基础。结合事故案例,讲述铁路部门不断完善规章制度,加强管理,提高铁路运输安全生产的管理水平的过程,使学生深化对铁路安全的认知。培养学生使用辩证的观点看待问题的思维方式,引导学生掌握辩证唯物主义和历史唯物主义的观点。毛泽东说过"没有调查,没有发言权",在事故调查报告的编写过程中,使学生掌握广泛深入开展调查的工作方法,培养学生以马克思主义的观点来分析和解决问题。

建议学时

16 学时。

微课堂

调车事故案例　　脱轨事故案例　　4·28 事故案例　　1·23 事故案例

单元 2.1   铁路运输安全法律体系

📖 **案例 2-1** ....

××铁路局 7·27 货物列车冲突重大事故

案例描述：××年 7 月 27 日 8 时，2523 次货物列车与 848 次货物列车，在××铁路局通化分局梅集线通沟至干沟间 89km488.5m 处发生正面冲突，造成 2523 次机车 1、2、15、19 位车辆脱轨，16、17、18 位车辆颠覆；848 次重联机车颠覆，机次 1 位车辆脱轨，机车报废 4 台，货车报废 1 辆，大破 4 辆，中破 2 辆，小破 3 辆；线路破坏 100m，损坏钢轨 8 根、轨枕 156 根；机车乘务员死亡 9 人，重伤 3 人，中断正线行车 25 小时 15 分钟，是一起重大责任事故。

7 月 27 日，通沟站值班员王××7 时 30 分接班后，于 7 时 38 分接到三源浦站 2523 次货物列车发车通知，王××填写了行车日志，排了二道接车进路。7 时 39 分，王××又接到干沟站 848 次列车货物列车发车通知，填写了行车日志，但没有排 848 次列车接车进路。接着王××要到粮库借油漏子，准备给职工分油，于是让该站站务员岳××替他顶岗，并交代"2523 次开过来了，干沟站有外调"，王××说完，就去粮库了。大约 7 时 53 分，岳××听到 2523 次列车司机用无线调度电话呼喊通沟站，询问通沟站能否通过。岳××答复司机"慢一点，看信号"，接着两次询问干沟站"站外调"情况，干沟站值班员赵××答复"调车已结束"。岳××马上询问赵××："闭塞表示灯亮的是什么灯？"赵××说是红灯。岳××又问赵××"你取消？我取消？"赵××说："你取消吧。"然后，岳××便使用半自动闭塞故障按钮取消了 848 次列车原占用区间的表示红灯。接着岳××与赵××办理了 2523 次列车闭塞手续，开放了 2523 次列车二道出站信号。

7 时 57 分，2523 次列车由通沟站通过。列车全部通过通沟站运转室后，岳××向列车调度员李××报告："2523 次通沟 7 时 57 分通过。"李××作了复诵。过了大约 1min，李××又用电话找岳××报点。岳××说："报啥点呀，不都报了吗？"李××说："848 次呢？"岳××说："不知道。"接着岳××向三源浦、干沟两站询问 848 次列车情况。干沟站赵××说："848 次 39 分开了。"岳××才想起看行车日志，发觉 848 次列车还在区间，连忙拿起列车无线调度电话呼唤 2523 次列车赶紧停车，但没有回音，此时 2523 次列车和 848 次列车已发生正面冲突，时间为 8 时整。

案例分析：这次事故是通沟站值班员王××违反《技规》第 241、242 条，《行规》第 69 条，《车站行车工作细则》(简称《站细》)第 26 条以及局发 1990 年劳字 114 号文件规定，在值班中擅离职守，私自委托他人顶岗，作业时不按规定与列车调度员确认会让计划，对有关接发车事项不认真向顶岗人员交代，为这起事故埋下了严重的隐患，是造成这起事故的主要原因之一。

办理接发车的通沟站站务员岳××、干沟站值班员赵××违反《技规》第204、241、242条及《铁路接发列车作业》(TB/T 30001—2020)的规定，简化作业程序，不检查确认区间是否空闲，盲目使用事故按钮强行开通区间，误办2523次列车闭塞手续；后经调查，通沟站助理值班员于××，当班精神不集中，未起到监督作用，是造成这起事故主要原因之二。

通沟站站务员岳××技术素质低，据本人交代，对控制台闭塞表示灯显示作用不完全明白，以为控制台上闭塞表示灯亮红灯是出站调车所致，没想到是区间被列车占用。干沟站值班员赵××对出站调车和跟踪调车概念理解不清，笼统称为"站外调"。如果赵××对两者概念清楚，使用标准用语，岳××很可能从"跟踪"字句上察觉出区间有列车占用。梅通台列车调度员李××不按规定向中间站布置三四小时列车会让计划。2523次列车7时38分从三源浦站开出及848次列车7时39分从干沟站开出，两站先后报完点，也未向通沟站布置会让计划，当通沟站2523次列车7时57分通过报点时，李××也未发现车站办理上的错误，约过1min，李××又让通沟站报848次列车点时，仍未发现两列车进入一个区间，是造成这起事故主要原因之三。

通化车务段干部作风不实，管理不严，对职工"两纪"松弛问题解决不力。通沟站站长、副站长家都不在当地。7月27日早晨，通沟站站长牛××没有到站，副站长芑××又带孩子去通化看病，造成该站没有站长组织交接班，致使接班后职工违纪无干部发现和制止，也是造成这起事故的一个重要原因。

对事故责任者的处理：

(1)通沟站值班员王××违反《技规》第241、242条，《行规》第69条，《站细》第26条及局发1990年劳字114号文件规定，在办理接发车作业中，不按规定与列车调度员确认会让计划，擅离职守、私自找人顶岗，离岗前对有关接发列车事项未认真向替岗者交代，是造成这起重大事故的主要责任者，由司法机关追究刑事责任。

(2)通沟站站务员岳××违反《技规》第204、241、242条和《铁路接发列车作业》(TB/T 30001—2020)的规定，未经领导批准擅自代行车站值班员办理接发车作业，在不确认区间空闲情况下，违章办理行车，强行使用闭塞故障按钮，向被占用区间开行列车，是造成这起重大事故的主要责任者，交司法机关追究刑事责任。

(3)干沟站值班员赵××违反《技规》第204、241、242条和《铁路接发列车作业》(TB/T 30001—2020)的规定，在未收到848次列车到达通沟站通知的情况下，又不确认区间空闲情况，就办理2523次列车闭塞手续，实属玩忽职守，是造成这起重大事故的主要责任者，交司法机关追究刑事责任。

(4)梅通台列车调度员李××违反《技规》第147条，《铁路行车调度规则》(简称《调规》)第90、97条的规定，没有布置中间站三四小时会让计划，未注意列车运行情况，对这起重大事故负有重要责任，予以开除路籍处分。

案例启示：本案例相关人员受到了法律的制裁，可以看出完善铁路运输安全法律法规，增强铁路从业人员法律意识，在铁路运输过程中也是非常重要的。

一、铁路运输安全法律法规

铁路运输安全,不仅关系铁路自身的效率和效益,而且与社会生产、社会生活、社会安定、构建和谐社会密切相关。因此,党和国家历来十分重视铁路运输安全工作。70 多年来,铁路部门从制定和完善规章、强化科学管理、加大科技投入、提升安全技术装备等方面,不断提高安全的可控性和保障性,最大限度减少和防止事故发生。国家以人为本,制定和颁布了一系列法律、法规和规章,使铁路安全有法可依、有章可循。

早在 1949 年,中央人民政府铁道部就提出"向事故作坚决斗争""彻底消灭事故,保证行车安全,完成运输任务,是铁路应该尽到的责任""运输必须安全,安全为了运输"。1950 年 1 月底,中央人民政府铁道部就制定和颁布了《关于防止事故保障行车安全的命令》及《实施安全负责制暂行办法中央人民政府》。6 月,全国铁路统一的《铁路技术管理规程》公布(至今先后进行了十余次修订)。

1950 年 5 月 1 日,中央人民政府铁道部成立了行车安全总监察室,各铁路局设行车安全监察室,各铁路分局设行车安全监察分室,负责监督检查《铁路技术管理规程》和有关行车安全规章与制度的贯彻执行,并负责事故发生时的抢修指挥、事故调查和处理。

1962 年,中华人民共和国铁道部颁布实行《铁路运输安全工作条例》,在全国铁路运输部门的车间、班组设立了安全员,形成基层单位安全监督网。

1971 年 6 月,中共中央下发了《关于加强安全生产的通知》,此后,周恩来等中央领导多次指示,"一定要搞好运输安全""对于发生的事故要查清处理,从中吸取教训"。

1975 年,国务院副总理邓小平针对铁路安全事故剧增的情况指出:"现在铁路事故惊人,这中间有许多责任事故……必要的规章制度一定要恢复整顿。组织纪律性一定要加强。"不久,中共中央以 9 号文件的形式发布了《关于加强铁路工作的决定》,以铁路为突破口带动全国各行各业的整顿。

1977 年,中华人民共和国铁道部在《关于进一步加强安全的决定》中重申了"安全为了生产,生产必须安全"的精神,坚持预防为主,要求各业务部门有专人负责行车安全工作。

1988 年,中华人民共和国铁道部发布了《关于整顿运输,确保安全,搞好春运的措施》。

1990 年 9 月 7 日,第七届全国人大常务委员会第十五次会议通过了《中华人民共和国铁路法》,自 1991 年 5 月 1 日起施行。

1995 年 1 月,中华人民共和国铁道部发出了《关于加强铁路运输安全基础建设的决定》(简称《决定》)。《决定》指出,从 1995 年起,把安全基础建设作为一项重大工程,长期不懈地抓下去。

2002 年 6 月 29 日,第九届全国人大常务委员会第二十八次会议通过的我国第一部全国规范安全生产的专门法律《中华人民共和国安全生产法》,自 2002 年 11 月 1 日起施行。

2004 年 12 月 27 日,国务院发布了《铁路运输安全保护条例》,自 2005 年 4 月 1 日起施行。

2007 年 7 月 17 日,国务院发布了《铁路交通事故应急救援和调查处理条例》,自 2007 年 9 月 1 日起施行。

这些法规,对于加强铁路运输安全管理,推进依法行政,保障铁路运输安全和畅通,规范铁路交通事故的应急救援和调查处理,保护人民生命和财产安全以及旅客、货主和铁路企业的合法权益,促进铁路运输业和国民经济健康发展,具有十分重要的意义。

二、铁路运输安全管理条例

《铁路安全管理条例》已于 2013 年 7 月 24 日国务院第 18 次常务会议通过,自 2014 年 1 月 1 日起施行。具体内容见本书附录。

三、《铁路安全管理条例》解读

(1)为什么要设置铁路线路安全保护区?

铁路线路安全保护区是指为防止外来因素对铁路列车运行造成干扰,减少铁路运输安全隐患,保护国家的重要基础设施,在铁路沿线两侧一定范围内对影响铁路运输安全的行为进行限制而设置的特定区域。这里所说的铁路线路,包括铁路钢轨道床、路基、边坡、侧沟及其他排水设备、防护设备等,以及铁路桥梁、隧道、场站等。

长期以来,一些单位和个人在铁路线路两侧修路、挖沟、盖房,或排污、烧荒、倾倒垃圾、放养牲畜等,严重影响了列车运营安全。为此,2004 年国务院本着维护铁路运输安全和节约用地,方便沿线群众生产、生活的原则,参照我国相关行业的做法和经验,发布了《铁路运输安全保护条例》,设定了铁路线路安全保护区,在保障铁路安全畅通、保护铁路沿线社会公众生命、财产安全方面,发挥了重要作用。之后十年,高速铁路的快速发展和既有铁路的提速,对铁路沿线安全环境提出了更高的要求,《铁路运输安全保护条例》设定的铁路线路安全保护区范围及相关管理制度已不能适应新形势发展需要。2013 年,国务院又发布了《铁路安全管理条例》,对铁路线路安全保护区的相关制度做了进一步的调整和完善。

(2)铁路线路安全保护区的范围有多大?

铁路沿线情况错综复杂,火车经过城市市区、城市郊区、村镇居民居住区与其他地区时,面对的安全状况是不同的;特别是高速铁路速度快、对安全环境要求更高。因此,本条例从实际出发,对铁路线路安全保护区的范围作了四种不同情况的规定,即铁路线路安全保护区的范围,从铁路线路路堤坡脚、路堑坡顶或者铁路桥梁(含铁路、道路两用桥,下同)外侧起向外的距离分别为:①城市市区高速铁路为 10m,其他铁路为 8m;②城市郊区居民居住区高速铁路为 12m,其他铁路为 10m;③村镇居民居住区高速铁路为 15m,其他铁路为 12m;④其他地区高速铁路为 20m,其他铁路为 15m。其中,路堤坡脚是指路基边坡与地面相接的部分,路堑坡顶是指路堑坡坡面与地面相接的部分。

同时,本条例还考虑到在特殊路段、特殊情况下,上述距离不能满足铁路运输安全保护的需要,需要适当扩大铁路线路安全保护区范围的情况,因此明确规定:"前款规定距离不能满足铁路运输安全保护需要的,由铁路建设单位或者铁路运输企业提出方案,铁路监督管理机构或者县级以上地方人民政府依照本条第三款规定程序划定。"

（3）如何把握铁路线路安全保护区与铁路用地的关系？

铁路线路安全保护区是为了保障铁路运输安全而设的一个特定区域。在此区域内，禁止一切危及铁路运输安全的行为，但并不改变用地的权属关系。铁路用地的取得有两种方式：一种是依据《中华人民共和国土地管理法》，通过划拨方式取得的铁路建设用地；另一种是以出让等有偿使用方式取得的铁路用地。通过这两种方式取得的铁路用地，均具有产权属性。

在实际划界时，铁路线路安全保护区边界与铁路用地边界可能出现不一致的情况。铁路用地边界可能大于铁路线路安全保护区边界，也可能小于或等于铁路线路安全保护区边界。无论铁路线路安全保护区是在铁路用地边界内还是边界外，本条例所列的禁止性规定都同样适用。

（4）铁路线路安全保护区如何划定？

鉴于铁路线路安全保护区在实际划定时可能遇到的各种复杂情况，本条例对不同情况下的划定程序和权限作出了具体规定：

一是在铁路用地能满足铁路运输安全保护要求的情况下，由铁路监督管理机构组织铁路建设单位或者铁路运输企业划定铁路线路安全保护区并公告。这样规定是因为在铁路征地时，地方政府已对铁路用地进行了审批，对铁路建设用地及安全保护的需要已经审核同意。在地方政府已经批准的铁路用地范围内设立铁路线路安全保护区，可以不再由地方人民政府审批，提高了工作效率。

二是在铁路用地范围外划定铁路线路安全保护区的，由县级以上地方人民政府组织有关铁路监督管理机构、县级以上地方人民政府国土资源等部门划定并公告。划定主体为县级以上地方人民政府，包括省、市（设区的市）、县三级地方人民政府。县级以上地方人民政府划定后，还应当依法履行公告义务，以保障公众的知情权。在铁路线路安全保护区内，本条例规定了相关管理制度，明令禁止一系列可能危害铁路线路和运输安全的行为。县级以上地方人民政府只有及时履行公告义务，使人民群众知悉铁路线路安全保护区的范围，才能保障铁路线路安全保护区内相关制度和禁止性规定的切实执行。

三是在铁路线路安全保护区的范围可能与公路建筑控制区、河道管理范围、水利工程管理和保护范围、航道保护范围或者石油、电力以及其他重要设施保护区重叠的情况下，本条例规定由县级以上地方人民政府组织有关部门划定铁路线路安全保护区并公告，同时要求依照法律、行政法规的规定进行协商。这里的有关部门，包括但不限于铁路监督管理机构、交通运输部门、河道管理部门、水利管理部门、航道管理部门、石油和电力以及其他相关企业等。有关部门依照法律、行政法规的规定进行协商并达成一致意见后，最终划定铁路线路安全保护区并公告的主体仍为县级以上地方人民政府。

（5）哪些铁路应当实行全封闭管理？

《铁路安全管理条例》第二十八条规定：设计开行时速120公里以上列车的铁路应当实行全封闭管理。铁路建设单位或者铁路运输企业应当按照国务院铁路行业监督管理部门的规定在铁路用地范围内设置封闭设施和警示标志。

在铁路既有线提速之前，行人穿越铁路造成的人身伤亡事故较少，主要是因为列车速度较低（一般均低于100km/h），行人发现来车后有可能紧急撤离铁道。随着列车运行速度的提高，行人穿越铁路，发现来车后往往来不及撤离铁道，发生伤亡事故的概率相应增加。为保障广大人民群众人身安全，本条例总结实践经验，新增加了"设计开行时速120公里以上列车的铁路应当实行全封闭管理"的规定。

(6)为什么禁止在铁路线路安全保护区内烧荒、放养牲畜、种植影响铁路线路安全和行车瞭望的树木等植物？

《铁路安全管理条例》第二十九条规定：禁止在铁路线路安全保护区内烧荒、放养牲畜、种植影响铁路线路安全和行车瞭望的树木等植物。

禁止在铁路线路安全保护区内烧荒。首先，线路两侧烧荒容易引发火灾，直接威胁铁路行车安全；其次，烧荒产生的高温容易破坏埋设在线路两侧或者线路上空的铁路通信、信号线路的保护设备，直接导致线路短路，影响铁路调度指挥系统；最后，烧荒引起的烟雾还会直接影响机车司机瞭望。

禁止在铁路线路安全保护区内放养牲畜。由于列车运行速度较快，制动距离和制动时间都比较长，一旦发现紧急情况，列车在短时间、短距离内难以停车。铁路沿线居民放养的牲畜窜上线路与火车相撞，轻则财产受损，重则可能导致列车倾覆。因此，规定禁止在铁路线路安全保护区内放养牲畜，是为保障公众生命、财产安全所必须采取的措施。

禁止在铁路线路安全保护区内种植影响铁路线路安全和行车瞭望的树木等植物。铁路线路两侧的防护林木和护坡草坪虽然是为了保证线路的稳定，防止雨水冲刷和风沙等灾害而特意栽培的，但如果树木过于高大则会影响司机瞭望，司机难以及时看清前方一定距离内的信号显示，或有异常情况时不能及时发现和处理，就可能造成行车事故。本条例对此类行为作出禁止性规定，加大了对铁路行车安全的保护力度。

(7)在铁路线路安全保护区内排污、倾倒垃圾以及其他有害物质，会产生哪些危害？本条例对此作了怎样的规定？

《铁路安全管理条例》第二十九条规定：禁止向铁路线路安全保护区排污、倾倒垃圾以及其他危害铁路安全的物质。

向铁路线路安全保护区内排污、倾倒垃圾以及其他危害铁路安全的物质，不仅会破坏铁路沿线的环境卫生，而且容易腐蚀铁路钢轨道床、信号通信设施，造成路基病害和桥梁淤堵，成为干扰铁路行车的因素之一，因此必须对这些行为予以禁止。这里所称"排污"，既包括固体废弃物，也包括液体废弃物；所称"倾倒垃圾以及其他危害铁路安全的物质"，既包括铁路沿线生产、生活产生的垃圾及其他危害铁路安全的物质，也包括从列车上向外倾倒的垃圾。

(8)为什么在铁路线路安全保护区内要对建造建筑物、构筑物等设施，取土、挖砂、挖沟、采空作业以及堆放、悬挂物品等活动进行限制？

《铁路安全管理条例》第三十条规定：在铁路线路安全保护区内建造建筑物、构筑物等设施，取土、挖砂、挖沟、采空作业或者堆放、悬挂物品，应当征得铁路运输企业同意并签订安全协议，遵守保证铁路安全的国家标准、行业标准和施工安全规范，采取措施防止影响铁路运输安全。铁路运输企业应当派员对施工现场实行安全监督。

本条例之所以对铁路线路安全保护区内的这些生产活动进行限制，主要是出于以下考虑：

一是建筑物、构筑物的建造过程本身即会对行车产生一定的干扰，影响铁路运输安全与通畅；打桩或深挖基础等难免对线路产生影响；建筑物、构筑物的凸出部分可能会造成行车障碍；高大的建筑物、构筑物还容易遮挡机车司机视线，不利于行车瞭望。

二是随意在铁路线路两侧取土、挖砂、挖沟或采空作业，直接影响铁路线路的稳固性，带来安全隐患。安全行车必须有稳固的线路,尤其是高速铁路的发展,对线路安全提出了更高的要求。一旦线路遭到破坏,轻者导致中断行车,重者导致车毁人亡。

三是在铁路线路安全保护区内堆放、悬挂物品,如堆放粮食、稻草、砂石等物品,将直接形成列车运行的障碍;在铁路线路两侧晾晒衣物或悬挂其他物品,特别是彩色的物品,容易导致机车司机对信号作出错误的判断或者影响行车瞭望。

在铁路线路安全保护区确需从事上述生产活动时,根据本条例的规定,必须经铁路运输企业同意,施工前应当与铁路运输企业签订安全协议。之所以这样规定,主要是为了落实铁路运输企业的安全生产主体责任,便于其采取有效的防护措施。因此,本条例还规定了铁路运输企业应当派员对施工现场实行安全监督。同时,本条例还对相关施工作业方保障施工安全和铁路运输安全的义务作出了规定。

(9)铁路线路安全保护区内的既有建筑物、构筑物应当如何处理?

《铁路安全管理条例》第三十一条规定:铁路线路安全保护区内既有的建筑物、构筑物危及铁路运输安全的,应当采取必要的安全防护措施;采取安全防护措施后仍不能保证安全的,依照有关法律的规定拆除。

出于历史的原因,铁路线路两侧存在着一定数量的合法或者非法的建筑物、构筑物,有些处于铁路线路安全保护区的范围内,或多或少会影响铁路运输安全。本条例对铁路线路安全保护区内已有的建筑物、构筑物处置,视不同情况作了不同的规定,即既有建筑物、构筑物危及铁路运输安全的,应采取必要的安全防护措施。采取安全防护措施,可以是所有权人或者实际控制人自觉的行为,也可以是铁路监管部门或者地方人民政府敦促的结果。对采取安全防护措施后仍不能满足安全要求的建筑物、构筑物,应依照《中华人民共和国行政强制法》等有关法律的规定拆除。

需要指出的是,在铁路线路安全保护区内拆除非法建筑物、构筑物,其所有者违法在先,本身不受法律保护,不应给予补偿。对此,本条款也作了排除性规定。

(10)什么是铁路建筑限界?

铁路建筑限界是指一个和铁路线路中心线垂直的极限横断面轮廓。在此轮廓内,除机车车辆和与机车车辆有直接相互作用的设备(车辆减速器、路签授受器、接触电线及其他)外,其他设备或建筑物、构筑物均不得侵入。铁路建筑限界是根据机车车辆运动的最大轮廓尺寸并考虑一定的安全余量而制定的。限界尺寸一经规定不得随意缩小。缩小限界或者其他物体进入限界都可能危及列车运行安全,导致行车事故的发生。

(11)本条例对铁路线路附近建筑物、构筑物、设备等物体与铁路建筑限界的关系,作了怎样的规定?

《铁路安全管理条例》明确规定:在铁路线路安全保护区及其邻近区域建造或者设置的建筑物、构筑物、设备等,不得进入国家规定的铁路建筑限界。

对铁路建筑限界的管理,是铁路运输安全管理的重要组成部分。过去曾因进入铁路建筑限界发生过行车事故。对这种直接危害铁路运输安全的行为,应当予以制止,否则有可能造成车毁人亡的行车事故。因此,本条例对进入国家规定的铁路建筑限界的行为作出了明确的禁止性规定,并且以列举的形式指出了铁路线路及其邻近的建筑物、构筑物、设备禁止进入。需要指出的是,对于与机车车辆有直接相互作用的设备,如车辆减速器、路签授受器、接触电线及其他保障铁路正常运行的设施设备,应当排除在本条例规定之外。

单元2.2　铁路行车事故的分类和构成条件

案例2-2

××年7月17日SY站旅客列车脱轨重大事故

案例描述：××年7月17日6时31分，HGT站与SY站办理2257次旅客列车闭塞，6时41分2257次旅客列车在HGT站通过，6时42分车站值班员于××向中信号楼值班员李××布置接车进路，下达命令办理选排2257次旅客列车接入客场6道。当时，运转二班六调在下5道北头挂12辆，由下牵一牵出后去下2道挂28辆，计划推送到铁西车场，6时39分北信号楼助理值班员崔××开了进入下2道D324调车信号。车列连挂后，调车机及机次3辆未进入警冲标内方，在未试拉的情况下便盲目地向前推进，在接近关闭的下2道南头信号机前停车时，前11辆油罐车与原车列分离溜出(放风制动员在放风时已将车钩提升)，调车组人员采取手闸制动不及时，与正在进站的2257次旅客列车在中信号楼114号道岔处发生侧面冲突，造成2257次机次3、4、5位脱轨，构成了一起调车作业与旅客列车侧面冲突的重大事故，无人员伤亡。

案例分析：

(1)六调在带12辆挂下2道28辆时，检查现车不认真，未发现南头第11辆车钩已经断开，在推进作业前未试拉，造成前部11辆溜出。

(2)车站值班员在办理2257次旅客列车进路前，未按《站细》规定通知北信号楼，未下达停止2257次旅客列车进路的调车作业命令。

(3)北信号楼助理值班员崔××擅自代理信号楼值班员作业，在放行六调挂下2道推进作业前，未按《站细》的规定请示车站值班员准许。

案例启示：在铁路运输过程中，事故时有发生，不同的事故造成的损失也是不同的，铁路职工应该掌握铁路行车事故的分类，避免事故发生或减少事故损失。

安全是铁路运输永恒的主题，铁路运输安全，特别是行车安全，直接关系人民生命和财产安全、国家的声誉。每个铁路职工，特别是铁路运输职工必须树立"安全第一，预防为主，综合治理"的态度，在确保行车安全的前提下，努力提高运输效率。每个铁路职工除在工作中严格遵守劳动纪律、认真执行规章制度外，还应学习和了解有关行车事故的分类、等级、通报和救援等知识，做到不仅能防止行车事故，而且能在事故发生后及时通报、救援，尽快恢复行车，以减少事故造成的损失。

一、行车事故分类

凡在行车工作中，违反规章制度、劳动纪律或技术设备不良及其他原因，造成人员伤亡、设备损坏、经济损失、影响正常行车或危及行车安全的，均构成行车事故。

为了区分行车事故的性质和等级,及时排除故障,抢救事故及恢复行车,铁路行车职工必须认真学习《铁路交通事故调查处理规则》(简称《事规》),在发生行车事故后,及时通报、处理,尽快开通区间,把事故损失控制在最低程度。

根据事故造成的人员伤亡、直接经济损失、列车脱轨辆数、中断铁路行车时间等情形,事故等级分为特别重大事故、重大事故、较大事故和一般事故。

(一)特别重大事故

有下列情形之一的,为特别重大事故:

(1)造成 30 人以上死亡。

(2)造成 100 人以上重伤(包括急性工业中毒,下同)。

(3)造成 1 亿元以上直接经济损失。

(4)繁忙干线客运列车脱轨 18 辆以上并中断铁路行车 48 小时以上。

(5)繁忙干线货运列车脱轨 60 辆以上并中断铁路行车 48 小时以上。

(二)重大事故

有下列情形之一的,为重大事故:

(1)造成 10 人以上 30 人以下死亡。

(2)造成 50 人以上 100 人以下重伤。

(3)造成 5000 万元以上 1 亿元以下直接经济损失。

(4)客运列车脱轨 18 辆以上。

(5)货运列车脱轨 60 辆以上。

(6)客运列车脱轨 2 辆以上 18 辆以下,并中断繁忙干线铁路行车 24 小时以上或者中断其他线路铁路行车 48 小时以上。

(7)货运列车脱轨 6 辆以上 60 辆以下,并中断繁忙干线铁路行车 24 小时以上或者中断其他线路铁路行车 48 小时以上。

(三)较大事故

有下列情形之一的,为较大事故:

(1)造成 3 人以上 10 人以下死亡。

(2)造成 10 人以上 50 人以下重伤。

(3)造成 1000 万元以上 5000 万元以下直接经济损失。

(4)客运列车脱轨 2 辆以上 18 辆以下。

(5)货运列车脱轨 6 辆以上 60 辆以下。

(6)中断繁忙干线铁路行车 6 小时以上。

(7)中断其他线路铁路行车 10 小时以上。

(四)一般事故

一般事故分为:一般 A 类事故、一般 B 类事故、一般 C 类事故、一般 D 类事故。

(1)有下列情形之一,未构成较大以上事故的,为一般 A 类事故:

①造成 2 人死亡。

②造成 5 人以上 10 人以下重伤。

③造成 500 万元以上 1000 万元以下直接经济损失。

④列车及调车作业中发生冲突、脱轨、火灾、爆炸、相撞,造成下列后果之一的:

a. 繁忙干线双线之一线或单线行车中断 3 小时以上 6 小时以下,双线行车中断 2 小时以上 6 小时以下。

b. 其他线路双线之一线或单线行车中断 6 小时以上 10 小时以下,双线行车中断 3 小时以上 10 小时以下。

c. 客运列车耽误本列 4 小时以上。

d. 客运列车脱轨 1 辆。

e. 客运列车中途摘车 2 辆以上。

f. 客车报废 1 辆或大破 2 辆以上。

g. 机车大破 1 台以上。

h. 动车组中破 1 辆以上。

i. 货运列车脱轨 4 辆以上 6 辆以下。

(2)有下列情形之一,未构成一般 A 类以上事故的,为一般 B 类事故:

①造成 1 人死亡。

②造成 5 人以下重伤。

③造成 100 万元以上 500 万元以下直接经济损失。

④列车及调车作业中发生冲突、脱轨、火灾、爆炸、相撞,造成下列后果之一的:

a. 繁忙干线行车中断 1 小时以上。

b. 其他线路行车中断 2 小时以上。

c. 客运列车耽误本列 1 小时以上。

d. 客运列车中途摘车 1 辆。

e. 客车大破 1 辆。

f. 机车中破 1 台。

g. 货运列车脱轨 2 辆以上 4 辆以下。

(3)有下列情形之一,未构成一般 B 类以上事故的,为一般 C 类事故:

①列车冲突。

②货运列车脱轨。

③列车火灾。

④列车爆炸。

⑤列车相撞。

⑥向占用区间发出列车。

⑦向占用线接入列车。

⑧未准备进路接、发列车。

⑨未办或错办闭塞发出列车。

⑩列车冒进信号或越过警冲标。

⑪机车车辆溜入区间或站内。

⑫列车中机车车辆断轴,车轮崩裂,制动梁、下拉杆、交叉杆等部件脱落。

⑬列车运行中碰撞轻型车辆、小车、施工机械、机具、防护栅栏等设备设施或路料、坍体、落石。

⑭接触网接触线断线、倒杆或塌网。

⑮关闭折角塞门发出列车或运行中关闭折角塞门。

⑯列车运行中刮坏行车设备设施。

⑰列车运行中设备设施、装载货物(包括行包、邮件)、装载加固材料(或装置)超限(含按超限货物办理超过电报批准尺寸的)或坠落。

⑱装载超限货物的车辆按装载普通货物的车辆编入列车。

⑲电力机车、动车组带电进入停电区。

⑳错误向停电区段的接触网供电。

㉑电化区段攀爬车顶耽误列车。

㉒客运列车分离。

㉓发生冲突、脱轨的机车车辆未按规定检查鉴定编入列车。

㉔无调度命令施工,超范围施工,超范围维修作业。

㉕漏发、错发、漏传、错传调度命令导致列车超速运行。

(4)有下列情形之一,未构成一般 C 类以上事故的,为一般 D 类事故:

①调车冲突。

②调车脱轨。

③挤道岔。

④调车相撞。

⑤错办或未及时办理信号致使列车停车。

⑥错办行车凭证发车或耽误列车。

⑦调车作业碰轧脱轨器、防护信号,或未撤防护信号动车。

⑧货运列车分离。

⑨施工、检修、清扫设备耽误列车。

⑩作业人员违反劳动纪律、作业纪律耽误列车。

⑪滥用紧急制动阀耽误列车。

⑫擅自发车、开车、停车、错办通过或在区间乘降所错误通过。

⑬列车拉铁鞋开车。

⑭漏发、错发、漏传、错传调度命令耽误列车。

⑮错误操纵、使用行车设备耽误列车。

⑯使用轻型车辆、小车及施工机械耽误列车。

⑰应安装列尾装置而未安装发出列车。

⑱行包、邮件装卸作业耽误列车。

⑲电力机车、动车组错误进入无接触网线路。

⑳列车上工作人员往外抛掷物体造成人员伤害或设备损坏。

㉑行车设备故障耽误本列客运列车 1 小时以上,或耽误本列货运列车 2 小时以上;固定设备故障延时影响正常行车 2 小时以上(仅指正线)。

国铁集团可对影响行车安全的其他情形,列入一般事故。

因事故死亡、重伤人数 7 日内发生变化,导致事故等级变化的,相应改变事故等级。

二、行车事故构成条件

(1)机车车辆:包括铁路机车、客车、货车、动车、动车组及各类自轮运转特种设备等。

自轮运转特种设备:系指在铁路营业线上运行的轨道车及铁路施工、维修专用车辆(包括轨道起重机、架桥机、铺轨机、接触网架线车、放线车、检修车、大型养路机械等)。

(2)列车:系指编成的车列并挂有牵引本次列车的机车及规定的列车标志。单机、动车、重型轨道车,虽未完全具备列车条件,亦应按列车办理。

客运列车:系指旅客列车(含动车组)、按客车办理的回送空客车车底及其他列车。

货运列车:系指客运列车以外的其他列车。

军用列车除有特殊通知外,均视为货运列车。

列车与其他调车作业的机车车辆等互相冲撞而发生事故,定列车事故。列车在站内以调车方式进行摘挂或转线而发生事故,定调车事故。客运列车或客运列车摘下本务机车后的列车,被货运列车、机车车辆冲撞造成的事故,以及客运列车在中途进行摘挂(包括摘挂本务机车)或转线作业发生的事故,均定客运列车事故。

区间调车作业、机车车辆溜入区间,发生冲突、脱轨事故时,定列车事故。在封锁区间内调车作业发生事故,定调车事故。

(3)运行过程中:系指铁路机车车辆运行的全过程,也包括在其运行中的停车状态。

(4)行人:系指在铁路线路上行走、停留的自然人(包括有关铁路作业人员)。

(5)其他障碍物:系指侵入铁路建筑限界及线路,并影响铁路列车的动态及静态物体。

(6)相撞:系指铁路机车车辆在运行过程中与行人、机动车、非机动车、牲畜及其他障碍物相互碰、撞、轧,造成人员伤亡、设备设施损坏。

(7)冲突:系指列车、机车车辆互相间或与轻型车辆、设备车辆(如车库、站台、车挡等)发生冲突,致使机车车辆、轻型车辆、设备设施等破损。

在列车运行中由于人为失职或设备不良等,将车辆挤坏或拉坏构成中破及以上程度,或在调车作业中由于人为失职或设备不良等,将车辆挤坏或拉坏构成大破以上程度时,亦按冲突论。

由于机车车辆冲撞造成货物窜动将车辆撞坏、挤坏时,定冲突事故,并根据所造成的后果,确定事故等级。

(8)脱轨:系指机车车辆的车轮落下轨面(包括脱轨后又自行复轨),或车轮轮缘顶部高于轨面(因作业需要的除外)。

每辆(台)只要脱轨 1 轮,即按 1 辆(台)计算。

(9)列车发生火灾:系指列车起火造成机车车辆破损影响行车设备设施正常使用,或发生人员伤亡,货物、行包烧毁等。

(10)列车发生爆炸:系指机车车辆在运行过程中发生爆炸,造成其设备损坏,墙板、车体变形或出现孔洞,影响正常行车。

（11）正线：系指连接车站并贯穿或直股伸入车站的线路。

（12）繁忙干线：系指京哈（不含沈山线）、京沪、京广、京九（含广州至深圳段）、陇海、沪昆（不含株洲至昆明段）线及客运专线。

繁忙干线单线：系指连接繁忙干线的联络线。

（13）其他线路：系指繁忙干线以外的线路。

（14）中断铁路行车：系指不论事故发生在区间还是站内，造成铁路单线、双线区间或双线区间之一线不能行车。中断铁路行车的时间，由事故发生时间起（列车发生火灾或爆炸由停车时间算起）至恢复客货列车原牵引方式连续通行时止。

如列车能在站内其他线通行，又回到原正线上进入区间的，不按中断铁路行车算。

施工封锁区间发生冲突或脱轨的中断铁路行车时间，从事故发生前原计划开通的时间算起。

（15）耽误列车：系指列车在区间内停车；通过列车在站内停车；列车在始发站或停车站晚开、在运行过程中超过图定的时间（局管内）或调度员指定的时间；列车停运、合并、保留。

（16）客运列车中途摘车：系指编挂在客运列车中的车辆发生冲突、脱轨、火灾、爆炸、相撞未达到中破及以上程度，不能运行，必须在途中摘下（不包括始发站和终到站）。

（17）占用区间：①区间内已进入列车。②区间已被列车取得占用的许可（包括准许时间内未收回的出站、跟踪调车凭证）。③封锁的区间。④区间内有停留或溜入的机车车辆、施工作业车辆。列车发出后溜入的亦算。⑤发出进入正线的列车二区间内道岔向岔线开通。⑥邻线已进入禁止在区间交会的列车。

列车前端越过出站信号机或警冲标即算。

办理越出站界调车后，没有取消手续，也没有办理列车闭塞手续，就用该调车手续将列车开出，亦按本项论。

（18）占用线：系指车站内已办理进路的线路或停有机车车辆的线路或已封锁的线路。

列车前端越过进站（进路）信号机或站界标即构成"向占用线接入列车"。按《铁路技术管理规程》第283条规定办理的列车除外。

（19）未准备好进路：

进路：①接入停车列车时，由进站信号机起至接车线末端计算该线有效长度的警冲标或出站信号机上的一段线路。②发出列车时，由列车前端起至相对进站信号机或站界标为止的一段线路。③通过列车时，为该列车通过线两端进站信号机或站界标间的一段线路。

未准备好进路：①进路上的道岔未扳、错扳、临时扳动或错误转动。②进路上有轻型车辆（包括拖车）、小车及其他能造成脱轨的障碍物（不包括其他交通车辆）。③邻线的机车车辆越过警冲标。④违反《铁路技术管理规程》第279条禁止办理相对方向同时接车和相同方向同时发接列车的规定而办理同时接车或发接列车。⑤超限列车（包括挂有超限货物车辆的列车）、客运列车由于错误办理造成进入非固定股道。

接入停车或通过的列车，列车前端越过进站（进路）信号机或站界标以及发出的列车起动均算。

设有进路信号机的车站，分段接发列车时，按分段算。如果每段都发生，每段各定1件事故；如果一次准备的全通路，为一个进路，定1件事故。

凡由于信号联锁条件错误或有关人员违章作业，致使信号错误升级显示进行信号或强行开放进行信号，造成耽误列车或列车已按错误显示的进行信号运行，虽未造成后果，均定事故。

（20）未办或错办闭塞发出列车：系指未和邻站、线路所、车场办理闭塞手续，或办理闭塞的区间与列车运行的区间不一致而发出列车。列车前端越过出站信号机（包括线路所通过信号机）或警冲标即构成。客运列车，错办闭塞的区间虽与列车的运行区间一致，亦按本项论。

没有调度命令，擅自改变或错办列车运行路径，亦按本项论。

未按规定办理手续而越出站界调车时，亦按本项论。

（21）列车冒进信号或越过警冲标：系指列车前端任何一部分越过地面固定信号显示的停车信号；停车列车越过到达线末端计算该线有效长度的警冲标或轧上线路脱轨器（系指用于接发列车起隔开作用的脱轨器）时亦算。双线区间反方向运行，列车冒进站界标，亦按本项论。

在制动距离内，由于误碰、错办或维修设备，致使临时变更信号显示、信号关闭或临时灭灯，造成列车冒进信号时，不论联锁条件是否解锁，亦按本项论。

在制动距离内信号自动关闭或临时灭灯，在进路联锁条件不解锁的情况下，列车冒进信号时，不按本项论。

（22）机车车辆溜入区间或站内：系指以进站信号机或站界标为界，机车车辆由站内溜入区间或由区间、专用线溜入站内。在区间岔线内停留的机车车辆溜往正线、越过警冲标，亦按本项论。

（23）断轴：机车车辆出段、出厂或由固定停放地点开出后发生即算。列车中的车辆在运行、停留或始发、到达检查时发现即算。

（24）关闭折角塞门发出列车或运行中关闭折角塞门：列车前端越过出站信号机或警冲标即算。

采用双管供风的列车因错接风管发出列车，按本项论。

（25）电力机车、动车组带电进入停电区：系指电力机车、动车组未降弓断电进入已经停电的接触网区。

（26）发生冲突、脱轨的机车车辆未按规定检查鉴定编入列车：未按规定通知检查或未按规定检查，擅自编入列车，按本项论。

（27）自轮运转设备：无须铁路货车装运，能依靠自有轮对在铁路上运行，但须按货物向铁路办理托运手续的机械和设备。包括编入列车的自轮运转特种设备、无货回送机车等。

（28）无调度命令施工，超范围施工，超范围维修作业：包括未按规定在车站登记要点进行施工、维修作业的，施工点前超范围准备的，未按规定施工维修作业内容进行作业的，均按本项论。

（29）漏发、错发、漏传、错传调度命令导致列车超速运行：列车运行监控装置未输或错输限速指令、机车出库后司机未接到线路限速命令，致使列车超过规定限速运行，按本项论。

（30）挤道岔：系指车轮挤过或挤坏道岔。

（31）错办或未及时办理信号致使列车停车：①因办理不及时或忘办、错办信号使列车在站外或站内停车；②禁止同时接车的车站或不准同时接入站内的列车，误使两列车均在站外停车；③接发列车人员未及时或错误显示手信号，使列车停车。

（32）错误办理行车凭证发车或耽误列车：系指与邻站已办妥闭塞手续，但由于未交、错交、未拿、错拿、漏填、错填行车凭证，自动闭塞、自动站间闭塞、半自动闭塞区间未开放出站（进路）信号机发车或耽误列车。

行车凭证交与司机显示发车手信号后（车站直接发车时为发车人员显示手信号后）发现行车凭证错误，亦为错误办理行车凭证发车。

填写的行车凭证，错填、漏填电话记录号码、车次、区间、地点时，按本项论。

自动闭塞、自动站间闭塞、半自动闭塞区间未开放出站(进路)信号机,列车起动停车未越过信号机或警冲标时,视同一般 D 类事故情形。越过关闭的停车信号机或警冲标时,视同一般 C 类事故情形。

(33)调车作业碰轧脱轨器、防护信号,或未撤防护信号动车:

脱轨器:系指固定脱轨器及移动脱轨器。

防护信号:系指防护施工、装卸及机车车辆检修整备作业的固定信号或移动信号。

机车车辆碰上、轧上脱轨器或防护信号即算。对插有停车信号的车辆,碰上车钩及未撤防护信号动车,按本项论。

(34)施工、检修、清扫设备耽误列车:如因特殊情况需要延长施工时间时,须提前通知车站值班员、列车调度员,经列车调度员承认后(发布调度命令)耽误列车时,不定事故。

施工、检修、清扫设备人员躲避不及时,造成列车停车,按本项论。

(35)滥用紧急制动阀耽误列车:系指违反《铁路技术管理规程》第 271 条第 4 款的规定使用紧急制动阀。

(36)擅自发车、开车、停车、错办通过或在区间乘降所错误通过:

擅自发车:系指车站发车人员未确认出站信号,运转车长未得到发车人员的发车指示信号,车站发车人员未确认运转车长发车手信号直接发车。

擅自开车:系指司机未得到车站发车人员或运转车长的发车信号而开车。

擅自停车:系指在正常情况下,不应停车而停车。

错办通过:系指应停车的客运列车错办通过(不包括列车调度员按照列车运行情况临时调整变更通过的列车)。

(37)错误操纵、使用行车设备耽误列车:系指作业人员违反操作规程耽误列车或使用方法不当造成机车车辆等行车设备损坏耽误列车。

(38)列车运行中碰撞轻型车辆、小车、施工机械、机具、防护栅栏等设备设施或路料、坍体、落石:刮上、碰上或轧上即算。

小车:系指人工推行的作业车、检测车、梯车等。

施工机械:系指起道机、捣固机、螺栓紧固机、弯轨器、撞轨器、切轨机、轨缝调整器、拨道器等。

机具:系指施工、维修作业中使用的动力扳手、撬杠等。

路料:系指钢轨、道砟、轨枕、道口铺面等。

列车运行中碰撞道砟未造成机车车辆损坏或人员伤亡,不按本项论。

(39)应安装列尾装置而未安装发出列车:有规定或调度命令的不按本项论。

(40)行包、邮件装卸作业耽误列车:系指在装卸作业过程中因组织不当耽误列车,包括超载偏载、侵限或机动车(包括平板车)侵限、掉进股道、抢越平过道耽误列车。

(41)作业人员死亡:系指在铁路行车相关作业过程中发生的,与企业管理、工作环境、劳动条件、生产设备等有关的,违反劳动者意愿的人身伤害,含急性工业中毒导致的伤害。

(42)作业过程:系指作业人员在本职工作岗位上或领导临时指派的工作岗位上,在工作时间内,从事铁路企业生产经营活动的全过程。作业人员请假离开、返回工作岗位、下班离岗、退勤退乘等,尚未离开其作业场所的,均视为作业过程。

工作时间:原则上以现行各种班制、乘务交路规定的工作时间和铁路综合计算工时工作制为依据。若不在规定的工作时间内,但属于因生产经营、工作需要而临时占用的时间,也视为工作时间。

(43)事故伤害损失工作日:系指作业人员在事故中导致伤残、死亡,造成劳动能力损失的程度,以工作日为度量单位。"事故伤害损失工作日",与实际歇工天数不同。确定某种伤害的事故伤害损失工作日的具体数值,应以《事故伤害损失工作日标准》(GB/T 15499—1995)为依据。

(44)作业人员重伤:系指造成作业人员肢体残缺或某些器官受到严重损伤,致使人体长期存在功能障碍或劳动能力有重大损失的伤害。按照《事故伤害损失工作日标准》(GB/T 15499—1995),其伤害部位及受伤害程度对应的事故伤害损失工作日或多处负伤其事故伤害损失工作日合并计算等于或超过 300 个工作日的,属于重伤。该标准未作规定的,按实际歇工天数确定,实际歇工天数超过 299 天的,按 299 天统计;各伤害部位计算数值超过 6000 天的,按 6000 天统计。作业人员死亡,其事故伤害损失工作日按 6000 个工作日统计。

(45)急性工业中毒事故:系指生产性毒物一次或短期内,通过人的呼吸道、消化道或皮肤大量进入体内,使人体在短时间内发生病变,导致中断工作,须进行急救处理,甚至死亡的事故。中毒程度通常分为轻度、中度和重度。按照有关规定,凡是住院治疗急性工业中毒的,均按重伤报告、统计和处理。

(46)伤亡人数发生变化:系指轻伤发展成重伤,重伤发展成死亡,以及死亡人数发生变化等情况。

(47)作业人员:系指参加铁路行车相关作业的所有从业人员,含已参加铁路企业生产经营活动,与铁路用人单位形成事实劳动关系的人员。

(48)职业禁忌证:系指某个工作岗位因其特殊性而对从业人员患有的可能造成事故的疾病作出限制的范围。如视力减退对于机车乘务员,恐高症、高血压对于电力工、架子工,高血压、心脏病对于巡道工、调车人员等,均属职业禁忌证。

(49)事故责任待定:系指事故原因、责任尚未查清,需待认定的情况。事故件数暂时统计在发生月,若最后认定为非责任事故,则予以变更。

(50)人员失踪:系指发生事故后找不到尸体,如在河流湖泊中沉溺、泥石流中被掩埋等,与出走不归等情况不同,无须经法院认定。

(51)交叉作业:系指分别属于两个或以上企业的作业区域相互重叠,从业人员在同一作业场所各自作业,包括铁路作业人员在专用线内取送车等作业。

(52)因正常手术治疗而加重伤害程度:系指从业人员在事故中受伤后,为避免伤势恶化而必须实施截肢、器官摘除等。

单元2.3　行车事故的报告、调查和处理

行车事故发生后,应尽快处理,最大限度减少损失,并迅速向有关人员或单位发出通报。

一、事故的报告

1. 报告程序

行车事故发生后，事故现场的铁路运输企业工作人员或者其他人员应当立即向邻近铁路车站、公安机关或者相关单位负责人及列车调度员报告。有关单位和人员接到报告后，应立即将事故情况向企业负责人和事故发生地安全监管办安全监察值班人员报告，安全监管办安全监察值班人员按规定向安全监管办负责人报告。

铁路运输企业列车调度员要认真填写"铁路交通事故（设备故障）概况表"（安监报1），分别向事故发生地安全监管办安全监察值班人员、国铁集团列车调度员报告。

事故发生地安全监管办安全监察值班人员接到"安监报1"或现场事故报告后，要立即填写"铁路交通事故基本情况表"（安监报3），并向国铁集团安全监督管理局值班人员报告。报告后要进一步了解事故情况，及时补报"安监报3"。

涉及其他安全监管办辖区的事故，发生地安全监管办安全监察值班人员应及时将"安监报3"传送至相关安全监管办的安全监察部门。

国铁集团列车调度员接到事故报告后，应及时收取或填写"安监报1"，并立即向值班处长和安全监督管理局值班人员报告；值班处长、安全监督管理局值班人员按规定分别向本部门负责人、国铁集团办公厅总经理办公室报告，由部门负责人向国铁集团领导报告。事故涉及其他部门时，由办公厅总经理办公室通知相关部门负责人。

发生特别重大事故、重大事故，由国铁集团办公厅负责向国务院办公厅报告，并通报国家安全生产监督管理总局等有关部门。

发生特别重大事故、重大事故、较大事故或者有人员伤亡的一般事故，安全监管办应向事故发生地县级以上地方人民政府及其安全生产监督管理部门通报。

2. 报告内容

（1）事故发生的时间、地点、区间（线名、千米、米）、线路条件、事故相关单位和人员。

（2）发生事故的列车种类、车次、机车型号、部位、牵引辆数、吨数、计长及运行速度。

（3）旅客人数，伤亡人数、性别、年龄以及救助情况，是否涉及境外人员伤亡。

（4）货物品名、装载情况，易燃、易爆等危险货物情况。

（5）机车车辆脱轨辆数、线路设备损坏程度等情况。

（6）对铁路行车的影响情况。

（7）事故原因的初步判断，事故发生后采取的措施及事故控制情况。

（8）应当立即报告的其他情况。

事故报告后，人员伤亡、脱轨辆数、设备损坏等情况发生变化时，应及时补报。

国铁集团、安全监管办、铁路运输企业应向社会公布事故报告值班电话，受理事故报告和举报。

二、事故的调查

（1）特别重大事故按《铁路交通事故应急救援和调查处理条例》规定由国务院或国务院授权的部门组织事故调查组进行调查。

（2）重大事故由国铁集团组织事故调查组进行调查。调查组组长由国铁集团负责人或指定人员担任,安全监察司、交通运输局、公安局等部门和国铁集团派出机构、相关安全监管办等部门(单位)派员参加。

(3)较大事故和一般事故由事故发生地安全监管办组织事故调查组进行调查。调查组组长由安全监管办负责人或指定人员担任,安全监管办安全监察部门、有关业务处室、公安机关等部门派员参加。

国铁集团认为必要时,可以参与或直接组织对较大事故和一般事故进行调查。

(4)事故调查组履行下列职责:

①查明事故发生的经过、原因、人员伤亡情况及直接经济损失。

②认定事故的性质和事故责任。

③提出对事故责任者的处理建议。

④总结事故教训,提出防范和整改措施建议。

⑤提交事故调查报告。

事故调查组在事故发生后应当及时通知相关单位和人员:一般 B 类以上、重大以下的事故(不含相撞的事故)发生后,应当在 12 小时内通知相关单位,接受调查。

(5)《铁路交通事故调查报告》应包括以下内容:

①事故概况。

②事故造成的人员伤亡和直接经济损失。

③事故发生的原因和事故性质。

④事故责任的认定以及对事故责任者的处理建议。

⑤事故防范和整改措施建议。

⑥与事故有关的证明材料。

(6)事故调查组应在下列期限内向组织事故调查组的机关提交《铁路交通事故调查报告》:

①特别重大事故的调查期限为 60 日。

②重大事故的调查期限为 30 日。

③较大事故的调查期限为 20 日。

④一般事故的调查期限为 10 日。

事故调查期限自事故发生之日起计算。

(7)《铁路交通事故认定书》是事故赔偿、事故处理以及事故责任追究的依据。《铁路交通事故认定书》应按照国铁集团规定的统一格式制作,内容包括:

①事故发生的原因和事故的性质。

②事故造成的人员伤亡和直接经济损失。

③事故责任的认定。

④对有关责任单位以及人员的处理决定或建议。

三、事故责任的判定

事故分为责任事故和非责任事故。事故责任分为全部责任、主要责任、重要责任、次要责任和同等责任。

(1)铁路运输企业或相关单位发布的文电,违反法律法规、国铁集团规章或铁路相关技术文件标准和作业标准等,直接导致事故发生的,定发文电单位责任。

（2）设备管理不善造成的事故,定设备管理单位责任。

（3）产品质量不良造成的事故,属设计、制造、采购、检修等单位责任的,定相关单位责任;应采用经行政许可或强制认证的产品而采用其他产品的,追究采用单位责任;采购不合格或不达标产品的,追究采购单位责任。

（4）自然灾害导致的事故,因防范措施不到位,定责任事故。确属不可抗力因素导致的事故,定非责任事故。

（5）营业线施工中发生的责任事故,属工程建设、设计、监理、施工等原因造成的,定上述相关单位责任;同时追究设备管理单位责任。

已经竣工验收的设备,因质量问题发生责任事故,确属工程建设、设计、施工、监理等单位责任的,定上述相关单位责任;属设备管理不善的,定设备管理单位责任。

（6）涉嫌人为破坏造成的事故,在公安机关确认前,定发生单位责任事故;经公安机关确认属人为破坏造成的,定发生单位非责任事故。

（7）机车车辆断轴造成事故,探测、监测工作人员违章违纪或设备不良、管理不善等造成漏报、误报或预报后未及时拦停列车的,定相关单位责任。货物超载、偏载造成车辆断轴事故,定装车站或作业站责任。

（8）因列车折角塞门关闭发生事故,无法判明责任的定发生地铁路运输企业责任事故。

（9）错误办理行车凭证发车或耽误列车事故的责任划分:司机起动列车,定车务、机务单位责任;司机发现未动车,定车务单位责任;通过列车司机未及时发现,定车务、机务单位责任;司机发现及时停车,定车务单位责任。

（10）应停车的客运列车错办通过,定车站责任;在区间乘降所错误通过,定机务单位责任。

（11）因断钩发生列车分离事故,断口为新痕时定机务单位责任(司机未违反操作规程的除外),断口旧痕时定机车车辆配属或定检单位责任;机车车辆车钩出现超标的砂眼、夹渣或气孔等铸造缺陷时,定制造单位责任。未断钩造成的列车分离事故根据具体情况进行分析定责。

（12）因货物装载加固不良发生事故,定货物承运单位责任;属托运人自装货物的,定托运人责任,货物承运单位监督检查失职的,追究货物承运单位同等责任。调车作业超速连挂和"禁溜车"溜放等造成货物装载加固状态破坏而引发的事故,定违章作业站责任;押运人员在运输途中随意搬动货物和降低货物装载加固质量而引发的事故,定押运人员所在单位责任,货物承运单位管理失职的,追究同等责任;货检人员未认真履行职责的,追究货检人员所在单位同等责任。因卸车质量不良发生事故,定卸车单位责任,同时追究负责检查的单位责任。

（13）自轮运转设备编入列车因质量不良发生事故,定设备配属单位责任;过轨检查失职的,定检查单位责任;违规挂运的,定编入或同意放行单位责任。

（14）因临时租(借)用其他单位的设备设施、人员发生事故,定使用单位责任。

产权单位委托其他单位维修设备设施,因维修质量不良发生事故,定维修单位责任;产权单位管理不善的,追究其同等责任。

（15）凡经国铁集团批准或铁路运输企业批准并报国铁集团核备后的技术革新项目、科研项目在运营线上试验时,在限定的试验期限内确因试验项目本身原因发生事故,不定责任事故;但由于违反操作规程以及其他人为因素造成的事故,定责任事故。

(16)事故发生后,发生单位未如实提供情况,导致不能查明事故原因和判定责任的,定发生单位责任。

(17)事故涉及两个以上单位管理的相关设备,设备质量均未超过检修或技术限度时,按事故因果关系进行推断,确定责任单位。

(18)事故调查组未及时通知有关单位接受事故调查,不得定有关单位责任。有关单位接到通知后,应派员而未派员接受事故调查的,事故调查组可以直接定责。

(19)铁路作业人员在从事与行车相关的作业过程中,不论作业人员是否在其本职岗位,由于违反操作规程、作业纪律,或铁路运输生产设备设施、劳动条件、作业环境不良,或安全管理不善等发生伤亡,定责任事故。

(20)铁路机车车辆与行人、机动车、非机动车、牲畜及其他障碍物相撞造成事故,按以下规定判定责任。

①事故当事人违章通过平交道口或者人行过道,或者在铁路线路上行走、坐卧造成人身伤亡,定事故当事人责任。

②事故当事人逃逸或者有证据证明当事人故意破坏、伪造现场、毁坏证据,定事故当事人责任。

③事故当事人违反国家法律法规,有明显过失的,按过错的严重程度,分别承担责任。

(21)国铁集团、安全监管办有关部门及其人员未能依法履行职责,发生下列情形之一的,应当追究其行政责任。涉嫌犯罪的,移送司法机关处理。

①违反国家公布的技术标准或国铁集团颁布的规章、技术管理规程和作业标准,擅自公布部门技术标准,导致事故发生的,追究相关部门及其人员责任。

②在实施行政许可、强制认证、技术审查或鉴定,以及产品设备验收等监督管理职责的过程中,违反法定权限、法定程序和有关规定,或对相关产品设备等监督检查不力,造成不合格、不达标产品设备等投入运用,导致事故发生的,追究相关部门及其人员责任。

四、事故损失认定

(1)事故相关单位要如实统计、申报事故直接经济损失,制作明细表,经事故调查组确认后,在《铁路交通事故认定书》中认定。

(2)下列费用列入事故直接经济损失:

①铁路机车车辆、线路、桥隧、通信、信号、供电、信息、安全、给水等设备设施的损失费用。报废设备按报废设备账面净值计算,或按照市场重置价计算;破损设备设施按修复费用计算。

②铁路运输企业承运的行包、货物的损失费用。

③事故中死亡和受伤人员的处理、处置、医治等费用(不含人身保险赔偿费用)。

④被撞机动车、非机动车、牲畜等财产物资,造成的报废或修复费用。

⑤行车中断的损失费用。

⑥事故应急处置和救援费用。

⑦其他与事故直接有关的费用。

(3)负有事故全部责任的,承担事故直接经济损失费用的100%;负有主要责任的,承担损失费用的50%以上;负有重要责任的,承担损失费用的30%以上、50%以下;负有次要责任的,承担损失费用的30%以下。

有同等责任、涉及多家责任单位承担损失费用时,由事故调查组根据责任程度依次确定损失承担比例。

负同等责任的单位,承担相同比例的损失费用。

五、事故统计、分析

(1)事故的统计报告应当坚持及时、准确、真实、完整的原则。事故的统计应按照事故类别、等级、性质、原因、部门、责任等项目分别进行。

(2)每日事故的统计时间,由上一日 18 时起至当日 18 时止。但填报事故发生时间时,应以实际时间为准,即以 0 时改变日期。

责任事故件数统计在负全部责任、主要责任的单位,非责任事故和待定责事故件数统计在发生单位,相撞事故统计在发生单位。负同等责任或追究同等责任的,在总数中不重复统计件数。

一起事故同时符合两个以上事故等级的,以最高事故等级进行统计。

(3)发生人员伤亡的事故应按以下规定统计:

①人员在事故中失踪,至事故结案时仍未找到的,按死亡统计。

②事故受伤人员因正常手术治疗而加重伤害程度的,按术后伤害程度统计。

③事故受伤人员经救治无效,在 7 日内死亡的,按死亡统计;经医疗事故鉴定委员会确认为医疗事故,或 7 日后死亡的,按原伤害程度统计。

④事故受伤人员在 7 日内由轻伤发展成重伤的,按重伤统计。

⑤未经医疗事故鉴定委员会确认为医疗事故的伤亡,按责任事故统计。

⑥相撞事故发生后,经调查确认为自杀、他杀的,不在伤亡人数中统计。

单元 2.4　铁路行车事故救援

案例2-3

××年8月31日ZG站旅客列车脱轨重大事故

案例描述:××年 8 月 31 日,按施工方案 ZG 站早 6 时至 8 时下行线,更换 1 号、7 号、9 号道岔转辙机施工,影响联动的上行 3 号、5 号道岔,上行列车利用绿色许可证发车。7 时 08 分,车站监控干部(值班站长)刘××,指派当班信号员表××递交 4 道的 11040 次列车绿色许可证(待避 1394 次),而自己亲自顶替信号员岗位。顶岗后,在没有接到值班员命令的情况下,臆测 1394 次列车已全列出站,盲目操纵 2 道出发进路上有联锁的 11 号道岔,扳向反位,提前准备了 4 道的 11040 次列车出发进路,造成 1394 次列车挤过 11 号道岔,致使机次第 5、7 辆一位端台车脱线,构成旅客列车脱轨重大事故。

案例分析:

(1)值班站长刘××,身为车站施工监控干部,带头违章,严重违反《技规》第 227 条"行车工作必须坚持单一指挥的原则"和车务段关于施工作业的要求"坚持单一指挥,信号员在操纵信号按钮时必须得到值班员准许后,其他人员不得擅自操纵和使用"。在未经领导安排、未得到车站值班员下达接发车命令的情况下,擅自安排信号员袁××送交凭证,在没有车站值班员下达任何命令的情况下,既不确认 1394 次列车运行情况,又不确认控制台 2 道占用情况,盲目单操 11 号道岔反位,破坏了 1394 次列车 2 道出发进路,致使 1394 次列车挤过 11 号道岔、脱线。

(2)后经调查,车务段施工监控干部盛××,只对值班员、信号员、助理值班员等直接作业人员进行监控,忽视了对值班站长刘××的监控,且对值班站长的违章指挥、违章作业没有进行及时的制止和纠正,没有真正负起监控干部的责任。

(3)后经调查,站长宋××,对该次施工没有分清哪个部位、哪个环节是重点,没有按规定在信号楼监控,却到南扳道房监控,没有负起站长的责任。

案例启示:安全思想意识淡化,造成日常工作上的失职、失责、失控。事故发生后,应采取最佳的救援措施,使事故的损失降到最低。

一、事故救援设备

在国铁集团指定地点,应备有齐全、整洁的各种救援设备,以保证及时起复机车车辆,消除线路障碍,迅速恢复正常行车。

(一)事故救援列车

为及时处理机车车辆颠覆、脱线等事故而设置的专用列车。

事故救援列车由轨道起重机和装载拖拉机、发电机、钢轨、枕木及工具器材的车辆,以及救护、炊事、宿营等专用车辆组成。事故救援列车平时停放在指定的可以两端通行,不需转线即能直接在该线发车的站线(包括段管线)上,以备随时挂上机车即可开行。

为及时起复机车车辆,机车、动车、重型轨道车上均应备有复轨器。

复轨器俗称"道爬子"。它能使脱轨的机车、车辆轮对复位到钢轨上。因此,它是使脱轨机车、车辆复轨的简单工具。复轨器一般有人字形复轨器、海参形复轨器、组装形复轨器和配合复轨器使用的导轮轨等起复工具。下面只介绍人字形及海参形两种复轨器。

1. 人字形复轨器的结构、原理和安装

(1)结构和原理。

人字形复轨器,是利用导轮棱条(俗称"大、小筋")的作用调整脱轨车轮转动方向,使车轮由地面沿复轨器方向或沿复轨器斜坡滚动升高至钢轨头部,从而使车轮复轨的工具。

(2)安装方法。

在脱轨车辆复轨牵引方向的一端按照车轮离钢轨的距离,选择适当的枕木位置,将人字形复轨器按车列、车辆进行方向左"人"、右"入"字的位置,跨放在钢轨上。两个复轨器要摆放一致(避开连接夹板),不要一前一后或只使用一个,后端须落在枕木上,再在头部与钢轨顶面接触处垫上薄棉纱或木片、破布等以起到防滑作用,尾部两弯角处钉上道钉(如系水泥枕木可在尾部塞入短枕木,便于钉固),复轨器的腰部或底部填充石渣,以防压翻。对改造过的复轨器,其尾部须与枕木边相齐,使圆销孔在枕木下,然后插进加固圆销即可。人字形复轨器安装示意如图 2-1 所示。

图 2-1　人字形复轨器安装示意图

（3）安装注意事项。

①复轨器不要安装在钢轨接头处，因该处有连接夹板，复轨器不易平放。不要在腐朽的枕木上安装，以免固定不牢复轨时压翻。如脱轨车轮斜扭太大，方向不对时，可在线路内侧铺设短轨，将车轮调整到钢轨方向，再用复轨器起复。

②遇下列情况时不能使用复轨器起复：

a. 车辆转向架的中心销子脱出；

b. 车体与转向架分离。

③在道岔附近脱轨，应先把尖轨连接杆拆掉，以免挤坏道岔。

2. 海参形复轨器的结构、原理、安装及使用

（1）结构和原理。

海参形复轨器因其外貌形状而得名。其作用原理基本上与人字形复轨器相同。海参形复轨器由内侧用、外侧用两只复轨器合成一组，内侧用的复轨器矮小，外侧用的复轨器略大，用螺栓固定。

（2）安装方法。

按车轮脱轨后的位置，对于脱轨在轨道外侧的车轮，使用一只略大的复轨器使其与钢轨外侧面靠拢；对于钢轨内侧的车轮，在其上安装一只矮小的复轨器，使其与钢轨内侧面留出 30 ~ 40mm 的轮缘槽，然后将紧固螺栓从钢轨底部穿过，一端钩在钢轨上，一端从复轨器穿出，紧固好螺母即可。应在复轨器的高峰下坡面与轨侧相对滑动面涂上少量润滑油，安放后应用石渣从复轨器处垫平至脱轨车轮处，以防起复时轧伤枕木。海参形复轨器及其安装方法见图 2-2。

图 2-2　海参形复轨器及其安装方法图

（3）使用方法。

①车辆轮对脱轨过远或偏斜的复轨方法。

车辆运行中，由于障碍物垫起或车辆脱轨后受钢轨等物件阻碍而使脱轨车辆转动方向偏斜或车轮离开轨道较远，遇此情况时必须先将导轮轨（短轨）或钢丝绳一端挂在偏斜车辆外侧轴箱上，用机车拉动，逼迫车辆向轨道方向调正，然后在适当地点安放复轨器，再次拉动即可复轨。

②车辆轮对脱轨成"骑马"状的复轨方法。

车辆运行中，突然被石头、铁块等障碍物垫起或制动梁脱落顶起转向架，容易造成转向架

轮对脱轨成"骑马"状态。其较理想的复轨方法是钢丝绳调正拉复法。也就是先将货物卸下，然后在脱轨车轮前方铺垫石渣或钢板等，将钢丝绳一端拴在脱轨车轮外侧轴箱上，另一端连接在机车车钩上，在脱轨车轮前方适当位置安装人字形复轨器，再用机车慢慢拉动。当脱轨车轮拉上复轨器后，即停止拉动，将钢丝绳挂在轴箱上的一端取下并挂在脱轨车辆的车钩上，再拉动脱轨车辆，即可复轨。

③车辆跨线脱轨的复轨方法。

车辆运行中，由于道岔不密贴或中途转换道岔等情况而造成车辆的两组转向架各进入一条线路，使车辆跨线脱轨，如图2-3所示。

具体复轨方法如下：

a. 先在靠近道岔的脱轨车辆转向架车轮前，安设复轨器，用钢丝绳连接机车拉动，使第一组转向架复轨，运行到尖轨后停车，将道岔扳向另一组转向架停留位置，再继续拉动即可复轨，如图2-4所示。

图2-3　车辆跨线脱轨示意图　　　　图2-4　车辆跨线脱轨复轨方法示意图

b. 当两组转向架都脱轨时，第一组转向架复轨后，可用同样的办法使第二组转向架复轨，然后拉过道岔。

c. 先将道岔转辙连接杆解开，于适当地点安放复轨器，利用机车牵引，即可使两组转向架一次复轨，也不致挤坏道岔。

d. 拉动时，如果车辆旁承发生侧面接触，将影响转向架转向，此时可用撬棍或用千斤顶动一下，使其离开，当车体与转向架分离时，不能用此法。

(二)线路修复车

为修复由自然灾害或其他原因造成损坏的信号、通信电线路而设置的专用车辆。

(三)接触网检修车

电气化铁路出于各种原因发生接触网断线、电杆及铁塔倒伏、瓷瓶破损等情况时，用以抢修的专用车辆。

二、救援列车的请求、派遣及开行

(一)救援列车的请求与派遣

1. 请求

当区间发生行车事故、自然灾害及线路故障需请求救援时，司机或工务、电务部门人员应迅速报告列车调度员或车站值班员。车站值班员接到请求后，须立即报告列车调度员。请求救援时，应报告事故、灾害或故障概况，并说明救援所需器材。

2.派遣

列车调度员接到请求救援的报告后,应立即向调度值班主任报告,随即向事故区间两端站发布封锁区间的调度命令,并根据具体情况向有关单位发布调度命令,迅速派出救援列车。在发布派遣救援列车的调度命令后,一般规定救援列车应在30min内出动,开往事故现场。承担事故救援、抢修抢救任务的事故救援列车、单机、动车、重型轨道车,均为救援列车。

发生行车事故后,在派出的救援列车到达前,列车调度员应根据需要指示将事故列车前部或尾部完好的车辆拉至车站,以便救援列车到达后事故列车的起复。

当列车无线调度电话不通时,接到救援请求的车站值班员,应根据救援请求办理前述工作。

(二) 救援列车的开行

1.行车凭证

救援列车在非封锁区间运行时,仍按该区间行车闭塞法优先办理,不得耽误和拖延时间;行车凭证为非封锁区间行车闭塞法的行车凭证。

救援列车需进入封锁区间时,不办理闭塞手续,以调度命令作为进入封锁区间的凭证。这样,既可区别于正常行车,又可提醒该列车注意,必须按调度命令的要求运行。调度命令中应包括往返车次、运行速度、发生事故地点及工作任务、要求等。

当列车无线调度电话不通时,救援列车以车站值班员的命令(内容、命令用纸与上述调度命令相同)作为进入封锁区间的凭证。

2.救援列车进出封锁区间的联系

对于救援列车向封锁区间发出或由封锁区间返回时刻、由区间拉回车数以及现场救援进度等,车站值班员应报告列车调度员,以便列车调度员掌握救援进度,及时安排救援人力、材料等。为使对方站了解救援及运行情况,上述内容亦须通知对方站。

救援列车司机接到救援命令后,必须认真确认。命令不清、停车位置不明确时,不准动车。救援列车进入封锁区间后,在接近被救援列车或车列2km时,要严格控制速度,同时,使用列车无线调度电话与请求救援的司机联系,以能够在瞭望距离内随时停车的速度(最高不超过20km/h)运行,在防护人员处压上响墩后停车,联系确认并按要求进行作业。

较复杂的事故救援现场,为了便于列车调度员联系以加快救援进度,以及由两端站向事故现场开行救援列车,可设立临时线路所。该线路所值班员即为向两端站办理行车的指挥人。车站值班员每次向临时线路所发车前,均应取得临时线路所值班员的同意,以便临时线路所做好接车准备工作和防护工作。救援列车向临时线路所运行时,应在防护地点外停车,待防护人员将事故地点及注意事项告知救援列车司机及有关人员,撤销防护后,救援列车再按调车办法进入指定地点。临时线路所向事故两端站发车时,必须得到列车调度员的命令及接车站的同意,撤除防护后方能发车。

三、事故现场的指挥

在事故调查处理委员会人员到达前,站长或车站值班员应随乘发往事故地点的第一列救援列车(分部运行时挂取遗留车辆的机车除外)到事故现场,负责指挥救援列车有关工作。

四、事故区间的开通

列车调度员接到事故现场负责人关于开通区间的报告,在查明区间确已空闲后,方可向两端站发布开通区间的调度命令。如列车须限速运行,列车调度员还必须发布限速运行的调度命令。

当列车无线调度电话不通时,由两端站车站值班员在确认区间空闲后,以电话记录办理开通区间的手续。

五、事故救援作业安全常识

(1)作业人员应着规定的防护服装,佩戴安全帽,无论冬、夏季,均需戴手套作业。

(2)利用复轨器起复机车车辆时,作业人员应处在安全的地点并做好防护,切勿蹲在复轨器旁,以防车辆翻倒或石渣蹦出伤人。

(3)利用钢丝绳牵引复轨时,作业人员应远离事故车辆、牵引机车和钢丝绳,以防绳索折断伤人。车辆复轨后立即安放止轮器,防止车辆与机车相撞。

(4)起复机车车辆时,应控制牵引复轨速度,防止脱轨车轮越过复轨器再次脱轨。

(5)禁止在地上拖拉、抛掷钢丝绳,以免伤人和损坏绳索。

(6)捆绑有棱角的物件,应加磁力护角或垫片等物,以免损坏车辆或绳索。

(7)利用千斤顶(液压复轨器)起复车辆时,应统一指挥作业,千斤顶底部需垫平找正,顶部与重物间应加木垫板等以防止滑动;千斤顶不得超载使用,起升高度不得超越安全线。

(8)顶移起复车辆时,应采取止轮措施,以防车辆溜逸。

(9)轨道起重机作业前,必须打好支腿,以防倾翻脱轨。

(10)任何人不得在起重机吊臂下站立或通过。

(11)悬空的吊件上不准有人站立,不得利用吊钩和物件带传送人员。

(12)调整吊起的物件位置时,应使用安全钩或安全绳,不得用手推拉调整。

(13)吊钩应与重物的重心在同一竖直线上,不得斜吊;挂绳位置应以重物重心为中心,以防偏载发生危险。

(14)重物落下前,应预先设置垫木或垫块;吊件卸放后摘钩抽绳时,应防止绳头弹出伤人。

(15)两台起重机同时作业或作业场地较大以至看不清起重信号时,必须联系确认后,方可作业。

(16)在电气化区段作业时,必须认真执行有关安全作业规则,确保作业安全。

单元2.5 铁路突发情况的应急处理

案例2-4

湘桂线1337次旅客列车火灾重大事故

案例描述: ××年1月11日5时21分,郑州开往昆明的1337次旅客列车(郑州客运段昆明车队 4 组值乘,编组 16 辆,总重 852t,计长 35.2m)运行至柳州局管内湘桂线军田村至大溶江站间 K314 + 358 处(机车停车位置)时,机后 10 位餐车(CA2392116)发生人为放火,列车乘务员拉动紧急制动阀停车,停车后,机车、车辆乘务员共同配合,将着火车辆与列车前、后部车辆分离,大溶江车站值班员接到运转车长的报告后,立即向列车调度员汇报,并及时通知当地消防部门于 7 时 10 分将火扑灭。着火餐车被甩在大溶江车站。10 时 27 分,1337 次列车欠编从大溶江站开出。延误本列 5 小时 6 分钟,中断正线行车 2 小时 21 分钟;餐车报废 1 辆,软卧车小破 1 辆;直接经济损失 28.378 万元。构成旅客列车火灾重大事故。

案例分析:据柳州、郑州铁路公安部门事故现场调查:××年 1 月 10 日,放火犯罪嫌疑人甲、乙(夫妇),持武昌至六盘水的硬座车票,在武昌站登上 1337 次旅客列车并进入 10 号车厢,因人多无座位,见 10 号车厢乘务间有 3 名学生旅客,甲也想进去,列车员不让进,二人发生争执。21 时 30 分,列车在株洲开车后,列车长巡查到 10 号车厢时,甲问列车长是否有卧铺票,列车长告知无卧铺票,但可到餐车休息,并带甲、乙夫妇及其女到餐车,坐在右侧 3 号桌的位子上,补了 40 元夜餐票。23 时后,餐车给买夜餐票的每人发夜餐 1 份(含矿泉水或啤酒 1 瓶)。当时坐在甲对面的一位旅客反映,甲用一小刀在刮酒瓶上的商标。1 月 11 日 4 时 20 分左右,软卧车厢列车员路过 3 号桌时,甲用手卡住其脖子,并用小刀威胁,乘警此时打水路过此处,见状当即反扭甲的手,软卧车厢列车员得以脱身,甲随后跳上 3 号桌,大喊"不要过来,谁过来就杀谁"。乘警多次劝阻无效,僵持了 40 分钟左右后,甲顺手拿啤酒瓶打烂后用破瓶割自己的手腕,同时叫乙点火,乙用打火机从 3 号桌的窗帘开始点火,后依次点着 2 号桌及 1 号桌的窗帘,甲随即从桌上跳下,从桌下拿出一个 5 升的塑料桶,开盖后倒出里面的液体到处乱洒,致使火势突然猛烈起来,当时餐车内的 2 名乘警、代车长、4 名列车工作人员及在场的部分旅客参与灭火,代车长拉动紧急制动阀。停车后,甲、乙夫妇两人见列车混乱,工作人员忙于救火,带上小孩趁机逃跑,在公路上拦车不停,乙随即抱起女儿撞上一辆行驶的东风汽车,导致其颅骨骨折、脑内出血,其女左腿及左眼部受外伤。放火犯罪嫌疑人甲、乙(夫妇)被公安机关抓获。

据医院对放火犯罪嫌疑人甲、乙的精神疾病司法鉴定书认定:二人此次旅行乘汽车、转火车,因车上人员拥挤,睡眠极少,过度疲劳,在此情况下急性起病,精神失常,产生被害妄想,在极度恐惧、紧张的情绪之下,突发旅途性精神疾病,导致病态作案。无刑事责任能力。

经郑州、柳州铁路公安局现场勘查,排除了餐车灶台起火及车内电器起火的可能性,餐车起火点在第 2、3 号餐桌间,与放火犯罪嫌疑人甲持刀劫持列车工作人员及放火犯罪嫌疑人乙放火位置吻合,也与调查所获得的证据吻合。

经认定,这起旅客列车火灾重大事故,系列车工作人员失职,未能及时采取果断有效的措施予以制止所致。

案例启示:

(1)重点剖析,深查隐患。按照原铁道部事故现场调查组和郑州铁路局局长的指示精神,郑州分局于 1 月 17 日召开党政工团联席会,对 1337 次旅客列车火灾事故进行了专题分析,并决定从分局干部、安监、组织、两办、运输、车辆、公安部门抽出精干力量,组成专题调研组,自 1 月 18 日至 2 月 9 日,采取"上车上线,实地查看;查阅台账,逐一核实;开座谈会,个别谈话;应知应会,组织抽考"的办法,对郑州客运段、郑州公安处、郑州车辆段及分局有关业务部门在

"安全管理、干部作风、制度落实"等八个方面存在的问题进行专题调查,分析原因,吸取教训,制订相应措施,进一步改进安全管理,杜绝类似事故再次发生。

(2)强化"三乘一体"管理。一是按照"统一管理,同酬、同责"的原则,加大改革力度,逐步建立新的"三乘一体"管理模式,提高"三乘一体"的工作质量。二是加大乘务人员的管理力度,建立"竞争上车"机制,定期对乘务人员进行考核,对达不到标准的乘务人员,要坚决予以下岗处理。同时,规范临时工管理,按照有关规定对临时工进行理论、实践培训。三是加大对乘警的考核力度,禁止不具备乘警资格的人员上车,对值乘中严重失职、不能尽职尽责的人员要严肃处理。

(3)提高乘务人员业务素质。客运、车辆部门要加强在岗职工技术业务培训,把政治思想教育摆在重要位置,加强职业道德和"两纪"教育;以典型事故案例为教材,抓好安全第一的思想教育;以列车突发事件的应急处理知识为重点,加强模拟实操演练,提高乘务人员的应急处理能力。公安部门要坚持从实战出发,大力加强法律法规教育,开展战术技能培训工作,立足于具体,立足于实战,并在各警种中组织相关预案的考试考核、模拟演练,提高民警处置突发事件的能力。

(4)规范列车经营行为。严格落实部、局有关开设列车经营项目的规定,不断提高经营服务质量,在价格上使旅客能够接受,服务上满足旅客要求,避免因服务质量低下而引发矛盾。同时,加大监督检查力度,杜绝变相经营茶座,坚决取缔不符合规定的经营项目。

(5)进一步转变干部作风。利用这次典型事故案例,结合当前开展的安全大检查活动,组织全分局深入反思,举一反三,对隐患、死角及时整改,杜绝反弹。客运部门要对添乘干部的工作内容进行细化、量化,严格落实干部考核机制;添乘干部要加强途中巡视,及时发现、处理具有倾向性的问题,并针对存在的问题制订切实可行的措施。

(6)加强客车薄弱环节的检查督导。牢固树立"客车无小事"的思想,认真吸取1337次旅客列车火灾重大事故教训。郑州客运段组织工作组,对重点车队、列车进行帮助指导,查隐患、定措施、抓整改,解决一个,销号一个,堵塞管理上的漏洞。郑州公安处针对这次事故暴露出的问题,对现有处置突发性案件的预案,分警种、分类别、分性质地进行科学细化、修订完善,使其具有更强的针对性和可操作性,便于基层单位和现场民警实战运用。郑州车辆段成立整顿乘务"两纪"检查组,不定点、不定期到局管外重点线路、重点区间检查乘务员的标准化作业情况,并对客车防火、安全管理进行指导、帮助,督促乘务人员贯彻落实好各项安全措施。

在铁路运输过程中,异常情况类别多样,原因复杂。但一般是在机车车辆运行中发生,并在运行中不断恶化。如处理不果断、不及时,很有可能酿成严重后果。因此,参与列车运行的司机、列车乘务人员和参与接发列车的车站有关人员,都应监视列车运行状态,一旦发现危及列车安全的异常情况,应迅速停车并进行处理。如来不及停车或只是怀疑列车有异常情况,就应及时将处理意见或情况向列车调度员报告。列车调度员接到现场关于列车异常情况的报告后,应高度重视,慎重对待,及时处理,绝不允许存在丝毫的侥幸心理或盲目臆测而继续放行列车。

一、发现车辆异常情况的应急处理

(一) 车辆自动制动机故障

列车在运行中,车辆自动制动机的常见故障有:制动软管破裂、三通阀故障、主管或支管断裂等。

1. 制动软管破裂

在区间或无列检人员的车站,若制动软管破裂,应由司机负责使用备用制动软管或拆下机车前部或最后一辆的制动软管进行更换。

2. 三通阀故障

三通阀发生故障时,应关闭故障车辆截断塞门,并拉紧排风阀使其副风缸余风排尽,可作为关门车继续运行至前方有列检作业的车站进行修理或更换。若因临时关门而违反《技规》有关"关门车"编挂位置的规定时,发生在车站或运行至前方站后,应及时按规定倒顺位。

3. 主管断裂

发生在车站时,应及时甩下。发生在区间时,应将故障车前部折角塞门关闭,使前部的车辆缓解,再将故障车及其后部所有车辆的排风阀打开,使其全部处于无风缓解状态,再由司机计算闸瓦压力,若计算出的数字低于该区段规定的最低列车闸瓦压力时,应对照《技规》限速运行,由调度员下令,准许该列车限速运行至前方站做甩车处理。列车无线调度电话不通时,车站值班员或运转车长应按照规定指示司机限速运行至前方站。

如果故障车是在列车中部,闸瓦压力计算的结果仍不能满足该区间最低要求,条件允许时,可采用分部运行的办法;条件不允许时,只有请求救援,由后方站派出救援单机,将故障车后部的所有车辆拉回后方站。

(二) 车钩破损

车钩破损是列车运行中常见的车辆故障,破损的部位可分为钩舌销、钩舌、钩头、钩身和钩尾框。

1. 钩舌销折断

(1) 列车在无列检人员的车站,应尽可能从车站停留的车辆中选取钩舌销进行更换,保证列车的完整性,而后通知列检人员来站处理。如果车站不具备更换条件,可用本务机车前钩,或列车最后一列的后钩的钩舌销进行更换。

(2) 列车在区间被迫停车时发现,可不作处理,让列车尽快开车。此时车钩仍处于闭锁状态,不会因钩舌销折断自动开锁,可以继续运行至有列检人员的车站进行修理更换。

2. 车钩其他部件断裂或损坏

钩舌断裂,应用同一类型的车钩钩舌进行更换;若型号不同,以及钩头、钩身、钩尾框等部件破损或钩托板螺栓折断,造成车钩破损或钩头下沉,在车站停车时,应将故障车甩下,在区间应采用分部运行方法处理。

(三) 制动梁、下拉杆脱落

制动梁是车辆制动的重要部件,它悬挂在车辆下部。若制动梁断裂就会发生脱落,落于安全链或安全托上,如果安全链或安全托也发生不良或破损,制动梁就会一端或两端落于轨面或地面,造成刮坏道岔等事故。严重时,可能造成车辆脱轨、颠覆等重大事故。下拉杆断裂脱落也可能造成同类的不良后果,因此,制动梁和下拉杆脱落对列车的安全威胁极大,绝不可掉以轻心。

制动梁和下拉杆的脱落,除列检人员检查车辆时,能直观、及时发现外,车站接发车人员也容易发现。因为列车经过时,脱落的部件在轨面、地面除了发出拖拉、撞击的响声,产生火花外,在道口、轨枕上还会留下被刮的痕迹,车站接发车人员一旦发现或听到上述情况后,应立即用无线调度电话呼叫司机停车,若来不及,应尽早向值班员、列车调度员报告,列车调度员接到报告后,通知前方站将列车扣在机外(以防列车直接进站时,刮坏道岔等设备,造成损失扩大),并派员带上铁丝等工具到现场协同司机、运转车长及时处理,若经查确系制动梁脱落,捆绑牢固后,将该车截断塞门关闭,拉风缓解后再进站,视其处理情况甩车或继续运行到有列检所的车站甩车修理。

(四)车辆燃轴

轴承和轮轴是车辆走行部的关键部件,车轴热轴、燃轴或轴承故障,除了依靠"区间红外线轴温探测检查站"对热轴进行预报外,大部分车站还需从轴箱外观上进行观察,加以预防,如轴箱处冒烟、冒火或轴箱高温。滚动轴承故障还可能表现为车轮转动不圆滑,有不正常响声,甚至车轮在钢轨上发生滑动产生火花等。

现场接发车人员一旦发现上述种种迹象或已得到区间红外线轴温探测检查站热轴通知后,应立即向列车调度员报告,并将处理意见一并提出。一般情况下,应将列车扣在前方站进行停车检查处理,情况严重时,应立即停车,不管在区间还是在站内,应立即呼叫司机在慢行中停车,以防紧急制动而发生切轴。

列车在区间停车时,应按轴温检查站的处理意见处理,若是车站人员发现,经司机处理的,就按司机的意见发令执行。

列车在前方站停车处理时,原则上应接入直股线路,为防止牵出甩车时发生意外,可先将其故障车留在接车线内,从两端转线,等检查人员处理后,再转入其他线路。

二、发现货物装载异常的应急处理

货物的装载和加固状态良好是保证列车安全运行和货物完整无损运抵到站的重要条件。但由于列车在运行中的制动、调车作业的冲动,以及大风吹刮等,货车装载状态在运行中常发生变化,造成货物窜动、倒塌、坠落、篷布松脱、车门开放等意外情况。对此,有关行车人员应迅速采取正确措施进行处理。

(一)货物轻微窜动

发现货物轻微窜动时,车站值班员应会同运转车长进行检查,认为不妨碍列车运行安全的,可继续运行至具备整理条件的车站进行整理。若货物窜动较严重,如平车装载的汽车、拖拉机、机器等加固捆绑用的铁丝绷断,车轮越过三角垫木,敞车、平车装的圆木窜出端板或有脱落的可能时,应由车站派人会同运转车长进行检查,对利用列车停站时间无法完成加固整理的,应将车甩下。

(二)货物倾斜、横向窜动

货物倾斜、横向窜动超出机车车辆限界,会有倒塌危险或使车体外涨、倾斜,从而超过规定限度。如敞车装载的水果、蔬菜、竹枝、草袋等货物容易发生倾斜、超限;散装重质货物偏载,容易造成一侧或一端旁承游间压死,使转向架转向不灵活,或车辆有脱轨的危险等,一经发现应立即报告列车调度员,进行甩车处理。

(三) 货物发生倒塌、坠落

发现货物倒塌、坠落时,应立即通知司机停车处理,如在区间整理困难,不危及行车安全,可限速拉至前方站整理,车站应派人前往区间寻找坠落货物;情况较严重时,车站应派人携带工具和行车防护备品前往列车停车地点进行整理和防护。在车站时可进行整装或倒装处理。

(四) 篷布苫盖不牢靠

用篷布苫盖的货车,如篷布苫盖不牢靠,在列车运行中,篷布会掀起,造成绳头打坏,发生刮坏信号机、道岔表示器或打伤人员等事故。若篷布脱落,被卷入车底,就有造成车辆脱线的可能。

为此,要求车站接发车人员对有篷布苫盖的货车要予以特别关注。只要发现货车篷布或绳索捆绑不牢,车站要派员协助司机进行整理加固,短时间整理不好的,应将车甩下处理。危及行车和人身安全的,列车调度员应通知将该列车停在前方站机外进行处理。

三、列车发生火灾的应急处理

货物列车在运行中发生火灾的原因较多,如司乘和押运人员吸烟、点火取暖;列车制动不良造成抱闸冒出火星,点燃车底板;危险品因震动、摩擦、撞击、遇水等燃烧、爆炸等。如发生火灾,列车在运行中,风助火势,火势极易蔓延,损失更大。旅客列车发生火灾,除了与铁路相关的各种原因外,还有旅客携带危险品、抽烟等原因。

因此,各级行车人员一旦发现列车火情,要迅速、正确地组织和指挥好灭火工作。

列车发生火灾的处理是一个比较复杂的问题,涉及列车性质、货物性质、天气风向、地理位置、设备条件等多种因素,应根据不同条件的具体情况进行处理。

(一) 列车发生火灾的处理原则

(1) 采取措施,使列车尽快停车。
(2) 防止火势蔓延,减少损失。
(3) 组织一切力量进行扑救。

(二) 处理火灾的具体办法

(1) 发现火灾时,应立即显示停车信号或使用无线调度电话通知司机和运转车长,尽快使列车停下。

使用紧急制动时,一是不要太猛,防止断钩造成处理困难。二是选择停车地点时,尽可能避开桥梁、隧道、油库、厂房等建筑物,尽量停在有水源和便于扑救的开阔地。

(2) 停车后,司机应发出一长三短的警报信号,迅速组织一切可以利用的人力、器材进行扑救。

(3) 客运列车着火,应协同列车长首先疏散着火车辆的旅客。

(4) 为防止火势蔓延,对着火车辆应分解隔离。先将着火车辆与后部未着火车辆分离,拉到适当地点,再将前部车辆与着火列车分离。对分组停留的车辆,应按规定采取防溜措施。

(5) 迅速查明着火车辆及其前后有无易燃易爆、含剧毒及放射性货物。首先,采取果断措施,防止火灾波及这些车辆;其次,要根据《铁路危险货物运输管理规则》(简称《危规》)规定的消防方法进行扑救;最后,如无法扑救,要警告救援人员躲避,防止重大伤亡。

(6)列车火灾危及邻线安全时,应使邻线列车停车,必要时,可动用邻线机车设备,共同灭火。

(7)对火灾扑灭后的车辆进行认真检查后,根据列车调度员指示组织运行。

四、恶劣气候时的应急处理

在铁路运输中,洪水、台风的肆意侵袭或冰冻、雪害均会对铁路行车造成很大危害,这是一种不可抗拒的自然灾害。为了减轻或克服恶劣天气对安全行车的干扰和威胁,所有与运输有关部门都必须高度重视,积极采取防范措施,以保证行车安全。

(一)洪水、台风的应急措施

1.防洪防台的工作准备

(1)为确保汛期的列车运行安全,应提前做好准备工作。各铁路局集团有限公司、铁路站段在汛期来临前,以历年洪水侵袭铁路的规律为依据,编制洪水危及行车安全地段一览表,提供给有关机务、车务、列车段,组织员工学习。

(2)铁路各级防洪台的值班人员,应经常与当地防汛部门联系,当得知有台风大雨的信息时,应及时布置对暴风雨的防范工作。

(3)对经常遭受暴风、台风侵袭的地区,尤其是有疾风侵袭的地区,要密切关注预报信息,以便及时采取调整现编载重车辆数、限制运行速度或停运列车等安全措施。

(4)在大风暴雨天,工务人员要认真执行"雨前,冒雨,雨后"三检制和分段负责制,做到风雨不停,巡查不止。在发现危及行车安全的险情或遇狂风暴雨、江河洪水猛涨、线路情况不明时,工务人员可在区间拦停列车或通知车站。调度所扣发列车和封锁区间。

2.防洪防台的行车安全

(1)车站值班员在接到机车、列车乘务人员、工务人员关于雨雪侵袭路基、桥涵,危及行车安全的报告后,不许盲目放行列车,须立即报告列车调度员临时封锁区间,如遇列车调度员列车无线调度电话不通时,两端车站值班员通过列车无线调度电话联系,直接封锁区间。此时,应通知工务领工员或工长,迅速赶赴现场进行检查和处理。工务人员可添乘具有救援性质、执行勘察任务的单机、轨道车、轻轨车前往检查情况。在排除险情后,再与车站值班员共同商定向区间放行列车的条件和方法。

(2)列车调度员在接到车站值班员,机车、列车乘务人员和工务人员的报告后,应根据气候和线路的情况,及时发布调度命令,指示列车限速运行或停运。

所有的列车无线调度电话必须处于开机状态,尤其是机车电台、车长电台要注意检查和勤于联系,以便途中的列车能随时与调度所、车站取得联系。

(3)机车乘务人员对防洪台重点地点应做到心中有数,严格按规定速度运行,并与沿线工务巡守人员互对信号应答回示,以保运行安全。

当列车运行前方遇不明情况时,应适当减速和停车,发现险情须及时、果断地采取有效措施,并立即报告给车站或调度所。

(4)暴风雨期间行车,机务段应指派专人重点添乘,加强指导。当发现洪水已侵到路肩时,列车运行速度不得超过 25km/h,严禁列车涉水运行。

(5)一旦发生水害断道或未断道但已危及行车安全时,各部门各单位都要服从抗洪抢险的指令,动员一切力量,组织抢险。

(二)冰冻、雪害的应急处理

冰冻,是指因为夜间气温骤降,日间积雪化水冰冻,各种铁路设备设施不能操作,甚至损坏的现象。雪害,主要是指降雪量大,将各种外露的行车设备覆盖,导致其无法正常工作的现象。

除冰扫雪作业的注意事项如下:

(1)对道岔等外露型的重要行车设备,除冰扫雪时应注意:

①采用电热、红外线等加温设备或其他加温设备解除道岔冰冻时,需注意将解冻后的冻水立即清扫干净,以免又结冰;

②采用喷洒解冻剂进行化雪解冻时,亦同样要注意迅速将化冰后的水彻底清除干净;

③人工扫雪和铲除冻冰时,须注意将残雪冰碴移至距道岔较远的适当地点,切勿堆积在道岔周围,以免化冰后重新流回道岔区结冰生患。

(2)在道岔上清扫积雪及铲除冻冰时,需特别注意将道岔尖轨与基本轨之间的积雪冻冰清扫干净。清扫干净前切勿强行扳动道岔,如硬性将积雪挤压在尖轨与基本轨之间,部分残雪将被黏在尖轨和基本轨的侧面表层,逐渐变为冻冰,使之更难铲除。况且,强行扳动道岔,很可能造成尖轨与基本轨不密贴从而导致"四开"。

(3)道岔的积雪、冻冰被清除后,在准备进路时,根据设备的不同应注意两点:

①在电气集中联锁的车站,车站值班员或信号员在准备进路或开放信号时,需确认控制台上的信号表示灯(或光带)的显示正确无误;

②在非集中联锁或无联锁的线路上准备进路时,车站值班员或信号员必须认真确认道岔位置正确,尖轨密贴,闭止块落槽,进路正确无误后,方可汇报或显示还道信号。

(4)根据气象部门的预报和工务部门关于线路积雪情况的报告,对雪害较为严重的区段及线路,调度所要注意及时开出除雪列车除雪,以确保线路畅通。

五、区间发生事故(险情)的应急处理

(一)区间发生重大事故、大事故的应急处理

(1)在事故调查处理委员会或事故现场临时调查处理小组到达前,由司机负责统一指挥救援工作,并查明事故概况,向列车调度员或就近向车站值班员报告。

(2)发往事故地点的第一救援列车,车站值班员(站长)应当随乘,并应携带紧急备品箱一起进入区间。

指定站长、车站值班员随乘第一救援列车进入区间,一是为了便于迅速查明事故现场实际情况,及时向列车调度员报告;二是为了加强现场救援指挥;三是有利于动员地方人力、物力,加速救援和加强后勤保障。

(3)如需成立临时线路所,则由随乘站长或车站值班员承担临时线路所值班员工作,由与事故现场相关的工务部门在适当地点设立临时站界标或指派有关人员以临时停车手信号为站界。

（4）区间发生重大事故、大事故，车站应尽一切努力，动员路内外人力（包括医务人员），携带救援物资、动力设备等，赶赴现场，参加救援工作。

（5）发生事故区间的两端站，应准备空闲路线，为救援列车机车转头及停放事故车辆做好准备，以免延误救援时间。

（二）区间发生列车分离的应急处理

1. 区间发生列车分离的原因

区间发生列车分离的基本原因有四种：

（1）钩舌断裂。

（2）钩尾配件破裂，车钩与尾框折断，或车钩头下垂。

（3）车钩高度超过75mm或防跳位磨损过多。

（4）其他原因，如篷布绳索缠拉提杆或扒车人员误提等。

2. 应急处理方法

区间发生列车分离时，首先应查明原因，然后分情况进行处理，处理时应尽量避免分部运行，一般采取以下方法：

（1）列车分离后，前、后车钩均处于闭锁状态，一般是由车钩高度超过75mm，经过陡坡或路基松软地段造成。

对这种情况，可重新连挂，慢引至前方站再进行处理。

（2）列车分离后，车钩钩舌断裂。对于这种情况，应会同司机、运转车长尽量利用机车前端或列车后端车钩的钩舌，拆下后更换，继续运行。

（3）如不能按上述方法处理，应按列车在区间分部运行的办法处理，或请求救援。

3. 分部运行的处理办法

（1）禁止分部运行的规定。

发生以下情况禁止分部运行：

①采取措施后，可整列运行的。

②对遗留车辆未采取防护防溜措施时。

③遗留车辆无人看守时。

④列车无线调度电话出现故障时。

（2）开行办法。

不得已需要分部运行时，其办法是：

①对停留车需按《技规》规定拧紧人力制动机制动，防止车辆溜逸。

②安排好防护人员。

③查明停留车位置和数量。

④用列车无线调度电话报告前方站和列车调度员。

⑤司机仍按信号机显示运行至前方站。但在半自动区间，分部运行的前部车列运行至进站信号机前必须停车（无论进站信号机是否开放），司机应向值班员报告情况后，方可进站。若车站值班员已确知分部运行，列车可直接进入站内。

⑥司机或车站值班员向列车调度员报告事故概况、停留车位置。

⑦列车调度员依据情况,决定由前方站或后方站派出救援单机。

⑧值班员在确认遗留车辆已全部拉回车站后,请求列车调度员解除封锁,开通区间。

六、电气化铁路常见故障及应急处理

(一)区间停电时接发列车的处理

(1)区间停电,禁止列车进入时,有关站应在控制台靠近停电区间的按钮上扣戴"停电"或"禁止发车"等安全帽。也可以在停有电力机车或其牵引的列车及禁止进入停电区间的列车(动车、轨道车)的股道按钮上扣戴安全帽。

(2)除供电检修作业车外,其他机车或动车、轨道车均不准进入停电区间。遇特殊情况必须进入时,由列车调度员(取得电调同意)与车站值班员共同确定机型后,发布调度命令,方可办理。

(3)如在"天窗"时间接触网停电,其作业方法按"封锁区间"开行路用列车作业方法办理。

(4)区间内某一地段接触网停电,前地段及其前后系处于平道或下坡道,在列车运行上需电力机车降弓滑行通过该地段时,由列车调度员发布调度命令。命令中应明确降弓滑行地段的起止里程、列车车次及其他注意事项,并告知司机。

(二)站内停电时接发列车的处理

(1)站内线路接触网停电时,应在控制台股道两端按钮上扣戴"停电"安全帽,不得向该线接入电力机车(含电力牵引的列车及电动车组,下同)。

(2)当区间接触网有电,站内线路无电,且有条件时,列车调度员征得电调同意后,向车站及电力机车发布调度命令。司机根据调度命令滑行进站或通过车站。

(3)车站值班员接到滑行进站或通过车站的调度命令后,应特别确认接车线无接触网检修施工作业,按规定准备接车进路和开放进站信号(或引导信号)。

(4)列车接近车站时,可用列车无线调度电话联系,司机自规定地点降弓滑行。

(5)站内停车、区间停电,如需发出电力机车(列车),根据调度命令,采用后部补机将电力机车推送出车站,至区间有电的接触网下,电力机车升弓继续运行。

(三)接触网临时停电时的处理

无论接触网临时停电还是其他原因造成故障停电,车站值班员接到报告后,应立即报告列车调度员,通知接触网工区或电调派人处理。对将驶进接触网停电区的电力机车(列车),应使其尽快停在停电区前。在接触网恢复送电前,应停止经过停电区的电力机车(列车)的接发和电力机车承担的调车作业。

(四)接触网突然脱落或接触网导线断线的处理

(1)接触网突然脱落或接触网导线断线时,车站值班员接到报告后应立即报告列车调度员,并通知接触网工区或电调派人处理。此时,应立即停止通往该处的接发列车和调车作业。

(2)在接触网检修作业人员到达以前,应派人防护。如脱落或断线的接触网侵入建筑限界或影响邻线时,亦应采取相应防护措施。

(3)对已断接触网接地,距接地处 10m 范围内,任何人不得进入。如有人在 10m 范围内,应让其双脚并拢或单脚(不能换脚)跳离此范围,以防触电。

(4)发生故障的线路如设有隔离开关,可派员将隔离开关置于断电位置。

(5)处理脱落或断线的接触网,一般要停电进行检修作业。作业时须在控制台相应处扣戴安全帽。

(五) 电力机车临时故障及刮弓的处理

1. 电力机车临时发生故障的处理

电力机车发生故障,如接触网无损坏,不能继续运行时可按以下方法处理。

(1)如发生在区间,须立即报告列车调度员,请求救援。根据调度命令,封锁区间,派出救援列车,将故障电力机车拉回站内。

(2)如发生在站内,确认不能修复,则报告列车调度员,按其指示办理。

2. 电力机车刮弓的处理

电力机车受电弓或接触网状态不良,造成机车刮弓事件时,应视不同情况进行处理。

(1)车站值班员收到报告后,应立即报告列车调度员并通知供电工区。

(2)如发生在区间,一时不能修复时,应按调度命令封锁区间,开行救援列车。

(3)如发生在站内,应尽快了解停电修复时停电的影响范围,及时停止接发列车或调车作业。

(六) 电力机车进入无电区的处理

"无电区",从行车的角度来说,是指未悬挂接触网导线的非电气化线路或区间;设有隔离开关的线路上,隔离开关在断电位置;接触网停电的线路、区间或地段;接触网的分段绝缘器、分相绝缘处;超过接触网终点标的地段。

电力机车闯入无电区,后果是相当严重的。在运行方面,因无法继续运行,打乱了运行秩序;在设备方面,可能刮坏受电弓或接触网,造成更大损失,延误修复时间;在人员方面,如闯入正在进行检修作业的线路,可能带进高压电,造成检修人员的群伤群亡事故。

为此,必须采取有效措施,防止电力机车误闯无电区。

1. 防止电力机车闯入无电区的一般措施

(1)设备状况的标示。

①在车站控制台上,对非电气化的线路和区间方向,在渡线和地段,揭挂警示牌或扣戴安全帽,以引起作业人员注意。

②遇施工停电时,由施工负责人用红笔画出接触网电分段示意图,揭挂行车室,施工完毕后抹除。

(2)严格进行交接班。

①车站值班员交接班时,对隔离开关的断送电位置、列车运行计划中接入非电气化线路的车次、列车调度员的断送电命令、接触网的检查维修登记、站内各股道停留的机车类型、控制台上的标示等均要交接清楚。

②信号员要对控制台上的标示、有关命令、各股道停留机车类型交接清楚,并与值班员核对。

(3)接发列车前的确认检查。

①电力机车(列车)接入有隔离开关的线路时,要检查隔离开关的送电位置,且不能进行检修作业。

②非电气化线路接入列车时,应先核对列车运行计划,并与邻站及列车调度员核对机型实为非电力机车,再由接车调度员发布调度命令方可执行。

③对于接触网停电进行检修作业的线路、区间,接发电力机车前要确认接触网已检修完毕,已登记消点,恢复送电。

④有停电施工的站场,在放行电力机车前必须得到施工负责人在行车设备检查登记簿上证明"×时×分同意×道放行电力机车"的签认后,方可放行。

(4)降弓滑行的落实。

降弓滑行一般很少实施,但一旦采用降弓滑行,要确认降弓滑行的列车司机已收到调度命令,明确降弓滑行地点及有关要求。

(5)通过分相绝缘器的速度。

对于进站信号机外设有分相绝缘器的车站,一般不要使列车在进站信号机外停车。为防止列车在分相绝缘器处停车,准许列车在分相绝缘器前适当提高速度,通过分相绝缘器后再按规定速度运行。

2. 电力机车停于无电区的处理

(1)电力机车停于无电区时,在排除人员伤亡、设备损坏等情况后,应根据具体情况采取不同的方法进行处理。

①停于分段绝缘处时。

电力机车一端停于分段绝缘处时,降下该受电弓,升起另一端的受电弓,即可继续运行。

②停于分相绝缘处时。

如升起另一端受电弓能接通电源,则可继续运行;如需退行一段距离才能继续运行,则应按照列车退行的办法处理;如仍不能接通电源,则应请求救援。

③停于隔离开关断电的线路时。

电力机车停于隔离开关断电或接触网停电的线路或地段时,应停止该线路的检修或货运作业,有条件时可于接触网送电后继续运行。如不能送电又需继续运行,在区间应请求救援,在站内可用其他机车将其送出无电区。

④超过接触网终点标时。

车或列车停于超过接触网终点标或进入无接触网的线路时,应用其他机车将其挂出。

(2)当电力机车进入无电区,在处理时应注意的问题:

①电力机车进入无电区后,应先检查有无人员伤亡或设备有无损坏,不得盲目升弓。

②车站值班员及有关人员要及时向列车调度员报告,以确定处理方案。

③等待救援或在站内等其他机车挂出时,应及时对列车做好防护。

④用电力机车承担救援任务时,应考虑有足够的隔离车。

七、列车冒进信号机的应急处理

(一) 冒进进站信号机

(1)接车进路已准备妥当,以调车方式接入站内。

(2)停车位置影响准备接车进路时,可通知司机退出有关道岔,准备好接车进路后,以调车方式接入站内。电气集中联锁的车站,退出信号机后准备接车进路,开放进站信号机进站。

(3)挂有装载超限货物车辆的列车,接入线满足限制接入列车条件时,以调车方式接入站内;否则,应通知司机后退,接入超限列车的固定线路。

(二) 冒进出站信号机

列车冒进出站信号机且越过接车线末端警冲标时,司机除迅速向车站值班员报告外,还应使列车及时退入警冲标内方。如列车不能移动且必须接发其他列车,车站值班员首先应确认其他列车的接发列车进路不受影响,通知有关列车司机注意,并派人进行防护,然后接发其他列车。列车冒进信号后应及时报告列车调度员,以便进行列车运行调整。

思考题

一、填空题

1.根据事故造成的人员伤亡、直接经济损失、列车脱轨辆数、中断铁路行车时间等情形,事故等级分为(　　　　)、(　　　　)、(　　　　)和(　　　　)。

2.负有事故全部责任的,承担事故直接经济损失费用的(　　　　);负有主要责任的,承担损失费用的(　　　　)以上;负有重要责任的,承担损失费用的(　　　　)以上、(　　　　)以下;负有次要责任的,承担损失费用的(　　　　)以下。

3.在发布派遣救援列车的调度命令后,一般规定救援列车应在(　　　　)min 内出动,开往事故现场。

4.当列车无线调度电话不通时,救援列车(　　　　)作为进入封锁区间的凭证。

5.列车在运行中,车辆自动制动机的常见故障有(　　　)、(　　　)、(　　　)等。

6.列车发生火灾停车后,司机应发出(　　　　)的警报信号,迅速组织动员一切可以利用的人力、器材进行扑救。

7.在大风暴雨天,工务人员要认真执行"(　　　　),(　　　　),(　　　　)"三检制和分段负责制,做到风雨不停,巡查不止。

8.发现洪水已侵到路肩时,列车运行速度不得超过(　　　　),严禁列车涉水运行。

9.区间停电,禁止列车进入时,有关站应在控制台靠近停电区间的按钮上扣戴(　　　　)或(　　　　)等安全帽。

10.如在"天窗"时间接触网停电,其作业方法按(　　　　)开行路用列车作业方法办理。

二、选择题

1. 下列哪些情形构成特别重大事故?(　　　)

A. 造成 30 人以上死亡

B. 造成 90 人以上重伤

C. 造成 5000 万元以上直接经济损失

D. 繁忙干线客运列车脱轨 18 辆以上并中断铁路行车 24 小时以上

2. 下列哪些情形构成重大事故?(　　　)

A. 造成 10 人以上 20 人以下死亡

B. 造成 50 人以上 100 人以下重伤

C. 造成 3000 万元以上 1 亿元以下直接经济损失

D. 客运列车脱轨 15 辆以上

3. 下列哪些情形构成较大事故?(　　　)

A. 造成 5 人以上 10 人以下死亡

B. 造成 10 人以上 50 人以下重伤

C. 造成 1000 万元以上 5000 万元以下间接经济损失

D. 客运列车脱轨 1 辆以上

4. 一般事故分为:一般 A 类事故、一般 B 类事故、一般 C 类事故、(　　　)。

A. 一般重大事故　　　B. 一般较大事故　　　C. 一般 J 类事故　　　D. 一般 D 类事故

5. 特别重大事故的调查期限为(　　　)。

A. 30 天　　　　B. 40 天　　　　C. 50 天　　　　D. 60 天

6. 重大事故的调查期限为(　　　)。

A. 20 天　　　　B. 25 天　　　　C. 30 天　　　　D. 35 天

7. 下列关于列车发生火灾的处理原则,说法不正确的是(　　　)。

A. 采取措施,使列车尽快停车

B. 防止火势蔓延,减少损失

C. 组织一切力量进行扑救

D. 迅速开行至邻近车站

8. 对已断接触网接地,距接地处(　　　)范围内,任何人不得进入。

A. 5m　　　　B. 10m　　　　C. 15m　　　　D. 20m

9. 区间内某一地段接触网停电,前地段及其前后系处于平道或下坡道,在列车运行上需电力机车降弓滑行通过该地段时,由(　　　)发布调度命令。

A. 信号员　　　　B. 机车乘务员　　　　C. 车站值班员　　　　D. 列车调度员

10. 在区间或无列检人员的车站,由司机负责使用备用制动软管或拆下机车前部或(　　　)辆的制动软管进行更换。

A. 机后第一　　　　B. 机后第二　　　　C. 最后一　　　　D. 倒数第二

三、判断题

1. 较大事故的调查期限为 10 日。(　　　)

2. 一般事故的调查期限为 10 日。(　　　)

3. 作业人员应着规定的防护服装,佩戴安全帽,夏季不需戴手套作业。　　　　　(　　)

4. 顶移起复车辆时,应采取止轮措施,以防车辆溜逸。　　　　　　　　　　　(　　)

5. 任何人不得在起重机吊臂下站立或通过。　　　　　　　　　　　　　　　　(　　)

6. 悬空的吊件上不准有人站立,但可利用吊钩和物件带传送人员。　　　　　　(　　)

7. 脱轨系指机车车辆的车轮落下轨面(包括脱轨后又自行复轨),或车轮轮缘顶部高于轨面(因作业需要的除外)。　　　　　　　　　　　　　　　　　　　　　　　　(　　)

8. 特别重大事故按《铁路安全管理条例》规定由铁路局集团有限公司组建事故调查组进行调查。　　　　　　　　　　　　　　　　　　　　　　　　　　　　　　　　(　　)

9. 每日事故的统计时间,由上一日18时起至当日18时止。填报事故发生时间时,也应以18时改变日期。　　　　　　　　　　　　　　　　　　　　　　　　　　　(　　)

10. 列车在区间被迫停车时发现钩舌销折断,可不作处理,让列车尽快开车。　　(　　)

四、简答题

1. 为什么要设置铁路线路安全保护区?

2. 哪些铁路应当实行全封闭管理?

3. 什么是行车事故? 行车事故是如何分类的?

4. 什么是相撞、冲突、脱轨?

5. 什么是列车发生火灾、爆炸?

6. 什么是正线、繁忙干线?

7. 什么是中断铁路行车?

8. 什么是耽误列车?

9. 占用区间系指什么? 占用线如何定义?

10. 铁路线路安全保护区是如何规定的?

11. 什么是未准备好进路?

12. 未办或错办闭塞发出列车系指什么?

13. 什么是列车冒进信号或越过警冲标?

14. 机车车辆溜入区间或站内系指什么?

15. 《铁路交通事故调查报告》包括哪些内容?

16. 事故调查组应履行哪些职责?

17. 事故救援设备包括哪些?

18. 救援列车如何请求与派遣?

19. 列车发生火灾处理的原则是什么?

20. 区间发生重大事故、大事故应如何处理?

21. 哪些情况禁止列车分部运行?

22. 电气化铁路区间停电时接发列车如何处理?

23. 防止电力机车闯入无电区的一般措施有哪些?

铁路行车安全管理

学习目标

1. 了解车站行车安全制度,了解无联锁线路接发列车安全,了解发生冲突、脱轨、挤道岔事故的主要原因,了解冬季调车作业特点和安全措施,了解行车调度指挥安全管理的措施,了解电气化铁路行车安全。

2. 掌握接发列车安全注意事项,掌握电话闭塞法、引导接车、双线反方向行车的安全控制事项。

3. 掌握防止调车事故的主要措施,掌握调车人身伤亡事故的主要原因及相应的安全措施,掌握停留车安全管理措施和行车作业人身安全的主要措施。

技能目标

1. 培养无联锁情况下接发列车的能力。

2. 掌握双线反方向行车的技能。

3. 能够按照调车作业、停留车作业的安全措施进行作业,能够按照人身安全标准的要求进行作业。

课程思政

通过对接发列车、调车、停留车等行车安全管理知识的学习,学生应认识到遵章守纪的重要性。行车安全规章制度是对行车安全工作的经验总结,也是行车安全工作的指导原则。学习行车安全规章制度,在实践中遵守规章制度,"从实践中来,到实践中去",培养学生以马克思主义的辩证唯物主义的认识论来认识客观世界,引导学生践行马克思主义的实践观。

建议学时

20 学时。

单元3.1　接发列车安全管理

案例3-1

××年2月28日TL站列车冒进信号的一般C类事故

案例描述：××年2月28日83404次列车于4时52分到达TL站南直通场5道。计划5时45分开车,5时45分开放出发进路信号,信号开放后,车站值班员李××与司机按规定通报发车进路,司机复诵后,告知车站值班员:"货票没有送到。"车站值班员李××通过列车无线调度电话联系车号员催其送票,由于该列车为集通线到达的列车,集通线确报系统没有升级,列车无确报,列车到达的编组顺序表为手工编制,列车开车前需车号员重新对票,核对现车,以微机编制编组顺序表。内勤车号员陈××5时44分编制完列车编组顺序表,外勤车号员王××5时57分将列车编组顺序表及货票送上机车,并按规定办理票据交接。车站值班员李××当时不知列车编组顺序表及货票已送上机车,便通过列车无线调度电话呼叫助理值班员李××:"5道83404次不开了,放2道机车入库。"2道单机4时49分到达北场,5时50分到南场,该机车系BC机务段担当的长交路机车,车站值班员急于放行该机车入库。车站值班员在通知助理值班员取消5道发车时,助理值班员李××盲目地答应"好了",没有将已经显示发车信号的作业过程向值班员报告。助理值班员答应值班员取消5道发车进路后,立即用无线电台与83404次列车司机联系。但是,由于助理值班员携带的无线电台电量已经耗尽,无法与司机取得联系,助理值班员本应立即奔向机车通知司机,却盲目返回发车室换电池。83404次列车于5时59分动车。车站值班员得到助理值班员的回话后,命令信号员季××取消5道发车进路,放2道机车入库。信号员按照值班员的命令,以总人解的方式取消5道发车进路,5道发车进路经30s延时后解锁。信号员随即排列了2道机车入库的进路。6时02分值班员李××通过控制台发现5道出发进路轨道电路变红,立即以无线电台连续三次呼叫83404次列车司机停车。83404次列车于6时02分停于223号道岔前。

案例分析：

(1)值班员李××在取消83404次列车5道发车进路时,只通知了助理值班员,没有通知司机。

(2)值班员通知助理值班员取消发车进路时,不了解助理值班员作业动态,不了解助理值班员是否已经显示发车指示信号,不了解助理值班员能否通知司机。

(3)值班员李××通知助理值班员取消发车进路后,没有向助理值班员通知司机的作业时间,而是立即命令信号员使用总人解取消发车进路作业,5道发车进路经30s延时解锁后,又立即命令信号员排列了2道机车入库的进路。

(4)助理值班员李××在已经显示发车指示信号,而且不能立即通知司机的情况下,同意值班员办理取消5道发车进路作业。

(5)助理值班员发现无线电台电量耗尽,无法与司机取得联系时,没有立即奔向机车通知司机,而是返回发车室换电池,应急处理严重失误。

案例启示：在铁路行车事故中，接发车是其中重要的一个环节。本案例中，冒进信号是常见的接发车事故，遵守规章制度，按接发车作业标准作业，减少接发车作业过程中事故的发生，对铁路行车安全尤为重要。

一、车站行车安全制度

车站根据国铁集团、铁路局集团有限公司的规章，结合本站的生产实际制订车站的行车安全工作制度，是保证行车安全的重要手段。车站的行车安全制度主要包括以下几个方面。

（一）车站交接班制度

车站交接班制度分工种制订，这里只介绍车站值班员交接班对接发车安全的有关要求。

交班前，交班的车站值班员应将日班计划、列车运行区间及站内施工、轻型车辆使用、站内到发线停留车位置、车数及防溜措施、行车命令、电报、备品、安全注意事项、列车运行情况等记录在交接班簿内，向接班的车站值班员交代清楚，双方确认后相互签名交接。

接班前，接班的车站值班员应亲自检查到发线的使用情况和停留车情况。

（二）行车安全工作制度

在接发列车和调车作业时，应按规定的作业程序、作业标准办理，并正确执行作业过程中的"联系、确认、监督、检查"四项制度。

联系：加强行车有关部门、班组、工种及个人间的相互联系，互相交底，对行车情况做到心中有数。

确认：在接发列车、调车作业、扳动道岔、操纵信号机相互联系时，一定要严格执行确认制度，不得臆测行事。

监督：小组间、工种间、个人与个人间实行相互的作业监督。

检查：对线路、设备、行车、停留车等，应认真执行检查制度。

（三）接发列车工作制度

1. 办理闭塞后互问互报制

办理闭塞后，发车站应及时向接车站报点，超过规定时间，应询问列车是否已发出；当列车到达后，接车站应及时向发车站办理开通。超过规定时间，应询问列车是否已到达。以防止列车机外停车。

2. 信号、道岔、线路确认制

确认控制台显示与信号开放状态一致、信号开放显示与道岔开通位置一致，并确认线路空闲，才能办理接发车工作。

3. 行车呼唤应答制

在办理闭塞、准备进路、开闭信号、扳动道岔等工作时，应实行行车呼唤应答制。

4. 区间情况查明制

当列车已经出发而没按规定的时间到达，或超过一定的时间仍未到达，且未接到被迫停车的通知时,双方应迅速查明区间列车情况。

5. 安全工作检查制

坚持领导与群众相结合的安全工作检查制,积极开展"预想活动",抓早、抓小、抓预防,把事故消灭在萌芽状态。

二、接发列车安全注意事项

接发列车作业以统一、协调为原则,要求接发列车作业各工种人员在操作、时机、用语等方面实现最佳配合。依照上述原则制定的《铁路接发列车作业》(TB/T 30001—2020)在全路已普及推行,对接发列车安全起到很好的保障作用。

接发列车作业,从办理闭塞(预告)、准备进路到开放信号、交接凭证,直到列车由车站发出或通过,其间任何一个环节的疏漏都可能埋下事故隐患;任何一项作业的差错,都往往危及行车安全。因此,日常办理的每一趟列车,均须高度重视接发列车安全,认真作业。

接发列车安全注意事项如下。

(一)办理闭塞

办理列车闭塞(预告)是接发列车的首要环节,是列车取得区间占用权的重要环节,也是较易发生事故的关键环节。

1. 办理闭塞前,必须认真确认区间空闲

案例3-2

××年9月2日SPZ站向占用区间发出列车的一般C类事故

案例描述:××年9月2日,85572次列车6时57分在SPZ站通过后,SPZ站车站值班员洪××在没有取得列车调度员许可及KDM站车站值班员同意的情况下,违章办理了1调跟踪85572次列车调车作业,并擅自填写了"出站(跟踪)调车通知书",确认时间为7时05分至8时00分。85572次列车于7时07分到达KDM站后,7时08分洪××又同意了KDM站86583次列车发车闭塞请求,直到86583次列车于7时09分从KDM站开出后,洪××才意识到86583次列车和1调进入了同一区间。洪××立即呼叫86583次列车SPZ站机外停车,并告诉1调司机说:"KDM来车了,你抓紧时间退回吧。"在司机采取紧急措施后,86583次列车于7时12分停在KDM站下行出站信号机外317m处,SPZ站1调停在SPZ站下行进站信号机外15m处。

案例分析:

(1)车站值班员洪××在工作中违章作业,蛮干、乱干,把安全当儿戏的工作作风是这起事故发生的根本原因。

(2)车站值班员洪××违反了《技规》第303条规定,在未取得列车调度员许可和邻站值班员同意的情况下,擅自办理了跟踪出站调车作业。

(3)车站值班员洪××违反了《技规》第351条规定,未确认区间是否空闲就同意了邻站的闭塞请求,从而导致86583次列车和SPZ站1调进入同一区间。

案例启示:

(1)对于职工"两违"问题时时刻刻不能放松,尤其是对蛮干、乱干,极端不负责任、不听从命令的行为,日常要进行严格规范。

(2)安全管理必须严密有效,车站、车务段都没有对信号机外移及越站频繁的情况进行跟踪监督,也没有制定具体的监控措施。

(3)干部不负责,现场作业不监控,会给安全工作带来极大的危害。

办理闭塞前,两邻站(所)的车站值班员对区间空闲的确认应注意:区间有无列车占用;区间是否封锁;区间有无遗留车辆;是否同意在区间使用轻型车辆;区间岔线的道岔是否已开通正线并加锁;出站(跟踪)调车作业是否完成。

2. 办理闭塞(预告)时,车次必须准确、清晰

办理闭塞时,车次必须准确、清晰,避免引起误解与错听,特别是须接入固定线路的关键车次,一定要核对清楚才能下达进路命令。

3. 办理闭塞(预告)时,用语必须准确、完整

随意简化规定用语是现场作业人员惯性错误。同意邻站闭塞时,只说"同意",而省略复述车次,这样就起不到互控、联控的作用。

4. 办理闭塞时,必须正确操纵控制台闭塞按钮

办理闭塞时,现场作业人员容易犯下列几种错误:

(1)不先通话,见黄灯就按。

(2)听到控制台铃声就按。

(3)瞬间按压(按压时间不足 1s)。

前两项是简化作业所致,后一项往往是新入职车站值班员的通病。

不正确的操纵往往会造成两端显示不一,如果再加上有目的的确认,很容易发生事故。

(二)准备进路

准备进路,是指准备列车的接车进路、发车进路和通过进路。准备进路亦是接发列车工作中一项极为重要的作业环节。

1. 确认接车进路空闲

确认接车进路空闲,是防止"有车线接车"的重要条件。1949 年以来最大的旅客列车事故——荣家湾"4·29"事故就是典型。

进路空闲,是指线路未被机车车辆占用;邻线停放的机车车辆不影响本线;无施工封锁;无影响列车运行安全的障碍物;所接线路符合所接列车的条件等。

检查进路空闲的办法在《站细》中有规定,一般分为现场确认和控制台检查确认两种。

现场检查确认时,检查人员应站在进路中心实地"眼看、手指、口呼"进行一致确认;对于设有轨道电路的车站,可通过控制台上该股道表示灯(光带)进行确认。

有一种情况必须注意,即车站新铺轨、更换钢轨或较少使用的进路,由于锈痕较厚或接触不良,列车在上面行走,控制台上的表示灯会出现时隐时现的现象,更有甚者,进路上停有车辆

而控制台却无显示。因此,确认时应特别注意。

2. 及时停止影响列车进路的调车作业

调车作业影响接发车进路主要有下列几种情况:

(1)调车进路与接发列车进路重叠时;

(2)调车进路与接发列车进路交叉时;

(3)调车进路违反接发客运列车特定的限制条件时;

(4)调车进路的相邻线路接发超限列车,或接发列车线路的相邻线路调动超限车辆,其线间距不满足规定要求时;

(5)进路信号机外制动距离内进站方向为坡度超过6%的下坡道,在接车线末端无隔开设备的延续线路上进行调车作业时;

(6)其他影响列车进路的调车作业(如在无隔开设备的线路上手推调车等)。

"及时"是指在《站细》规定的时间内应停止调车作业,严禁"抢钩"。

3. 确认接发车进路开通正确无误

案例3-3

××年6月13日TS站未准备好进路发车的一般C类事故

案例描述:××年6月13日,车站值班员魏××在办理客车611次下行发车进路时,未执行标准化作业,错误排列上行发车进路,开放客车611次上行出站信号,使客车611次错误进入上行线(TS站为双线自动闭塞区段)。

案例分析:

(1)值班员工作时注意力不集中,办理发车进路时,未认真执行《铁路接发列车作业》(TB/T 30001—2020)。

(2)助理值班员没有通过控制台认真监视信号,没有认真确认进路及信号开放状态,不认真执行标准化作业,盲目地发车。

(3)车站管理不到位,对规章制度执行不严格,未及时发现设备联锁关系存在的隐患并制定措施。

案例启示:接发车进路的确认极为重要,切不可忽视。

集中联锁的车站,必须通过控制台股道表示灯(光带)等设备的显示来确认接发列车线路;非集中联锁的车站,有关扳道人员必须确认尖轨密贴、闭止块落槽、道岔表示牌(灯)的显示及列车进路正确无误后,方可向车站值班员报告。遇有联锁设备停用时,对列车进路的现场检查更须严密细致、准确无误。

4. 接车进路的命令应向两端扳道员同时发布

向两端扳道员同时发布接车进路命令的目的是,防止一端接车,而另一端放入调车的机车车辆,造成有车线接车。

(三)办理行车凭证

行车凭证是列车获准进入区间的依据。为此,有关人员在办理行车凭证时,必须认真严谨,注意防止出现差错而造成行车事故。

1.防误使用

行车凭证在交付使用前,应注意核对其使用区间、方向、车次、型号、电话记录等,确认是否符合标准,尤其是绿色许可证、调度命令、路票更需注意。

2.防误操纵

信号是指示列车运行的命令。因此,操纵信号时,必须特别慎重,稍不注意,往往就会因错位误按而发生事故。

从案例3-3可见,信号的开放与关闭至关重要。为此,车站值班员、信号员在操纵信号时,必须全神贯注、精力集中、遵章守纪,严格坚持"眼看、手指、口呼"一致的确认操纵制度,确保信号指示的准确无误。

3.防误填写

使用路票、调度命令、绿色许可证等书面凭证办理行车时,对其使用区间(含区间停车地点)、方向、车次、电话记录等应特别注意。书面凭证填写完后,必须认真核对,经确认正确无误后,方可交付使用。

(四)规范作业程序及用语

为确保接发列车安全的稳定性,接发列车作业必须按规定程序办理,并使用规定用语。不允许随意简化或颠倒程序。否则,后患无穷。

多起严重的事故,是多人严重违章造成的,是值班员发现问题处理不当造成的,是不按规定程序办事和简化规定用语造成的。"简化"了程序和用语,带来的是"严重"的后果。

(五)接送列车及指示发车

接送列车时,应检查列车是否停在警冲标内方,是否越过出站信号机,是否认真监视列车运行安全状态。

发车前,应检查出站信号是否开放,进路上有无障碍物,列检作业是否完毕,旅客上下、行包装卸是否完毕,一切确认无误后方可显示发车指示信号。

三、电话闭塞法的安全控制注意事项

基本闭塞故障或停用,就会造成一系列联锁不起作用,此时完全靠制度的约束和参加接发车作业的所有人员相互配合来保证安全,应该说,任何一个作业环节、任何一个人稍有疏忽,都可能造成事故。其中,下列几项是至关重要的。

(一)办理闭塞前必须确认区间空闲

确认区间空闲这一作业环节非常重要,不确认区间空闲就进行作业,很容易造成向占用区间发出列车事故,轻则构成一般事故,重则车毁人亡,后果不堪设想。

1.区间空闲的确认

区间空闲可以从以下几方面进行确认:

（1）区间未被封锁或封锁已解除。

（2）区间未被列车占用,包括以下几项:

①闭塞前最后一趟列车为本站发出列车,邻站到达通知(号码)已收到;

②闭塞前最后一趟列车为邻站发出列车,列车已整列到达本站;

③闭塞前最后一趟列车为区间返回列车,列车已整列返回车站;

④闭塞前最后一趟列车为挂有后部补机返回的列车,本列已到达邻站,补机已返回发车站;

⑤越出站界调车或跟踪出站调车已完毕。

2.区间空闲的确认方法

确认区间是否空闲的方法一般包括:

（1）检查调度命令簿,确认区间是否被封锁。

（2）确认控制台是否揭挂有表示牌,如"区间封锁""列车占用""越站调车""跟踪调车"等。

（3）检查各次列车到达通知(号码)是否已发出和收到。

（二）发车前要确认发车进路正确

接发车进路分为接车进路、发车进路、通过进路三种。这里只介绍无法通过设备确认进路的发车进路检查方法。

检查发车进路是否正确,具体内容包括:影响进路的调车作业是否已停止,进路有无障碍物,道岔开通位置是否正确,有关道岔是否已加锁等。

为了保证发车进路正确无误,现场的作业顺序应为:

（1）值班员向现场作业人员发出停止影响发车进路的调车作业命令。

（2）得到调车作业确已停止的汇报后,值班员下达准备发车进路的命令,并指令对其相关的道岔进行加锁。

（3）得到进路准备妥当及道岔已加锁的汇报后,车站值班员亲自或派助理值班员检查确认进路。

（4）一切确认完成后,方可将行车凭证交付司机进行发车。

以上作业顺序不能颠倒,更不能简化,否则就会发生挤坏道岔、开错方向等事故。

案例3-4

××年5月31日DSC站未准备好进路发车的一般C类事故

案例描述:××年5月31日2时44分DSC站助理值班员罗××,在未准备好40131次2道发车进路的情况下,盲目向车站值班员报告2道发车进路准备好了,同时报告发车进路确认好了。造成40131次进路不对,司机发现紧急制动,机车挤过4号道岔20m停车的一般C类事故。

案例分析:

（1）助理值班员严重违反《铁路接发列车作业》(TB/T 30001—2020),简化作业程序、未执行《站细》第54、59条有关规定是事故发生的主要原因。

（2）车站值班员未执行互控、卡控制度是造成这起事故的重要原因。车站值班员指示助理值班员再次现场检查确认进路,助理值班员放下电话后不到1min就报告发车进路确认好了,根本未去现场检查,值班员明知助理值班员未去现场却默认了。

（3）车站监控干部副站长严重失职失责,对关键作业环节的控制不到位,没有起到控制作用是造成这起事故的又一重要原因。

案例启示:确认发车进路正确是接发车工作的重要环节,关系接发车作业的安全,工作中一定要按照相关规定办理接发车。

(三) 行车凭证要确认填写正确

路票是采用电话闭塞法的行车凭证,由于漏填、错填、误拿等,很容易发生行车事故。特别是使用旧路票的年代,路票不正确造成事故的比例相当大。

1992 年开始实行一种新式的硬卡片式路票,由于其具有许多的优点,被沿用至今。新版硬卡片式路票的采用,大大减少了因路票问题而发生的行车事故。然而,因路票问题而发生的事故仍时有发生。

案例3-5
误 填 路 票

××年××月××日××站车站值班员在办理 1104 次行车凭证时,误填为 1004 次。致使该次列车在该站通过,司机发现后临时停车,构成一般事故。

案例3-6
错 交 路 票

××年××月××日 21 时 56 分,××站因停电停止使用基本闭塞法,改用电话闭塞法行车。车站值班员对到达的 1813 次下行列车路票未及时画"×"注销,在办理 1308 次上行列车通过时,错将原下行到达的 1813 次废止路票放入自动传输架传递,1813 次列车司机发现后进行站内临时停车处理,构成错办行车凭证耽误列车的行车事故。

从以上两个事故案例可知,要切实执行"确认"这一作业环节,否则会造成事故。确认路票指确认区间与方向正确,确认电话记录无漏填,确认站名印已盖上,确认调度命令的内容正确。确认路票应在填写时进行,递交前再复核。

列车车次是最容易发生错误的地方,误听或误传,注意力不集中,对车次概念不清,都是填错车次的原因。为此,办理接发列车时,列车车次必须传准说清,复诵无误,防止误听、误传。车次不清楚时,必须立即询问,严禁臆测行车。

为确保客运列车行车安全,对填记车次作了特别的规定:特快客运列车车次前冠以"T"字,快速旅客列车车次前冠以"K"字,临时旅客列车车次前冠以"L"字,临时旅游列车车次前冠以"Y"字,行包快运专列车次前冠以"X"字。

四、引导接车的行车安全

(一) 引导接车的情况确定

凡发生下列情况之一时,车站应按引导接车办法接车:

(1)进站、接车进路信号机发生故障时;

(2)遇施工、检修、停止使用基本闭塞法,同时亦停用进站、接车进路信号机时;

(3)停电造成基本闭塞和信号设备停用时;

(4)轨道电路发生故障,导致进站、接车进路信号机不能正常显示时;

(5)向进站、接车进路信号机联锁范围以外的线路上接车时;

(6)接入无双向闭塞设备的双线区间反方向开来的列车时;

(7)其他原因致使进站、接车进路信号机无显示或联锁失效时。

当车站发生上述情况时,车站值班员应迅速核实,经慎重确定后,方可按有关规定办理引导接车。千万不能臆测行车,盲目办理。

(二)引导接车条件限制

引导接车是在特殊情况下进行的,因此,必须严格遵守有关作业要求和条件限制,否则,往往留下事故隐患。

引导接车,条件限制如下:

(1)列车进站速度不得超过20km/h。

速度控制在20km/h,主要目的是遇到危急情况时可随时停车。

(2)非到发线上接车时,不得办理列车通过。

非到发线均无联锁设备,安全系数低;同时车站还须向司机传达调度命令及交递行车凭证等,为此不得办理列车直接通过。

(3)双线区间反方向运行时,亦不得办理列车通过。

(4)禁止办理相对方向同时接车的车站(或列车),不得向车站两端同时派出引导员(或同时开放引导信号)引导接车。

(5)车站值班员指示引导员前往引导接车后,不得变更接车顺序、接车进路和接车方式。

遇特殊情况必须变更时,在安全行车条件允许的情况下,车站值班员应取消先发的引导命令并同时通知引导人员,方可重新发布命令。

(6)引导信号开放后,除危及人身安全和行车安全的紧急情况外,不得关闭。因为列车迫近车站时,突然关闭信号,往往会停车不及时而造成冒进信号事故。

(7)未确认进路及道岔开通正确无误时,不得进行引导接车。

因此,对接车进路及道岔开通状态的检查,必须确认无误后,方可办理引导接车,这是该项作业中至关重要的环节。

(三)引导接车办法

(1)严格进路、道岔、接车线路的检查,执行三人对道制度。

(2)开放引导信号接车。当进站、接车进路信号机设有引导信号时,由接车人员按压引导按钮,开放引导信号,将列车接入站内。

(3)派引导员,显示引导手信号接车。未设引导信号的进站、接车进路信号机,或因故障不能开放引导信号,或对双线区间反方向开来的列车,应派引导员接车。

（4）引导员应在"引导员接车地点标"（或进站、接车进路信号机、站界标外方适当地点）处显示引导信号，列车头部越过引导信号后即可关闭或收回引导信号。

（5）引导接车时，列车应以不超过 20km/h 的速度进站，并做好随时停车的准备。

（6）使用引导手信号接车时，若能从设备上锁闭进路，则必须从设备上锁闭；若不能从设备上锁闭，则应采用人工锁闭。

（7）引导接入通过列车时，在出站信号已开放、发车手续已办完的情况下，可以对引导进站的列车办理站内通过。

（四）引导接车注意事项

（1）进站、接车进路信号机在开放引导信号时，应显示一个红色灯光和一个月白色灯光。如红色灯光熄灭，则不构成引导信号，列车不能进站。此时，应使用引导手信号接车。

（2）当引导信号开放后不能保留时（如 6502 设备进站、接车进路信号机内方第一轨道区段故障），应按压不放，直到列车头部越过进站信号机后，方可放开，以免司机误认为信号关闭，影响行车。

（3）派引导员接车时，引导信号的显示一定要标准，使司机易于确认。

（4）在无联锁的线路上办理接车时，不能办理同时引导接车。应在一端列车被引导进站进入接车线停妥后，方可引导另一端列车进站。

（5）遇不能同时接发时，原则上应派出引导员将进站列车先行引导接入。

五、无联锁线路接发列车安全

所谓联锁，是指车站上道岔、进路及信号机之间建立的相互制约关系。联锁是为防止发生敌对进路或进路错误开通及信号错误显示等，以达到保证行车安全的目的。

（一）无联锁线路的概念

"无联锁线路"的概念有两层含义：一是指原装有联锁装置的线路上，由于施工部门施工、检修、停电或联锁设备发生故障等，联锁失效；二是指该线路本身就未装设联锁设备。在无联锁线路上办理接发列车作业，就叫无联锁线路接发列车。

（二）无联锁线路接发列车作业安全

在无联锁线路上接发列车时，由于设备失控，安全系数较低，加之人为疏忽、大意或违章违纪等不利因素，极易发生事故。

📖 案例3-7

未准备好进路发车的一般事故

××年××月××日，××站设备临时故障停用半自动闭塞法改按电话闭塞法行车。车站接发车线路均处于无联锁状态。386 次旅客列车 2 道通过后，4 道还有 1130 次列车待发，进路上 5 号道岔仍处于开通 2 道的位置，3 号扳道员来检查和确认，却盲目汇报"4 道发车进路准备妥当"。结果，造成 1130 次列车挤坏 5 号道岔出站，构成未准备好进路发车的一般事故。

📖 **案例3-8** ---

385次旅客列车进站后与2582次货物列车发生正面冲突的重大行车事故

××年××月××日,××站遇大雪造成交流电停电,直流电源又供电不足,致使停止使用基本闭塞法改用电话闭塞法行车,并以手信号引导接车。扳道员将385次旅客列车进路错扳至被2582次货物列车占用的2道,又盲目汇报,造成385次旅客列车进站后与2582次货物列车发生正面冲突的重大行车事故。

上述两起事故,都发生在无联锁的接发列车进路上。一起是严重违纪而忘扳道岔,另一起是盲目违章而错扳道岔。据统计,在非正常情况下接发列车作业中,无联锁线路上发生事故的概率最高,特别是确认区间空闲、检查接车线路空闲、确认进路正确无误三个作业环节,更是事故发生的主要环节。

为保证无联锁线路上接发列车作业安全,对这三个作业环节,应尤其引起重视。

1. 确认区间空闲

在非正常情况下办理接发列车,办理列车闭塞前,首先应确认区间是否空闲。本节主要介绍通过闭塞设备、行车日志、各种表示牌,以及有关人员的情况报告等,根据不同的闭塞,确认区间空闲的方法。

(1)自动闭塞:通过控制台的监督器(列车离去表示灯)或出站信号机复示器,确认第一及第二闭塞分区空闲情况。

(2)半自动闭塞:除根据闭塞机上表示灯显示外,还应根据行车日志,以及助理值班员、扳道员检查到达列车情况的报告来确认区间空闲。

(3)电话闭塞:根据行车日志上列车到达的电话记录和时分,以及助理值班员、扳道员检查到达列车情况的报告,确认区间空闲。

各种表示牌的及时揭挂,是确认区间空闲一项很好的辅助措施。如"区间封锁""列车占用""使用轻型车辆""区间折返""跟踪调车""越站调车""区间空闲"等各类表示牌,如能在显眼的地方及时揭挂,效果显著。

当然,除了以上各种办法外,千万不要忘记检查调度命令登记和工电部门的施工登记。

2. 确认接车线路空闲

接发列车时,车站对接车线路空闲的确认主要采取以下几种办法。

(1)现场目视检查确认。

昼间天气良好时,由现场接车值班员、两端扳道员分别站在接车线路中心,以"眼看、手指、口呼"进行一致确认的检查办法,确认接车线路空闲。

(2)分段现场检查确认。

在天气恶劣,或地处曲线,直接目视检查有困难时,车站值班员、助理值班员与两端扳道员按《站细》所划分的地段,通过分段步行检查确认接车线路空闲。

(3)辅助检查确认。

当车站正线、到发线上有列车、车辆占用时,在控制台盘面的按钮(或手柄)上夹挂"列车占用"

"车辆占用""存有车辆""线路封锁"等字样的表示牌,并在行车室、扳道房的"占线揭示板"上填记列车车次或存车代号、符号等,以便接发列车人员辅助记忆及检查线路使用的情况。

3. 确认进路正确无误

（1）为保证无联锁线路上进路的正确无误,有关人员应做到:扳道员须执行"一看,二扳,三确认,四显示"的作业制度,严格按车站值班员的指示,正确、及时地准备进路,"眼看、手指、口呼"一致检查确认接发进路正确无误,并按规定将有关道岔进行加锁。

（2）引导员（由胜任的人员担当或由扳道员兼任）在出场引导接车前,必须再度确认接车进路上每一副道岔位置正确无误,并报告车站值班员后,方可前往规定地点进行手信号引导接车。

（3）现场发车的助理值班员,应与有关扳道员以对道方式相互确认列车进路正确无误。

六、非到发线上的接发列车作业安全

所谓非到发线,泛指车站正线、到发线以外的,在特殊情况下可直接代用接发列车的线路。

非到发线往往是未装设出站信号机的线路,该线进路上的道岔一般未与进路及信号机构建立联锁关系,有些型号的道岔,又不能满足《技规》对接发列车安全的要求。所以在这样的线路办理接发列车作业时,尤其要注意线路的确认、道岔的加锁,否则,往往就会因进路上的问题而发生行车事故。

在非到发线上办理接发列车时,有关人员必须对关键岗、关键点加强人工互控,同时,应注意下列有关事项:

（1）在非到发线上接发列车时,应事先取得列车调度员准许,并将调度命令抄送给司机。

（2）自动、半自动闭塞的车站,在未设出站信号机的线路上发车时,应停止使用基本闭塞法行车。

（3）车站值班员应亲自或指派胜任人员确认列车进路正确无误、进路上有关对向道岔及邻线上的防护道岔已加锁。

（4）使用进站、接车进路信号机的引导信号或引导员手信员接车时,列车进站速度不得超过 20km/h,并随时做好停车的准备。

七、双线区间反方向及双线改单线行车安全

案例3-9

反方向运行事故

案例描述:××年 3 月 7 日,根据连铁运电〔2004〕42 号电报要求:封锁 JZ—NGL 间上行线施工,客车 K580、K682 次 JZ—NGL 间下行线反方向运行。12 时 33 分按照公司 161 号调度命令,客车 2051 次 JZ 站 I 场到后,客车 K580 次利用 JZ—NGL 下行线反方向运行。客车 2051 次 12 时 49 分 I 场过后,IV 场值班员 12 时 51 分与 I 场值班员办理客车 K580 次反方向闭塞,而后 I 场值班员指示信号员办理 K580 次 JZ—NGL 间下行线反方向进路,监控干部值班站长代替信号员作业,12 时 52 分办理进路时,排列 SZ2—X、SL8—SZ2 进路,信号不来,办理改变方向后,重新排列进路,信号仍然不来（反复开放信号三次）。立即通知电务人员,并立即登记,电务签字按非正常办理,客车 K580 次 13 时 03 分停在总出站信号机前,13 时 08 分开。客车 K580 次反方向运行如图 3-1 所示。

图 3-1　客车 K580 次反方向运行

案例分析：

(1)值班站长代替信号员操作信号,对信号设备特点不熟,误操作造成信号不能开放,导致发生列车事故。

(2)值班员对值班站长操作信号不予制止,设备发生故障后,处理不及时。

案例启示：使用总辅助按钮改变闭塞方向是接发车作业中的一个难点,接发车作业人员应熟练掌握作业要求,尤其是设备使用情况,这对反方向行车尤为重要。

案例3-10

双线改单线行车事故

案例描述：××年 2 月 18 日 14 时 46 分,11669 次 QDZ 站反方向进站 3 道通过。由于 QDZ—GBZ 间第一离去着灯,无法改变发车方向,车站根据 11669 次的到达时间能够确认区间空闲,在第二离去正常的情况下,车站值班员使用绿色许可证发出 K642 次,同时车站值班员开放 2 道的调车信号,进行锁闭进路,K642 次 15 时 07 分由 QDZ 站 2 道发出。进入区间后,由于区间信号无显示,司机停车。双线改单线行车如图 3-2 所示。

图 3-2　双线改单线行车

案例分析：值班员对规章、基本技术不熟,没有认真确认新改方向按钮的使用条件,只是注重设备着红光带,没有认真办理恢复正方向行车。

案例启示：从本案例可以看出,值班员作为一个车站接发车工作的主要负责人,应该熟练掌握规章,以及各种设备故障情况下的行车方法。

我国铁路机车正向运行时,司机的操纵位置和铁路沿线及站内的固定信号、标志等设施,一般都设在列车正常运行方向的线路左侧。因此,双线区段上,列车在左侧运行线路上运行时,称为列车正方向运行;反之,则称为列车反方向运行。

而双线改单线行车,是指在双线区间遇有特殊情况时,封锁(停用)一线而仅用一线行车的情况。

(一)产生原因

造成双线区间列车反方向运行或双线改单线行车的主要原因有:

(1)列车调整运行;

(2)线路封锁施工;

(3)线路及"信、联、闭"设备故障；

(4)发生不可抗拒的自然灾害；

(5)发生行车事故；

(6)其他特殊情况。

（二）行车办法

双线区间列车反方向运行或双线改单线行车时，应停止基本闭塞法行车。因此，在办理此项作业时，首先必须取得列车调度员的"调度命令"准许。

（三）注意事项

(1)双线区间办理反方向行车时，列车调度员应检查并监督两端车站值班员确认该线路区间已空闲后，方可发布准许反方向行车的调度命令。

(2)双线区间反方向行车时，禁止办理相对方向同时接车和同方向同时发接列车。

(3)双线区间遇特殊情况改为单线行车后，为防止误办、错办、漏办及作业混淆而引起事故，严格禁止以半自动闭塞法与电话闭塞法交叉办理行车作业。

(4)双线半自动闭塞区间，其中一条正线的闭塞设备发生故障时，应将该线正线方向改为电话闭塞，而另一正线仍按正常方法办理。

单元3.2 调车安全管理

案例3-11

××年1月31日 TL 站调车脱轨事故

案例描述：××年1月31日3时20分左右，TL站车站值班员与机务段联系40133次机车情况，得知机务段库内没有机车，并通知了站调。5时40分，TL站三调在编发场6道编成40133次（编组26辆，计划5时40分开），驼峰调车长使用封锁按钮将6道封锁。站调在40133次没有机车的情况下，指示调车区长将26029次(4时07分到)中白城以远的8辆车补编40133次。5时45分，调车区长张××将26029次解体计划下达给信号楼信号长蔡××和驼峰调车长葛××。6时20分，驼峰调车长葛××将调车计划输入完毕，便去了卫生间。

由于编发线紧张，站调请示调度员缪××将三间房车流与哈南车流混编，调度员不允许。5时50分，由于5道44146次没有机车开不了(44146次是四平车流，准备在44146次开后，5道编哈南车流)，站调再次请求时，调度员口头指示三间房车流与哈南车流混编，于是车站调度员通知调车区长变更26029次解体计划。6时10分，调车区长张××变更了26029次解体计划，1、5道合并为1道下车(1道开22011次排局车到三间房)。

6时22分，车站值班员李××通知列检6道40133次作业，列检安设脱轨器后开始作业。

　　6 时 25 分,调车区长张××到驼峰调车长处送变更后的计划(两人在同一楼内),见驼峰调车长葛××未在(去卫生间),调车区长张××未与任何人联系,便擅自将 6 道封锁条件解除,葛××回来后询问张××有没有将解除封锁条件告诉信号楼,张××说告诉了。随即葛××便将 26029 次解体计划重新输入微机,并开始作业。

　　6 时 32 分,26029 次解体作业进行到第 2 钩 6−5 辆时,溜放车组前端车辆轧上脱轨器造成前后两台车脱轨,于 11 时复救完毕。

　　案例分析:

　　(1)调车区长张××越权作业,擅自取消封锁条件,是事故发生的主要原因。

　　(2)信号长蔡××在 6 道封锁的情况下,盲目接受了"空线西、4 道推 26029 次、6 道封口"的违章计划,特别是接受计划后,没有向车站值班员汇报,导致值班员没有通知列检人员,是事故发生的重要原因。

　　(3)车站调度员缪××在 40133 次编成后,在补编 8 辆车需要改变编发线使用的情况下,没有与车站值班员联系,导致车站值班员没有通知列检人员,是事故发生的次要原因。

　　(4)驼峰调车长葛××发现调车区长擅自解除封锁条件,在得到调车区长张××简单回答后,没有与车站值班员联系确认,是事故发生的又一原因。

　　案例启示:调车事故是铁路行车事故中最常见的事故,占比 80% 以上,因此抓好调车安全管理,在铁路运输安全管理中意义重大。

　　在调车作业中发生的事故,叫调车事故。

一、调车作业事故的常见原因

1. 调车作业计划不清或传达不彻底

　　调车作业计划是调车组、扳道组、信号员及调车机车乘务组统一的行动计划,如果调车作业计划本身不清,会造成调车进路排错,机车车辆进入异线,作业方法错误,不该溜放的车辆溜放;如果调车作业计划传达不彻底,会造成调车组、扳道组或信号员及调车机车司机行动不一致,极易发生事故。

2. 作业前检查不彻底,准备不充分

　　调车作业前,必须按规定提前排风,摘解风管,核对计划,确认进路,检查线路、道岔和停留车辆情况,手闸制动时要选闸、试闸,铁鞋制动时要准备数量足够、性能良好的铁鞋。

3. 忘扳、错扳、抢扳道岔

　　在非集中控制区,忘扳、错扳和抢扳道岔,会直接造成事故;在集中联锁区,信号员误排进路,调车长和调车机车司机不认真确认信号,极易造成冲突、脱轨和挤道岔事故。

4. 调车手信号显示不标准

　　调车手信号显示不标准有三种情况:一是未按规定的要求显示信号;二是错过了显示信号的时机;三是错误地显示信号。上述情况都有可能导致事故的发生。

5. 溜放作业速度掌握不当或提钩时机不当

　　实现溜放作业安全的关键是正确掌握溜放速度,正确把握提钩时机,保证溜放车组适当的

间隔距离。如果溜放速度过快,会给制动工作造成困难;如果溜放速度过慢,易造成"堵门",影响后面车组的溜放。提钩时机过早,容易造成车组间隔距离不足,给扳道和制动作业造成困难,容易造成追尾冲突;提钩时机过晚,又会造成提不开钩,直接影响作业效率。特别是在计划不清、传达不彻底的情况下随意提钩,后果更为严重。

6. 制动不当

目前,我国铁路调车作业采用的制动工具有手闸、铁鞋、减速器、减速顶、制动小车等。但绝大多数车站的主要制动工具是铁鞋和手闸,即使在机械化驼峰作业中,也要辅以铁鞋和手闸制动。此处所说的制动不当,主要是指铁鞋和手闸制动不当,制动不当的表现有:

(1)选闸、选鞋不当。选闸、选鞋不当造成手制动不灵、"飞鞋"等现象,容易发生调车冲突。

(2)观距调速不当。溜放作业观速不准,调速不当,特别是手闸制动采用"一把闸"的错误操作方法,以及单车溜放时不执行"双基本",都容易发生事故。

(3)漏钩。调车作业中一旦漏钩,车组就无人制动,特别是在线路两端同时作业时,极易造成严重后果。

7. "推黑车"或推进车辆不试拉

推进作业时,车组前端无人领车叫作"推黑车"。"推黑车"时,机车乘务员无法确认线路和停留车情况,极易造成撞车和挤道岔事故。推进车辆不试拉,一旦车辆中有假接连,制动或停车时车辆脱钩发生溜逸,也容易发生撞车、脱轨、挤道岔和车辆溜逸等事故。

8. 没按规定采取防溜措施

调车作业在线路上停放车辆时,如不按规定采取防溜措施,极易发生车辆溜逸事故,一旦车辆溜入区间,后果将不堪设想。

二、不同类型的调车作业事故及其主要原因

一般来说调车作业事故分为"撞、脱、挤、溜"四种类型,即冲突、脱轨、挤道岔、机车车辆溜逸。下面主要介绍冲突、脱轨和挤道岔事故。

(一)冲突事故的主要原因

在调车作业中,出于某种原因,车辆发生冲突,导致机车、车辆、技术设备损坏,人员伤亡,影响行车等均算作冲突事故。即便其损坏程度未构成事故,也存在很大危险或接近事故边缘,由此引起的货物整理、倒装、损坏的等均为事故隐患,应一并进行分析。造成冲突事故的主要表现及原因有:

(1)超速挂车或连挂。

按《技规》规定,调车作业时,接近被连挂的车辆,速度不得超过 5km/h,超过这个速度界限,就很可能造成调车事故。主要原因有计划传达不彻底或传达错误,发生漏钩;制动技术差,基本功不扎实,观速、观距有误差;未执行十、五、三车距离信号或带车连挂;前端无人显示信号,以及夜间无人显示停留车位置信号;"堵门"车未按《站细》采取措施,制动控制不住;对溜放或驼峰解散车辆(组)制动不当,如未选好、试好人力制动机,未按规定使用铁鞋,操纵减速器不当等。

(2)车辆尾随。

主要原因是车组前慢后快,特别是前组为难行车,后组为易行车,摘挂车时,未注意拉开间隔而发生追尾;前停后行,前组车出于排风不彻底或未松开人力制动机以及空车内弯道阻力等

各种原因中途停车,后组车来不及制动发生追尾。

（3）进入异线。

由于错误地进入非指定线路(即进入异线),溜放车辆无人制动发生冲突。其主要原因有错排进路或错扳道岔,变更计划未彻底传达给有关作业人员,电气集中设备的道岔发生故障等。

（4）侧面冲突。

侧面冲突对车辆破损危害很大,轻则小破,重则中破、大破、报废甚至脱轨颠覆,堵塞数条线路。主要原因有前慢后快,间隔距离不足(一般规定为15m),抢扳道岔;车场两端同时作业,一端推顶车辆,前端无人领车,或推送车辆未试拉,车组脱钩越过警冲标等。

（5）车辆溜逸。

近年来,车辆溜逸事故的比重不断增加,且后果严重。一方面,滚动轴承使车辆走行阻力减小;另一方面,线路坡度随着清筛路渣不断变化,未按规定做好防溜措施,造成车辆溜走。其主要原因有空线溜放,无人防护,致使车辆溜走;当空线有坡度或刮风时调车,临时摘车,放置铁鞋不牢固,未拧紧人力制动机或未按国铁集团规定实行"双保险"等。

（6）两端作业联系不彻底。

对两端同时作业的调车区,未执行两端作业的联系办法,擅自越区作业或同时相对溜放、顶送,造成冲突等。

（二）脱轨事故的原因

案例3-12

××年10月25日××站调车脱轨事故

案例描述：××年10月25日16时05分,56612次轨道车(编组5辆,两端各1辆轨道车,中间3辆平车)由JZ方向到达QP站Ⅱ场1道,准备进入工务线停留。16时09分,Ⅱ场信号楼值班员尹××未执行分路不良区段作业办法,没有指派人员现场检查,就指示信号员杨××排列了由Ⅱ场1道去工务线的调车进路,16时11分,当轨道车组越过212号道岔后,信号员杨××仅从控制台上观察到红光带消失,就认为轨道车已全部进入工务线,在未执行调车作业车机联控制度、未确认轨道车行进位置的情况下,盲目将212号道岔恢复定位(脱轨器距离212号道岔尖轨尖端66.08m),致使与212号道岔联动的安设在工务线上的脱轨器复位,轨道车组最后一辆轨道车后台车轧上脱轨器后脱轨,构成一起调车脱轨事故。脱轨事故如图3-3所示。

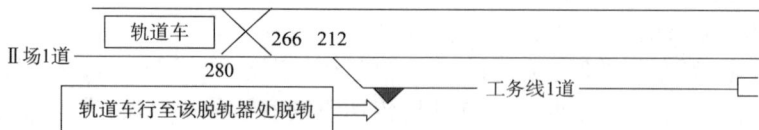

××站轨道车经212DG、D212G分路不良区段在工务线轧上脱轨器

图3-3　脱轨事故

案例分析：

（1）职工作业严重违章。一是信号员严重违章。信号员杨××不执行调车作业车机联控制度,仅从控制台上观察到红光带消失就认为轨道车已全部进入工务线,在未确认轨道车组具体位置,也未得到轨道车司机到达停车地点报告的情况下,盲目恢复212号道岔定位,导致轨

道车后台车轧上脱轨器后脱轨。二是值班员严重违章。Ⅱ场信号楼值班员尹××在明知工务线 212DG、D212G 为分路不良区段的情况下,不严格执行《行规》《站细》规定,没有按规定指派人员现场检查分路不良区段是否空闲,就指示信号员杨××排列了由Ⅱ场 1 道去工务线的调车进路,轨道车组进入工务线后没有及时提醒信号员确认轨道车组是否已到达停车地点,在信号员盲目恢复 212 号道岔定位时也没有立即制止。

(2)干部监控严重失职。QP 站分路不良区段较少,现有分路不良区段 5 处,全部集中在Ⅱ场。工务线 212DG、D212G 为常年分路不良区段,此处调车作业应是Ⅱ场的关键处所,值班干部应到场监控。但车站认为工务线作业量不大,没有把此处的调车作业列为关键点,没有引起高度重视,在这批作业中值班主任均未到现场,室内室外均无人监控。

(3)规章制度不落实。《行规》《站细》和车务段〔2006〕61 号业务通知都对轨道电路分路不良区段作业作了具体规定,车站也将轨道电路分路不良区段作业纳入了安全关键点,制定了控制措施,并制定了轨道车站内转线作业安全控制措施。但是没有一项得到落实,作业中,现场无人检查确认、车机联控制度不落实、自控互控完全丧失,而且值班员、信号员对作业的办法掌握也不到位,致使这一安全关键点完全处于失控状态。

案例启示:脱轨是调车作业中常见的事故,从本案例中可以看出,调车作业中安全管理问题突出。一是信号员杨××由Ⅳ场调到Ⅱ场时间较短,车站没有将其列为关键人进行重点包保,薄弱人员管理上失控。二是业务培训管理问题突出。传达了就等于培训了,知道了就等于弄懂了、会干了的问题十分突出。车务段〔2006〕61 号业务通知下发后,车站转至车间,车间只是利用点名会向职工进行了传达,没有进行有针对性的培训,致使关键作业岗位人员不知道、不清楚、不会干。三是班组管理问题突出。QP 站Ⅱ场信号楼值班员为大四班工作制,信号员为小四班工作制,造成值班员与信号员在班次上不同步,班组管理、作业互控上存在隐患。

脱轨事故系指在调车作业中,机车、车辆的车轮落下轨面。此类事故如果发生在正线、到发线或咽喉道岔处,易堵塞正线,稍有不慎超过规定时间就会构成重大事故、大事故,严重干扰运输秩序,主要原因有:

(1)抢扳或错扳道岔造成途中转换。

(2)忘撤铁鞋或压鞋后未按规定取出,挂车时又不检查即盲目牵出或推进运行。

(3)使用铁鞋不当,造成卡鞋或跳鞋后脱轨。

(4)货物堆放距离不足 1.5m(距站台边缘不足 1m),调车前又未认真检查;未检查确认防护牌或脱轨器是否撤除即进行调车等。

(三)挤道岔事故的原因

案例3-13 --

××年9月5日××站挤道岔一般事故

案例描述:××年 9 月 4 日 20 时 28 分,43161 次(编组 58 辆,由苏机 DF4 型 3877 号机车担当乘务)到达××站 3 道停车。列车到站后,在 3 道北头加挂了 4 辆。9 月 5 日 0 时,机车司机接到第二批调车作业计划。计划为 3 道单机出,1 道转头,3 道挂 7 辆,粮 2 摘 7 辆……0

时 20 分,作业进行至第 3 钩,转头进 3 道挂车后,机车压在 S3 信号机轨道电路上。0 时 20 分 45 秒,车站值班员呼叫司机:"43161 次,压岔子出,前面调车信号好了。"司机复诵之后,调车员用调车灯显装置向司机显示起动信号。0 时 21 分 52 秒动车,0 时 22 分 8 秒压上 13DG 轨道区段,0 时 22 分 23 秒机车挤上 13 号道岔,车站值班员呼叫司机停车。

案例分析:

(1)车站值班员王××选排进路时,在机车压在 17DG 轨道区段、不能正常选排 3 道至牵出线调车进路的情况下,没有指示调车人员将机车推至 S3 信号机内方,致使机车"走黑路",同时未将 13 号道岔扳向正确位置,是造成挤道岔事故的主要原因。

(2)调车长王××在未得到值班员通知的情况下,"看远不看近",没有确认 S3 信号机的显示状态,只见到 D7 信号机显示白灯,臆测行车,盲目通过调车灯显装置向司机显示动车命令,是造成挤道岔事故的重要原因。

(3)值班站长何××在 3 道停留车多的情况下,对整个作业过程缺乏安全预想,只想到下车检查防溜设施的撤除,忽视了对调车进路的确认,没有抓住作业的关键点,是造成挤道岔事故的重要原因。

案例启示:挤道岔是铁路调车作业中常见的事故,管理的关键点是确保进路正确,按程序、标准作业。铁路调车作业人员应掌握挤道岔事故发生的原因,避免事故发生。

凡是道岔开通方向不对,盲目向外牵出,造成车辆挤过或挤坏道岔的就算挤道岔事故,此类事故比例约为 90%,是错扳、忘扳道岔造成的。其主要原因有:

(1)扳道员未认真执行"一看、二扳、三确认、四显示"的扳道程序,尤其是未进一步确认即盲目显示开通信号。

(2)调车人员未认真执行"要道还道"制度,盲目牵出,特别是原路返回,车列轧绝缘时,未联系彻底即盲目牵出。

(3)电气集中的道岔溜放车辆时,由于速度高,保护区段不足,作业人员未加确认,盲目转换道岔。

(4)调车人员未确认道岔开通位置或车列未停妥即盲目扳动或显示道岔开通信号。

(5)变更计划时,未彻底传达清楚,特别是已开放的调车信号,临时变更关闭时联系脱节等。

三、防止调车事故的主要措施

防止调车事故的根本措施是遵章守纪,按标准作业,做到真正落实并持之以恒,时时处处都认真负责。全路安全先进单位的重要经验,就是保证调车安全,在指导思想上必须牢固树立"安全第一,预防为主,综合治理"的思想,坚持"执行规章一点不差,差一点也不行";在具体作业中,必须严格做到"一钩一辆不马虎,一丝一毫不撮合,一分一秒不疏忽"。深入开展"严三控"(自控、互控、他控)、"达四标"(上标准岗、用标准语、干标准活、交标准班)活动。

调车作业中,挤、脱、撞惯性事故是攻关重点。通过对上述原因的分析,提出下列主要防范措施:

(1)调车计划内容必须正确、齐全、清楚。没有计划、计划不清、口头传达未复诵,不准作业。变更计划必须按规定停轮,向所有作业人员传达清楚。

(2)作业前,必须彻底预检线路、道岔和停留车状况,未经预检,不得作业。

（3）作业中，必须按规定显示信号，通话用标准语。没有信号，不准动车；信号不清，立即停车。没有显示十、五、三车距离信号不准挂车（单机除外）。严禁臆测作业。

（4）越区、转场必须联系好。两台机车同时接近一个进路道岔，要先防护一台，敌对进路未消除，不得撤除防护。

（5）推送车辆必须试拉。调车作业时不得中途下车，瞭望不准间断，不准超速运行、超速连挂、以撞代顶、提活钩。使用电台不准离岗指挥。

（6）溜放前必须选闸试闸，没有试闸良好的报告、溜放车组间隔距离不够或前慢后快有侧面冲突危险时，不准提钩，不准扳道岔。铁鞋制动必须做好检查、准备，严格执行"一车三鞋"制。驼峰解散、牵出线溜放，未得到准备妥当的报告，不准作业。

（7）车辆停留必须按规定采取防溜措施，车辆在中间站停留时，无论线路有无坡道和停留时间长短，均应按规定采取防止车辆溜逸的措施。

在坡度超过2.5‰的线路上进行调车作业时，应采取防溜措施。未采取防溜措施，不得摘开机车。

在中间站停留的车辆，要连挂在一起，拧紧两端手制动机，并以铁鞋、止轮器、防溜枕木等牢靠固定。因装卸车、对货位等情况，停留车不能连挂在一起时，应分组采取防溜措施。

调车作业机车连挂车辆前，应检查停留车的防溜措施，挂妥后再撤除防溜器具。摘车时，必须在车辆停妥并采取防溜措施后再提开车钩。

推送及连挂车组后，必须确认前部车辆停稳，防止溜逸。被连挂车组距离警冲标不足50m及被连挂车组距离尽头线终端不足10m，必须一度停车，采取妥善措施。

严格执行防溜措施的交接班检查及室内提示板揭示制度。

（8）调车作业必须实行单一指挥，少于2人不许作业，不足3人不准溜放。调车人员必须熟悉调车设备、周围环境和规章制度，未经考试，定职人员不准单独作业。

（9）扳动道岔（操纵按钮）必须执行"四程序"，未确认道岔开通位置，不准进道。未确认机车车辆越过联动道岔B端，不准手触A端作业。电气集中车站，未通知调车人员前，不准取消已准备好的调车进路。

（10）加强调车人员的培训工作，大练基本功，努力提高观距、观速、制动水平，认真学习基本业务知识和有关规章、办法，并组织定期的竞赛评比活动。

四、人身伤亡事故的主要原因和安全措施

📖 **案例3-14** ··

××年3月11日××站职工重伤事故

案例描述：××年3月11日8时30分，专3次到达××车务段ND站进行调车作业。当作业至第11钩7道甩14辆，接连员闫××在提钩时，调车长王××临时变更作业分工，对接连员闫××说："你去2道准备南头铁鞋止轮，我自己牵出。"

9时34分，当作业到第12钩向2道推送8辆时，调车长王××确认D4信号开放，向司机显示起动信号。车列起动后，9时37分调车长王××在军专线小道口处，从车列前第二辆上车时，由于没有抓稳蹬牢，身体跌落，双脚落入车组间，两小腿被轧断，构成一起职工重伤事故。

案例分析：

(1)调车长王××在7道牵出时,严重违反规定,自己单独作业,而且在上车地点(军专线小道口处)路面有积冰的情况下,精力不集中,登上第二辆敞车时,没有站稳抓牢,导致身体跌落车下,是事故发生的主要原因。

(2)接连员闫××对调车长违章指挥调车作业的行为,没有进行制止,也没有跟车作业,联防互控制度没有得到有效落实,是事故发生的重要原因。

(3)后经调查,监控干部王××监控重点掌握不准,监控位置不当,车站调车作业未使用平面调车灯显设备,监控干部本应在现场监控,但却在7-14后去机车上监控,导致调车长一人带车作业的问题没有被发现和制止,未起到监控作用,是事故发生的次要原因。

案例启示:从本案例中可以看出,调车作业中人身伤亡事故是时有发生的,作业人员必须掌握人身伤亡的原因并采取相应的防范措施,避免悲剧的发生。

(一)调车作业人员伤亡的原因

在车务系统的职工伤亡事故中,调车人员占很大比重。调车作业中,调车工作稍有麻痹、疏忽或违章行为,就可能造成人身伤害,轻则伤,重则亡。常发生的有"挤、轧、掉"几种主要情况,其主要原因有:

(1)挤。不确认、不联系、不防护进入线路内调整钩位,穿越小天窗,在装载易于窜动货物的车辆间和货物空隙间站立或坐卧,站在站台一侧作业。

(2)轧。超速上下车,未选择好地点及车辆上下,横越线路时不执行"一站、二看、三通过",不确认机车车辆有无移动,在车辆运行中进入线路内提钩、摘管,坐卧钢轨、轨枕,侵入邻线,徒手下铁鞋。

(3)掉。在车辆运行中跨越车辆,使用对口闸,骑坐车帮,在篷车顶上或超出车帮的货物上站立或行走,多人站在机车同侧脚踏板上。

为防止人身伤害,必须认真贯彻《铁路车站行车作业人身安全标准》(TB 1699—1985),特别严禁超速上下车;顺线路走时应走两线路中间;横越线路时严格执行"一站、二看、三通过",进入线路调整钩位、提钩、摘软管时应确认车列停稳,连挂机车作业时要与调车长联系彻底,做好防护方可进入;通过高站台时应站在高出站台车梯上;穿越天窗时要认真两头望;上车必须抓牢站稳。

(二)调车人员作业安全措施

(1)调车长是调车组的指挥者,负责全组的人身和技术安全。接班前应对本组成员的服装、防护用品及精神状况进行检查,并布置安全注意事项。作业中应加强对组员的安全技术指导,随时掌握本组人员动态,对不注意安全的情况及时提示,予以纠正。

(2)调车长在制订调车作业方法时,应充分考虑技术安全。作业开始前,必须认真向参加调车作业的有关人员清楚传达内容,作业中途不得随意变更;如中途必须变更,应先停车,将变更内容向有关人员彻底传达后再开始作业。

(3)调车人员必须熟悉全站(作业区)的技术设备和作业方法,以及接近线路的一切建筑物的形态和距离,在作业中必须服从调车长的单一指挥,不得有任何违反。

(4)摘解车辆时,必须执行"一关折角塞门,二摘软管,三提钩"的作业程序。绝对禁止在车辆走行中进入道心提钩锁销、摘软管或调整钩位。接连软管时,必须等车辆停妥,并得到调车长准许,不准双足进入道心。遇两台机车编组同一列车时,应加强联系。

(5)在接近停留车时,应将速度降低到 5km/h 以下。在连挂车辆前,应了解停留车位置,注意车钩状态。遇钩位不正或钩销不良时,必须停车调整后再行连挂。调整钩位时,不准探身两车钩之间。对于平车、低边车、罐车、客车及特殊用途等车辆,应注意端板支架、缓冲器、风挡及货物装载状态。

(6)调车作业显示信号不准侵入机车车辆限界,严禁站在邻线道心或轨枕上显示信号。

(7)溜放作业前,制动员必须按计划做好排风、摘管和试闸工作,检查人力制动机部件。对制动作用不良的人力制动机,绝对禁止使用。

(8)如需拧紧折叠式人力制动机,应于车辆停妥后竖起闸杆,将闸杆固定后再使用。要认真检查方套铁、月牙板、插销状态是否良好,如有异状,禁止使用。

(9)进行试闸工作和用人力制动机制动时,必须正确使用安全带,做到"上车先挂钩,下车先摘钩"。凡是不能使用安全带的车辆,如平车、低边车、砂石车、罐车(有通过台安全栏杆者除外)等,一律禁止使用人力制动机制动。

(10)上车前应注意车梯、手把杆、低边车的侧板和机车脚踏板的牢固状态。上车及在运行中必须抓紧、站稳。上、下车时必须注意观察地面是否平坦、有无障碍物,雨雪天气时应注意防止滑倒。上、下平车时,因把手过低,注意身体不要被警冲标或其他障碍物打伤。

(11)溜放调车作业时,提钩人员应站在车梯上进行提钩。不准跟着车一边跑,一边提钩(驼峰作业除外)。严禁在车辆行进过程中抢越线路到外侧进行提钩。

(12)手推调车时,推车人员应在车辆两侧进行,不得位于两钢轨之间,并注意脚下有无障碍物,以免滑倒。

(13)去专用线取送车作业时,调车长应根据计划,于作业开始前指派专人检查线路有无障碍、大门是否开放、门钩是否挂好,以及线路两侧货物堆放情况。如不能事先派人检查,应在大门前停车,并确认无任何障碍后方可出入。单机或牵引运行时,严禁调车人员在机车前端坐立。

(14)在装卸线调车时,应注意线路两旁堆放货物有无倾斜、倒塌现象。在车辆移动时,禁止在散装的货堆上走行或上、下车。禁止调车人员登乘车辆穿越装卸机械(门吊除外)。在高路基(路基窄)的线路上作业时,必须停车上下。

(15)调车人员在作业中,应随时注意调车作业线上有无正在进行线路维修和清扫道岔等的工作人员以及其他障碍物等,并应确认车门及端侧板是否关好,装载货物有无窜动或倒塌的危险。

(16)调车机车在到发线、修车线或装卸线上挂车时,应预先检查该线所设置的防护信号,待防护信号撤除后,方准作业。严禁调车人员擅自或代替上述作业人员撤除防护信号。

(17)使用铁鞋制动的人员应注意以下事项:

①使用铁鞋制动时,要注意车辆及货物装载状态、邻线机车车辆,制动铁鞋使用后应放置于指定地点。

②使用铁鞋叉子安放铁鞋时,应背向来车方向,弯腰幅度不要过大,以免叉柄将人带倒或触及车辆。严禁徒手使用铁鞋。

③对有蹬梯、侧梁、支架、漏斗、侧柱以及车底结有冰柱的车辆,使用铁鞋叉子安放铁鞋时要特别注意。在夜间或不良天气条件(风、雪、大雾等)下,应提前将铁鞋准备好,放好基本鞋,

并严密注视车辆走行状况。

五、冬季调车作业特点和安全措施

(一)冬季调车作业的特点

(1)在冬季,气温较低,车辆凝轴较多,起动阻力和运行阻力增大,影响调车速度和车辆的溜行距离。

(2)冬季冰雪多,钢轨滑,车轮踏面滑,铁鞋滑,机车的黏着牵引力降低,整列牵出时易打滑空转。铁鞋和人力制动机制动力减小,滑行距离延长。

(3)冬季严寒地带,冰面覆盖,调车设备容易发生故障。尤其是电气集中的车站,道岔易冻结,一些杂型车的部件钢材脆,容易断损,车辆自然停车多,如果在溜放过程中前后车组的技术间隔掌握不好,就容易发生撞车、挤道岔等调车事故。

(4)冬季风大、雾多,天气寒冷,调车人员穿戴较多,行动不便,影响作业。

以上所述既是冬季调车作业的特点,又是不利因素。因此,要克服这些不利因素,消除严寒对调车的影响,就要积极采取各项有效的防寒措施,确保行车和人身安全。

(二)冬季调车作业安全措施

1.凝轴规律和活轴方法

冬季气温低,轴油容易凝结,这给调车作业带来不少麻烦。一般来讲,到站解体列车若停留时间较长,车辆容易凝轴;另外,车辆段内的检修车辆以及货场、专用线装卸的车辆容易出现凝轴,所以解、编、取、送调车作业最好赶在凝轴前进行。

在编解列车时,为了使凝轴变活轴,以加快作业进度,一般采用"少拉、远走、快跑"的方法。调车组在解体凝轴列车时,应事先与司机联系,提高牵出速度,并尽可能牵得远一些,以便活轴。

调车区长在编制调车计划时,也应考虑凝轴情况,采用坐编、活用线路及分部牵出的方法。对到站解体列车,应尽量做到随到随解。

2.峰上和峰下作业注意事项

(1)峰上作业。

①变速,推峰速度的变化虽然是依照天气、风向、线别、车组等因素确定的,但在冬季作业须特别注意天气、凝轴情况。一般原则是提高溜放速度,避免车辆中途停车和追尾。

②解体凝轴列车,应运用远程高速牵出,推进猛下闸的办法。即牵出距离要远,峰上推速要快,减速要猛下闸,这样可使凝轴变活轴。

③解体空车、难行车组以及轨面存有积雪时,采用峰上单钩溜放或第一钩顶送的方法,防止中途自然停车。对车数少、钩数少的车组,采用远距、快速、多组溜放。

(2)峰下制动。

峰下制动除根据溜放车组的性能和下峰速度外,还应根据冬季制动时铁鞋脆、滑行距离长、车轮踏面滑、钢轨滑、车辆零件脆的特点,采用不同的制动方法。

①铁鞋的防滑措施。由于冬季冰雪多,铁鞋、轨面、车轮、踏面之间的摩擦力减小,车轮压上铁鞋时的冲击力很容易将铁鞋打掉,加上冬季铁质发脆,铁鞋容易折尖而掉鞋,极易发生事

故。为了增大轨面、鞋底和车轮踏面间的摩擦力,防止掉鞋,可在轨面上撒砂。撒砂的方法一般是在下雪结冰时,因车辆制动阻力减弱,铁鞋滑行距离长,容易被打掉,在安放铁鞋前,最好将轨面的积雪或冰除净后,撒上砂子。

使用完的铁鞋,撒下来时不要放在冰雪上,应放在轨枕上,太阳出来后,将鞋底晒一下,以免鞋底结冰打滑。

②铁鞋的安放办法。冬季铁鞋和钢轨之间的摩擦力较平时小,铁鞋滑行距离较平时长,因而安放基本鞋和辅助鞋时,应较平时远一些,为了保证安全和防止掉鞋,仍应采用双基本和"远下基本近掏档"的有效方法。另外,使用铁鞋制动时,既要考虑原存车距离,还应注意早、中、晚的气温变化情况。

③冬季调车作业,特别要做好峰上、峰下的互相配合,互相照顾。提钩制动员要认真检查车辆走行状态,接连员要做好峰中护闸,峰下制动员要实行邻线互相监督,搞好联防,以防追尾和自然停车。

④使用人力制动机制动时,首先要选好闸位。一般冬季应选车组前部车辆上易于瞭望的人力制动机,同时要进行检查。检查闸瓦是否与车轮密贴以及有无冰雪和油污等,检查闸杆与闸链有无冻结情况。清除闸盘和掣轮掣子锤等处的冰雪。对折叠式人力制动机,要看闸杆能否竖起,方套铁、月牙板、插销等是否被冰雪冻结,确认能否使用。在使用人力制动机前,需进行磨闸,磨掉闸瓦上的冰雪,以防制动力减弱。

3.冬季调车作业的人身安全

(1)冬季调车作业时,调车人员要穿戴暖和,但不宜过厚,以保证调车作业时手脚灵活。帽子要有耳孔,手套要分五指,勿穿塑料底及带钉子的鞋。裤腿要扎紧。戴眼镜、风镜时不要戴口罩,以防镜片上凝结水汽,影响视线。

(2)下雪结冰时,调车人员应防滑倒。上、下车时,要选好地点,对经常上、下车的地段和峰顶提钩地段,以及机车脚踏板等处应清扫冰雪或撒上粗砂、炉灰等。下车时要注意防止衣服、手脚被挂住而发生危险。

(3)遇到刮风、下雪、大雾等不良天气,应尽量不要变更调车计划,并要认真检查线路、准确掌握运行速度,以保证调车作业安全。

(4)上车时必须手抓紧,脚站稳。下车时要注视地面,选好地点。不得以超过《站细》规定的速度上、下车。

单元3.3　停留车安全管理

案例3-15

万年水泥厂专用线车辆溜入正线事故(防溜铁鞋脱落)

案例描述:××年2月15日5时20分,万年水泥厂包装车间熟料线停留的9辆车装车完毕。5时57分,熟料放料工程××接到通知负责对车组进行防溜并提开调度绞车。其到现场后将铁鞋放置在存车新N6号道岔方向第三位后台车轮缘下。由于车钩提不开,程××在另一熟料放料工叶××操纵调度绞车牵引车组过程中将车钩提升。车辆脱钩后振动打掉铁鞋并溜逸,程××没有立即采取防溜措施。溜逸的9辆重车越过新N6、新N2、C3等12组道岔,挤坏其中2组,走行1037.48m,撞坏企业牵出线挡车器,冲上土挡,造成2辆车(C62BK4627779、C64K1450205)脱轨。其中第一辆车前端左侧上部侵入皖赣线K481+652m处限界1.5m,影响皖赣线正线行车。事故造成铁路线路损坏20m,车辆大破1辆、中破1辆,供电贯通线电线中断100m,挡车器损坏1个。

案例分析:该企业无操作上岗证的人员违规操纵设备,违反调度绞车牵引重车不能超过5辆的规定,一次牵引9辆重车,并且没有做好防溜措施,导致车辆溜逸,是造成这起事故的主要原因。

案例启示:停留车溜逸事故是可能导致严重后果的铁路行车事故,一旦发生停留车溜逸事故,尤其车辆侵入铁路运输的正线,可能造成严重的后果。特别是对中间站来说,做好停留车防溜工作,避免溜逸事故发生,意义十分重大。

列车摘下机车,即为停留,就应采取防溜措施。做好停留车的防溜工作,是保证铁路行车安全的重要基础。

一、机车车辆停留的线路及停留地点

机车车辆必须停在警冲标内方。

(1)调车作业中,车辆临时停在警冲标外方时,一批作业完毕后,应立即送入警冲标内方。

(2)因特殊情况需在警冲标外方进行装卸作业时,须经车站值班员、调车区长准许,在不影响列车到发及调车作业的情况下方可进行,装卸作业完毕后,应立即送入警冲标内方。

(3)安全线及避难线上,禁止停留机车车辆;在坡度超过6‰的线路上,不得无动力停留机车车辆。

二、机车车辆停留的安全措施

(1)装载爆炸品、气体类危险货物的车辆及救援列车,必须停放在固定的线路上,两端道岔应扳向不能进入该线的位置并加锁;临时停留工务车线路上的道岔也应扳向不能进入该线的位置并加锁。集中操纵的道岔可在控制台上进行单独锁闭。

(2)编组站、区段站在到发线、调车线以外的线路上停留车辆,不进行调车作业时,应连挂在一起,并须拧紧两端车辆的人力制动机,或以铁鞋(止轮器、防溜枕木等)牢靠固定。因装卸车对货位等情况,不能连挂在一起时,应分组做好防溜措施。

(3)中间站停留车辆,无论停留的线路是否有坡道,均应连挂在一起,拧紧两端车辆的人力制动机,并以铁鞋(止轮器、防溜枕木等)牢靠固定。因装卸车对货位等情况,不能连挂在一起时,应分组做好防溜措施。一批调车作业中临时停留的车辆,须拧紧两端车辆的人力制动机或以铁鞋(止轮器)止轮。

(4)编组站和区段站的到发线、调车线是否需要防溜以及作业量较大中间站执行上述规定有困难时,遵循铁路局集团有限公司规定。

(5)动车组无动力停留时,有停放制动装置的动车组,由司机负责使动车组处于停放制动状态;动车组无停放制动装置或在坡度为20‰以上的区间无动力停留时,由司机通知随车机械师进行防溜,防溜时使用止轮器牢靠固定。动车段(所)内动车组防溜办法由铁路局集团有限公司规定。

三、《行规》对《技规》关于机车车辆停留的补充规定

各铁路局集团有限公司为做好停留车的防溜工作,在其《行规》中对《技规》的规定进行了补充说明。以下以中国铁路沈阳局集团有限公司《行规》规定为例,以便相关从业人员加深对停留车防溜的理解。中国铁路沈阳局集团有限公司《行规》第60条作出了如下规定。

(1)机车附挂车辆停留时,应使机车自阀处于制动状态;机车附挂车辆处于停机状态时,机车乘务员须通知车站,至少有一名乘务员值守负责机车防溜,车站按规定在尾部车辆采取止轮措施;机车车辆在机务段(折返所、折返点、车间,下同)停留时,机务段制定防溜办法并将其纳入《段行车工作细则》(简称《段细》);机车、自轮运转特种设备出段(库)后及运行途中停留时,值乘人员不准同时离开机车和关闭空气压缩机,并对机车和车列实施制动。因机车(包括附挂车辆)故障等不能保压停留时,司机对机车采取防溜措施,并通知车站,车站对尾部车辆按规定防溜。

(2)路用(救援)列车、自轮运转特种设备及所挂车辆在车站无动力停留时,分别由司机、随乘人员负责按《站细》规定止轮;路用列车在区间或施工作业中不得无动力停留或摘开机车;自轮运转特种设备及附挂车辆在段管线停留时,按段管线所属段《段细》规定止轮;宿营车在临时铺设的线路上停留时,要切断与站内线路的连接,由使用单位负责防溜;宿营车在车站线路停留时,防溜措施执行三道防线。

(3)动车组装备停放制动装置无动力停留时,由司机使用停放制动装置防溜。无停放制动装置或停放制动装置故障的动车组无动力停留时,在车站由动车组司机通知车站,由车站使用随车止轮器防溜并进行明示,动车前,车站派人撤除防溜措施;在段管线内的防溜办法由相关段制定,维修或存放时必须采取防溜措施。

(4)列车本务机车摘开或需在车站进行调车作业、机车将客车底送至到发线,摘开软管前,摘解人员须与司机确认自动制动机达到最大减压量(不得采用紧急制动排风),并确认停留车辆中2辆自动制动机处于制动状态。未得到起动信号,司机不得缓解车列。

(5)编组站、区段站到发线上到达车列(到达终到站的解体列车,车站排风摘管作业完毕除外)、列检作业后的待发车体或出库客车底,停留在坡度不超过2.5‰的坡道线路且停留时间不超过60min时,不另采取防溜措施;其他情况下停留车辆须拧紧两端车辆人力制动机或以铁鞋(止轮器、防溜枕木等)牢靠固定。停留在坡度超过2.5‰的连续下坡线路时,无论时间长短,均须在下坡线路顶端采取防溜措施。到达终到站的解体列车,车站应在列检作业15min后,方可排风摘管,由车站负责采取防溜措施。

(6)货物线(包括到发线兼货物线的线路装卸作业时,下同)、岔线、段管线与接发旅客列车的正线、到发线相衔接而无隔开设备或接轨处设有安全线,在车辆溜出脱轨后会影响正线时,停留车辆须拧紧衔接端车辆人力制动机,并以铁鞋和防溜枕木(或止轮器)防溜,非衔接端按规定采取防溜措施;与不接发旅客列车的正线、到发线相衔接而无隔开设备时,停留车辆须以人力制动机和铁鞋(防溜枕木、止轮器等)防溜。沿衔接方向、坡度超过2.5‰的连续上坡

道,可减少一道防线(中间站采取二道防线时除外)。

(7)列检作业期间的防溜由列检人员负责,需撤除车站已采取的防溜措施时,车辆部门需根据检修作业要求,采取安放铁鞋或拧紧车辆人力制动机的防溜措施,列检作业后须使车辆恢复到全列制动状态(不能恢复除外),并恢复原防溜措施,列检人员与车站进行防溜措施交接后方可离开。

(8)编组站、区段站的调车线、编发线停留车辆时,该线路两端车辆必须采取防溜措施(驼峰侧除外);平面溜放向牵出线方向为上坡道时,连续解散车辆临时停留,可不采取防溜措施。

(9)中间站分组停留车辆时,两端车组外侧按规定采取防溜措施,两端车组内侧和其余车组两端须拧紧人力制动机或以铁鞋止轮。一批调车作业中临时停留车辆采取二道防溜措施;中间站客车底出库送至到发线、旅客列车换挂机车需摘开机车时,车列两端以铁鞋止轮;调车线驼峰侧的防溜办法及设有调车线且调车线两端与正线、到发线有隔开设备的车站连续解散临时停留车辆的防溜办法,由车站制定并纳入《站细》。

(10)专运车辆挂上本列后、车列未挂机车前,防溜铁鞋须安放在距专运车辆后部约2m处的适当地点,并指派专人现场看管,待机车挂妥后,由看管人负责撤除。

(11)车辆停留应遵守以下规定:

①在坡度超过6‰的线路上,不得无动力停留机车车辆。

②中间站到发线不准停放闲置客车底。

③牵出线和岔线的走行线上不准停留车辆(临时倒调除外),特殊情况下必须停留车辆进行装卸作业时,经铁路局集团有限公司批准,由站长派人进行监督,并应设立装卸地点标。

(12)使用防溜用具时必须指定安撤人,明确安撤时机与联系办法,并纳入《站细》。

(13)由车站担当专用线、段管线取送车作业时,由车站作业人员负责采取防溜措施,与专用线、段管线指定人员在防溜交接簿上办理防溜互签。车辆在岔线停留期间的防溜由所属企业负责;对岔线、段管线的防溜工具管理及车站取送车时的防溜办法,应纳入取送车"安全协议",明确防溜措施和责任;段管线内的防溜办法由相关段按规定制定,并纳入《段细》。

(14)车站、岔线和段管线所属单位应分别配备数量足、质量好的防溜工具。防溜铁鞋应涂红色并编号,安装防盗铁链(调车场可不安装防盗铁链),根据需要设立防溜铁鞋箱,确定配备防溜铁鞋的数量,各单位制定使用、交接登记制度;一批调车作业中临时停留的车辆,使用铁鞋防溜时可不加锁(中间站到发线作业除外);尽头式线路的末端应安装挡车器(设有端部站台时除外)。车辆靠端部站台停留时,该端可不采取防溜措施。防溜工具交接,做到止轮地点、措施、数量清楚;一批作业未完、工具数量不符不得交接。接班人员应按分工对站内停留车辆防溜情况进行现场确认,发现问题,及时处理。使用或撤除防溜工具时,使用人将防溜措施采取或撤除情况,向负责人报告,并进行揭示,中间站在占线板上进行揭示,编组、区段站揭示办法由车站制定。要做到现场、揭示及工具存放状态一致。

(15)各类机车车辆的防溜措施,均须确认止轮牢固可靠。使用人力制动机或人力制动机紧固器防溜时,须拧紧制动机;使用铁鞋防溜时,鞋尖应紧贴车轮踏面,牢靠固定;使用防溜枕木防溜时,应在距停留车辆不大于5m处放置(采取三道防线时除外)。防溜枕木为贯通式,材质坚固,斜口夹角30°、深100mm、宽90mm,对防溜枕木应固定加锁。

(16)在设有接触网的线路上不宜使用人力制动机时,应以人力制动机紧固器代替。

(17)工务部门旧线复测后应将变化的车站平、纵断面图提供给车站和机务段,出于施工等原因线路坡度发生变化时,施工单位应及时向维修单位和车务段(车站)、机务段等使用部门提供资料。对坡度超过 2.5‰、6‰的线路变坡点,由工务部门在钢轨上标注坡度(正线、特别用途线、走行线除外)。

(18)各车辆段施工维修的各级修程车辆必须保证人力制动机配件齐全、作用良好;特、一级列检作业场应保证人力制动机运转良好、无破损。人力制动机故障的车辆或车组不能按规定采取防溜措施时,应与人力制动机作用良好的车辆连挂在一起,禁止单独停留。遇最外方人力制动机故障时,可顺延使用下一车辆人力制动机,车组两端仍须按规定采取防溜措施。中间站货物列车摘下人力制动机故障的车辆且无其他车辆连挂时,经列车调度员准许,可将列车中其他人力制动机运转良好的车辆摘下连挂;不能摘下其他车辆时,不得摘车。

(19)对于遇暴风雨雪等不良天气或位于大风地区的车站,应根据实际情况增加防溜措施。

案例3-16

停留车溜逸事故

案例描述:××年9月11日2时32分,11068次列车进 WJL 站4道,全列27辆重车,计划4道单机南行,货物线 +1,煤台线 -1,货新线 +8,4 道接连开车。当班值班员 MMM、信号员 ZZZ、调车长 QQQ、接连员 YYY。2时34分开始作业,调车长安排接连员去货物线扳道岔后,便独自一人去摘开机车。调车长随机车南行去货物线作业,2时39分左右,信号员发现18/20 号道岔区段出现红光带,进而发现4道无占用表示,值班员在确认4道停留车溜逸后,立即通知 XJT 站值班员 JJJ,JJJ 立即呼叫正在通过的客车 4218 次司机,要求停车返回。停留在4道的27辆重车于2时39分溜入 WJL—XJT 上行线。

案例分析:

(1)调车长严重违反《行规》第60条关于"摘车时,摘解人员要确认车辆自动制动机必须处于制动状态后,方可摘开机车"的规定。在作业中盲目图快,臆测行事,在未确认车辆自动制动机是否处于制动状态,并且未派人采取止轮措施的情况下,擅自提钩,是造成这起事故的直接原因。

(2)信号员违反《技规》第172条关于引向安全线、避难线集中操纵的道岔必须保持定位的规定,在11068次列车进入4道后,未及时将18/20号道岔恢复定位,致使4道停留的27辆重车经由18/20号道岔溜入区间,是这起险性事故的直接原因。

(3)接连员在调车作业中未执行《调标》、《站细》第80条关于到发线停留车辆采取两道防线的规定,对4道停留车根本没有采取止轮措施,是造成这起车辆溜逸事故的主要原因。

(4)值班员违反《技规》第172条关于引向安全线、避难线集中操纵的道岔必须保持定位的规定,没有提醒信号员将18/20号道岔恢复定位,致使4道停留的27辆重车经由18/20号道岔溜入区间,对这起事故负有主要关联责任。

(5)站长违反沈铁电运字〔1992〕239号电报关于"利用本务机担当调车作业的中间站,值班的中间站长或值班干部必须亲自监督调车作业"的规定,对调车作业没有实施监控,对这起事故负有直接领导责任。

案例启示:

(1)安全工作的关键点和重点环节没有得到有效控制,虽然确定了安全关键点和重点环节,但是在日常攻关落实上流于形式,未落实安全生产的分析制度,对安全工作的超前预想滞后,没有从根本上落实安全防范控制措施,特别是在调车作业中严重忽视了到发线停留车止轮问题的考核,导致了事故的发生。

(2)安全出现断层,逐级负责制落实得不好,对中间站干部放松管理,管理考核不够严格,对工作中出现的问题,没有认真解决和处理,存在迁就思想。中间站干部没有按照要求及时上岗监控调车作业,特别是夜间作业存在问题比较突出,使调车作业得不到有效控制。

单元3.4 行车调度指挥安全管理

案例3-17

盲目指挥、严重失职,为列车追尾埋下隐患

案例描述:××年××月××日 19 时 45 分,西安—长春的××次旅客列车通过京哈线 XCZ 站进入 XCZ—XTZ 下行区间,违章解锁越过未故障的 4321 号通过信号机后,又违章解锁越过故障的 4333 号通过信号机,19 时 49 分运行至哈大线 K433+535m 处,与前行的 33219 次货物列车发生追尾。

案例分析:事故发生后,对事故发生前列车调度员的命令发布和指挥情况进行的回放中发现,19 时 29 分,当 XCZ 车站值班员代司机请求调度命令,允许 11103 次列车机车乘务员关闭监控装置通过故障信号机时,列车调度员×××没有制止这一严重违章行为,而是发出允许关闭监控装置的调度命令,先是只给命令号,不给命令内容,后又口头发布命令,既没有拟写命令内容,也没有做任何登记,违章指挥行车。在非正常情况下的指挥上,列车调度员安全意识淡薄,自 15 时 30 分 XCZ—XTZ 下行区间 4333 号通过信号机故障时起至事故发生,列车调度员没有及时指示有关单位迅速恢复设备,且没有注意列车在车站到发及区间内的运行情况,盲目指挥行车,给事故的发生埋下了隐患。

相关人员主要违反了以下规章:

(1)《技规》第 180 条第 3 款:注意列车在车站到发及区间内的运行情况,正确、及时地处理临时发生的问题,防止列车运行事故。

(2)《技规》第 231 条:指挥列车运行的命令和口头指示,只能由列车调度员发布。列车调度员在发布命令之前,应详细了解现场情况,并听取有关人员意见。

(3)《调规》第 58 条第 1 款:熟悉有关站、段及列车的技术设备、作业过程、各项技术作业标准及各站接发列车的有关规定,正确地指挥列车运行。

(4)《调规》第 67 条第 1 款:调度命令发布前,应详尽了解现场情况,听取有关人员的意见,书写命令内容、受令处所,信息必须正确、完整、清晰。

(5)《调规》第 67 条第 2 款:采用计算机发布调度命令时,必须严格遵守"一拟、二审核(按规定须监控人审核的)、三签(按规定须领导、值班主任签发的)、四发布、五确认签收"的发布程序。受令人必须认真核对命令内容并及时签收。

透过列车调度员盲目指挥行车的表面现象,深挖根源,可看出列车调度员在日常运输指挥中,存在没有真正树立安全第一的思想、安全与效率的关系被扭曲、工作作风不实、素质不高、业务能力低下等多方面的问题。

(1)安全第一的思想树立不牢。

作为铁路局集团有限公司运输指挥大本营,调度所把握着全局行车指挥安全的命脉。我们在日常工作中虽然经常把安全问题挂在嘴边加以强调,但没有真正落实,导致部分调度员安全意识淡薄,盲目图快,置安全于不顾,违章命令不假思索张口就来,非正常情况下的运行指挥卡控不到位,违章蛮干,忘记了列车调度员的基本职责,使《调规》第 58 条关于"调度指挥,必须坚持安全生产"的要求流于形式。

(2)现场设备不熟悉,调度命令发布不规范。

XCZ 车站值班员代 11103 次列车司机请求关闭监控装置通过故障信号机的调度命令时,列车调度员对中国铁路哈尔滨局集团有限公司机车设备情况缺乏了解,又没有做进一步的调查研究,在效率的驱使下,随意发布了有命令号而没有命令内容的调度命令。命令发布直至事故发生后,列车调度员仍然不知道自己发布的命令用途何在,不但没有制止司机的违章行为,相反使其违章合法化。

(3)执行规章制度不严格,盲目抓效率,没有对列车运行情况进行监控。

在事发当日 15 时 30 分,XCZ—XTZ 下行区间 4333 号通过信号机故障,列车区间运行时间延长 3~4 倍,打乱了正常的运行秩序,自 15 时 30 分 4333 号通过信号机故障至事故发生,下行客货列车共有 21 列,列车调度员盲目抓效率,只顾多放行列车,在区间通过信号机故障的情况下,对故障区间多趟列车运行时间明显不正常的情况,没有重视和采取相应措施,没有履行列车调度员应履行的职责。

案例启示:

(1)列车调度员必须通过铁路列车调度指挥系统(TDCS)或其他信息渠道,随时注意列车在车站到发及区间内的运行情况。

(2)必须熟练掌握有关站、段及列车的技术设备、作业过程、各项技术作业标准及各站接发列车的有关规定。

(3)遇须发布调度命令时,应详细了解现场情况,并听取有关人员意见。

(4)要严格执行调度命令的发布程序。

(5)要杜绝调度指挥的随意性,正确、及时地处理临时发生的问题。

(6)列车调度员在当班中要保证精神集中,随时掌握列车运行情况,非正常情况和重点列车重点监控,发现现场的违章和错误行为及时予以纠正。

案例3-18

业务不熟,车站代行指挥,造成不良影响

案例描述:××年××月××日 A—B 的 2190 次列车,在××线(半自动闭塞区段)甲站 2 道通过时,出站信号机突然关闭,致使 2190 次列车前部越过出站信号机停车。××台列车调度员在接到车站值班员关于"2190 次 16 分停在出站信号机 1 号道岔处,里一半外一半"的报告时,没有认真了解现场情况,对如何处理不做明确指示,而是由车站值班员代行指挥,使列

车退回站内,列车调度员发布了 11702 号"根据甲站值班员请求,现查明甲站至乙站间上行线区间空闲,准甲站使用故障按钮办理闭塞机复原"的命令。2190 次列车 20 时 31 分开车。

案例分析:

(1)情况不清,盲目指挥,当得到 2190 次列车发生异常情况的报告后,未能及时、准确了解该列车的停车原因、停车位置及相关情况,违反《技规》第 231 条关于"列车调度员在发布命令之前,应详细了解现场情况,并听取有关人员意见"的规定。

(2)运用规章不准,违反《行规》关于"列车冒进关闭的出站、进路信号机或接车线末端警冲标,如不退回时,半自动闭塞区间已办妥闭塞和自动闭塞区间,不再发给行车凭证,由车站组织发车"的规定,2190 次列车已办妥闭塞并开放甲站出站信号,虽然信号突然关闭,但闭塞手续并没有取消,根据列车实际运行情况不必退回,因而就没有必要退回站内并重新办理闭塞开车。

(3)处理问题不果断,对如何处理不做明确指示,由车站值班员代行指挥,违反《技规》第 180 条第 3 款关于"正确、及时地处理临时发生的问题,防止列车运行事故"和《技规》第 231 条关于"指挥列车运行的命令和口头指示,只能由列车调度员发布"及《技规》第 223 条"行车工作必须坚持集中领导、统一指挥、逐级负责的原则"的规定。

(4)调度命令发布程序错误。在下达准甲站使用故障按钮的命令时,先发命令号,后发内容,违反了《调规》第 67 条关于"采用计算机发布调度命令时,必须严格遵守'一拟、二审核(按规定须监控人审核的)、三签(按规定须领导、值班主任签发的)、四发布、五确认签收'的发布程序"的规定。

案例启示:

导致处理不当的根本原因是业务不熟,对规章的内容一知半解。当得到 2190 次列车发生异常情况的报告后,应详细了解该列车的停车原因、停车位置及相关情况,在确知 2190 次列车因出站信号机突变停车且根据列车实际运行情况不需退回时,应及时指示甲站组织开车。这样不但减少了发布 11702 号命令这一过程,更重要的是避免了 2190 次列车退行的安全隐患,而且减小了信号突变造成的影响。

铁路运输调度是铁路日常运输组织的指挥中枢,分别代表各级领导组织指挥日常运输工作。铁路运输调度担负着确保运输安全、组织客货运输、保证国家重点运输、提高客货服务质量的重要责任,对完成铁路运输生产经营任务,提高铁路运输企业效益起着重要作用。各级调度人员必须精心组织,科学调度指挥,努力增运增收、节支降耗。凡与行车组织有关的日常生产活动都必须在运输调度的统一组织指挥下进行。行车调度指挥工作对整个铁路运输安全管理起着非常重要的作用。

一、调度安全检查监控管理

(一)调度内部安全监控体系

由安全室牵头、工种调度室具体负责,对调度安全关键环节实施全方位检查监控。

(1)行车调度室设行调指导人员,负责分管调度台的施工组织、非正常行车处理、接触网倒闸及停送电作业、列车运行调整(专运、特运、军运、特警、超限、剧毒品、抢险救灾等重点列车)、调度命令发布、调图核对等调度安全关键环节的监控,监督、指导列车调度员正确执行规章、制度、措施、办法和作业标准。

（2）工种调度室设兼职安全员，由工种调度室主任担任，具体负责本工种调度安全关键环节的监控和安全教育、管理、分析、考核工作。

（3）调度班组设兼职安全员，由值班副主任、值班安全信息副主任担任，具体负责本班组各工种调度安全关键环节的监控和安全教育、管理、分析、考核工作。

（4）班组中安全信息、安全问题，由班组兼职安全员（值班安全信息副主任）及时向安全室及相关工种调度室反馈。

（二）调度外部安全监督体系

安全室与路局各处（室）、运输站（段）间建立联系、沟通制度，定期收集与调度有关的安全信息，从中发现调度指挥存在的安全隐患，制定安全防范措施，及时通报相关工种调度室（班组）进行整改，并跟踪检查工种调度室（班组）及有关人员整改落实情况。

（三）调度安全检查、监控及包保分工

（1）安全室负责对工种调度室安全管理进行检查、考核、指导。

（2）工种调度室负责分管工种调度安全关键环节的检查、监控、包保（具体分工由工种调度室确定并报安全室备案）。

（3）除工种调度室对分管工种调度命令进行动态跟踪检查、考核外，安全室对行车调度命令进行全覆盖检查、考核。

二、列车调度员岗位监控要点

（一）阶段计划

（1）阶段计划（无 TDCS 区段或 TDCS 系统故障时口头方式）下达是否及时、准确、完整，重点是到发计划兑现情况，调度集中区段车站到发线使用是否正确。

（2）中间站甩挂作业计划安排是否合理、下达是否及时、内容是否完整。

（3）重点工作布置是否及时、到位。

（4）分歧方向列车是否与班组计划、车站核对。

（5）临时变更列车运行调整计划且已接近执行时，是否及时采用口头方式布置（包括调度集中区段布置助理调度员核对进路序列）。

（二）调度命令

（1）调度命令发布前是否详细了解现场情况，并听取有关人员的意见。

（2）调度命令的受令单位信息是否齐全、准确。

（3）调度命令的内容是否正确、完整、清晰。

（4）采用计算机（含使用调度命令无线传送系统）发布调度命令时，是否严格遵守"一拟、二审核（按规定必须是监控人审核的）、三签（按规定必须是领导、值班主任签发的）、四发布、五确认签收"的发布程序；是否跟踪确认受令单位的签收情况。

（5）采用电话发布调度命令时，是否严格遵守"一拟、二审核（按规定必须是监控人审核的）、三签(按规定必须是领导、值班主任签发的)、四发布、五复诵核对、六下达命令号码和时间"的发布程序。发布、接收调度命令时,是否认真填记调度命令登记簿,并记明发收人员姓名及时刻。

(6)采用常用行车调度命令用语拟写的命令,计算机编辑时"用语"中未用到的字句是否删除,书面拟写时"用语"中未用到的字句是否圈掉。调度命令书写不正确时,是否重新书写。

(7)已发布的调度命令,遇有错、漏或变化时,是否取消前发命令,重新发布修改内容后的调度命令。

(8)发布有关线路、道岔限速的调度命令,是否注明具体地点(包括站内线别、道岔号码)、起止里程及时间。发布事故救援命令,有关线路、道岔是否注明里程。

(9)使用无线列车调度通信设备向列车发布临时限速运行的调度命令时,是否发给转达调度命令车站和进入限速地点前的第二个车站及关系站。

(10)挂运超限超重货物车辆列车、挂有限速机车(车辆)的列车及有运行要求(限速、禁入)的路用列车、自轮运转特种设备,是否按照限制条件发布调度命令。

(11)除《技规》明确规定以外要求发布调度命令的情况,是否按规定发布调度命令,是否以口头指示代替调度命令。

(12)发布救援调度命令是否符合规定。

(13)列车运行途中因故无运行揭示调度命令时,是否按规定向司机及时、准确发布。

(14)发布调度命令是否符合一事一令要求。

(15)在动车组运行的 CTCS-2 区段,有运行揭示调度命令的站内或区间遇有限速时,列车调度员是否提前发布数据格式的列控限速调度命令(进行列控限速设置)。临时产生的限速或提前发布的限速命令有变化时,是否通过调度命令无线传送系统向动车组司机发布限速调度命令并发布数据格式的列控限速调度命令(进行列控限速设置)。

(16)需交接的调度命令是否利用交接班记录簿认真交接。

(三)施工组织

案例3-19

施工命令叙述不清,同一区间同一时间使用两种闭塞法

案例描述:××年××月××日,根据施工日计划,丙站全站电务修改联锁施工,乙—丙—丁站间上下行线停用基本闭塞法,改按电话闭塞法行车。如图3-4所示。

图3-4 乙—丙—丁站间上下行施工

列车调度员于 15 时 24 分发布了"根据丙站请求,自 33216 次列车丙站出站起至 16 时 30 分止,准丙站进行电务修改联锁施工。自 33216 次列车丙站出站起,乙—丙—丁站间上下行线停用基本闭塞法,改按电话闭塞法行车"的 61065 号调度命令。

未考虑列车的实际运行情况,生搬硬套常用行车调度命令用语,命令文本叙述不清,造成同一个区间同一时间使用两种闭塞法。

　　案例分析：33216 次列车 15 时 10 分按半自动闭塞法通过乙站进入乙—丙区间，15 时 26 分通过丙站，也就是说 33216 次是按半自动闭塞法进入的丙—丁站区间，而命令中规定"自 33216 次列车自丙站出站起，乙—丙—丁站间上下行线停用基本闭塞法，改按电话闭塞法行车"。这样造成 33216 次列车自丙站按半自动闭塞法进入丙—丁区间后，在丙站出站后该区间又停基改电，致使 33216 次在同一区间使用两种闭塞法行车。

　　案例启示：车站电务施工，如相邻区间有列车运行时，对于不同的区间应根据列车的实际运行情况，在调度命令中规定不同的停基改电开始时间，而不应该笼统地下达命令，这样才能保证在同一区间、同一时间内一个列车有唯一的闭塞方式。

　　根据列车运行情况，上述命令应修改为：根据丙站请求，自 33216 次列车丙站出站起至 16 时 30 分，准丙站进行电务修改联锁施工。自 33216 次列车丙站出站起，乙—丙站间上下行线、丁—丙站间上行线停用基本闭塞法，改按电话闭塞法行车；自 33216 次到达丁站起，丙—丁站间下行线停用基本闭塞法，改按电话闭塞法行车。

　　(1)本班(包括跨班)施工日计划(维修计划)项目、停用设备及影响范围、限速及行车方式变化、设备变化等内容是否清楚。

　　(2)施工前列车运行调整计划编制是否合理、下达是否及时。

　　(3)是否按规定时间将车站报请的施工(维修)单位登记内容与施工日计划(维修计划)进行认真核对，施工调度命令是否提前 20min 下达。

　　(4)需行调指导人员(值班副主任)审核的施工调度命令是否执行审核后再下发的规定。

　　(5)封锁区间施工，由一端进入两列及以上或由两端站相对进入作业车时，调度命令中相互间的停车距离是否符合《行规》规定。

　　(6)电气化区段，列车在区间作业时，调度命令中是否注明作业时接触网已停电。

　　(7)施工用的路料是否及时安排动力挂运并及时安排时间装卸。

　　(8)接触网停送电倒闸作业是否按规定程序办理，是否严格掌握倒闸作业时机，是否得到相关列车均已预告的报告后再通知供电调度员进行倒闸操作。

　　(9)施工前后有运行速度限制时，是否严格掌握列车编组、线路坡道、限制速度值及列车运行间隔、跟踪监视列车运行情况。

　　(10)施工开始(结束)时，停用(恢复)基本闭塞法的时机是否准确。

　　(11)施工结束(开通)前，是否将车站报告的施工(维修)单位销记内容与施工日计划进行认真核对无误且确认区间空闲后再下达施工结束(开通)调度命令。

　　(12)封锁施工开通后有第 1,2,3,…列限速要求的列车，列车调度员是否提前确定列车车次，并向相关列车转交调度命令(既有线调度集中区段必须交付书面调度命令)。

　　(13)是否严格执行月度施工计划中注明的"首次列车不准为旅客列车"的要求。

　　(14)临时取消施工日计划(项目)时，列车调度员是否向有关处所下达调度命令，有运行揭示调度命令的是否一并取消或取消后重新发布运行揭示调度命令。

　　(15)施工提前、延迟或其他原因造成与运行揭示调度命令不符时，列车调度员是否在取消前发运行揭示调度命令的同时，向有关车站值班员、司机、施工负责人重新发布全部内容的调度命令。

(16)临时停止施工涉及运行揭示调度命令变化(跨班)时,有关列车调度员是否重点进行交接。

(17)有效的运行揭示调度命令是否按当日有效和跨日有效分簿保管,对跨日(跨班)有效运行揭示调度命令是否在交接班记录簿上按命令号码登记交接。

(18)接班后,对有效的运行揭示调度命令,是否与相关车站逐条进行核对。

(19)对滚动施工产生的限速,是否在每次施工结束前与现场施工负责人核对实际限速里程、限速值和限速值变更的起止时间,并与运行揭示调度命令核对。如核对不一致,是否立即与施工调度室、有关机务段、施工单位进行核对;在核准之前,是否按其最长的限速里程和最低的限速值向有关车站、有关列车发布调度命令。

(20)调度集中区段列车调度员是否按规定时间布置助理调度员设置(取消)封锁、停电;助理调度员是否正确、及时设置(取消)封锁、停电,是否将施工开通后通过施工地点的第一趟列车取消自触。

(四)行车指挥

(1)机车乘务员是否超劳。

(2)旅客列车是否变更固定走行路径、动车组是否变更接车线。

(3)是否机外停车。

(4)是否调整失误导致途停等信号。

(5)同意跟踪出站调车、侵正调车作业是否符合规定,用语是否标准。

(6)特警运输是否严格执行调度所《特运组织办法》规定。

(7)剧毒品运输是否严格执行调度所《剧毒品货物运输管理办法》规定。

(8)超限超重、限速机车(车辆)及D型车运输是否严格执行调度所《超限超重货物、限速机车(车辆)运输管理办法》《工程(路用)列车及自轮运转特种设备运行管理办法》规定,龙门架工程车、有运行限制的长轨列车是否按规定下达调度命令。

(9)路用列车上线前,行车台是否认真核对运行计划(包括核对轨道车车号)、及时组织放行。

(10)遇特殊情况路用列车临时上线运行无"运行揭示"时,列车调度员是否根据运行揭示调度命令向路用列车下达调度命令。

(11)列车运行途中遇跨越运行揭示调度命令有效时段或其他原因,造成列车运行没有可依据的运行揭示调度命令时,列车调度员接到司机报告后,是否在列车进入有"运行揭示"的区间(站)前的车站安排列车停车交付运行揭示调度命令,跨区段(局)运行时,是否通知相邻区段(局)列车调度员。

(12)调度集中区段进行操作方式(控制模式)转换是否符合规定。

(五)应急处理

(1)热轴处理是否严格执行调度所《车辆燃轴、故障处理办法》规定。

(2)接触网跳闸是否按规定进行故障判断、处理。

(3)接到危及行车安全的异常情况报告时,是否按调度所《危及行车安全信息处置办法》规定处理。

（4）接到列尾故障的报告时，是否在前方站停车处理。

（5）接到天气恶劣，信号机显示距离不足 200m 的报告时，是否及时向有关车站和列车发布"改按天气恶劣难以辨认信号办法行车"的调度命令。

（6）接到信联闭故障报告时，是否严格按调度所《信联闭设备非正常处理办法》规定处理。

（7）接到断轨报告时，是否按有关规定处理。

（8）接到机车"三大件"故障报告时，是否按有关规定处理。

（9）接到现场人员报告线路上有临时限速标志而没有运行揭示调度命令（也没有工务人员在车站登记临时限速）时，是否立即核准限速起止地点和限速标志上的限速值，并向有关车站和后续列车发布限速运行的调度命令，同时报告值班副主任；值班副主任是否立即与有关工务段（施工单位）联系，查明情况，及时处理。

（10）危及行车安全的临时设备抢修，是否按规定程序办理。

（11）对现场未经报告转为非常站控模式的情况，是否及时发现并处理。

（12）是否严格执行调度所《列车调度员联防互控要求》。

（13）其他非正常情况处理是否执行有关规定。

三、安全分析制度

调度所安全管理坚持"抓基础、抓制度、抓秩序"，牢固树立各级干部和调度员"安全第一"的生产方针。

（一）安全分析职责分工

（1）调度所安全分析工作，由主管安全副主任统一领导，安全室负总责，工种调度室专业负责。

（2）调度所安全分析实行专业安全分析与综合安全分析相结合的安全分析管理体系。

（3）对工种调度室发现或收集到的本室分管工种调度安全信息、安全问题，由工种调度室兼职安全员（工种调度室主任）组织进行专业分析，制定整改措施，及时向安全室反馈相关情况并跟踪整改落实情况。

（4）安全室对日常发现和收集到的各类安全信息、安全问题，结合工种调度室的专业分析资料（报告），通过语音回放和 TDCS 回放记录，进行综合分析。

（二）安全分析内容

1. 日常分析

以安全运输信息汇总表、"安监报 1"及内外部收集、反馈的安全信息为源点，重点对非正常行车处理、调度命令发布、施工组织、列车运行调整、超限超重及组合列车掌握、军专特运组织、机外停车、调度集中区段接发列车和调车作业组织等安全信息进行日常分析。

2. 专题分析

对日常分析中发现的典型安全问题，本着"四不放过""事不过夜"的原则，组织召开安全专题分析会，深入剖析问题产生根源，制定整改措施，形成专题分析报告（典型挂图或专题考核通报）。

3.定期分析

以旬为时间段,对调度安全问题进行定期分析,归纳安全倾向性问题,制订整改措施,提出对工种调度室(班组)安全薄弱环节包保及监控建议,利用学习班时间进行集中点评、讲解,并跟踪检查工种调度室(班组)及有关人员整改落实情况。

(三)安全分析要求

(1)安全问题分析要坚持做到"六个必须"。

①过程分析必须对标。通过对问题发生过程中的每一个环节的分析,查找其违背了哪些规章制度和作业标准,并全面分析规章制度是否健全,作业标准是否完善。

②原因分析必须引申。对问题的分析不能就事论事,要分析直接原因和间接原因、主观原因和客观原因,要从专业管理、规章制度、设备质量、人员素质、行车组织等方面深挖隐患。

③责任分析必须明确。要从发生问题涉及的工种间和管理原因入手,找准各相关人员存在的问题和管理漏洞,确定相关人员责任;要对所有参加作业人员、涉及的管理人员、包保人员进行责任分析并明确责任。

④教训分析必须深刻。要从问题可能产生的后果去查找教训,要注重从同类问题发生的周期中去吸取管理方面的教训,要分析工作作风方面的教训。

⑤专业分析必须翔实。各专业调度室要通过分析收集的资料、语音回放、调监回放、有关人员叙述的情况等,还原问题发生的过程,从专业管理入手,全面分析问题存在的原因和应吸取的教训。

⑥问题整改必须到位。有关人员和相关室要针对分析出的倾向性问题制订有针对性的整改措施;要指定整改负责人,制订整改推进计划,明确整改期限,及时消除安全隐患。

(2)安全室、专业调度室对日常考核发现的问题,要及时进行跟踪分析(通报信息);对典型安全问题,要形成专题考核通报(典型挂图);对非典型安全问题,要及时在调度所共享信息平台"考核"栏发布考核信息,确保问题剖析、整改的实效性。

(3)安全室建立安全分析台账,不断积累资料,形成调度安全分析资料库。

(4)安全室负责,技术教育室配合,选取典型安全问题,每年编辑一册《调度指挥案例》。

四、安全问题库管理

(1)调度所将较严重问题纳入安全问题库。

为加强安全问题的管理,明确责任,及时制订措施,有效跟踪整改,构建安全问题库。安全问题库分为两大类,一是日常"两违"安全问题库,主要包括职工违反劳动纪律和作业纪律问题,分为调整工作岗位、离岗培训、连挂考核、批评教育类问题。二是其他安全问题库,主要包括行车设备、设施质量、安全管理、规章制度、职工岗位基本技能和培训教育等方面以及其他部门反馈的涉及调度问题的信息库。

①"两违"安全问题以调度所考核管理网页为基本平台,坚持"谁发现、谁录入"原则,考核管理人员及时将检查发现的问题录入。每日14时由安全室专职人员负责录入经考核领导小组审核通过的较严重"两违"问题,纳入安全问题库。为保证安全问题管理的严肃性,严禁考核管理人员擅自对审核通过后的问题更改、删除。如确需更改、删除时,应向考核领导小组说明原因。

②各室人员在日常工作中发现的管理、设备、规章、教育培训等安全隐患应及时上报本室（班组）主任，由各室（班组）主任将具体问题上报安委会领导小组，由安委会共同研究确定整改措施及整改负责人，并将其纳入安全问题库，责任科室负责实时跟踪问题整改情况，并上报安全室。对调度所内部无法解决的问题，经安委会研究确定后上报相关处室协调解决。

（2）安全问题以整改销号为闭环标志。

①"两违"问题：按规定对责任人进行考核、追究视为闭环。

②设备质量问题：按现行规定采取措施，设备缺陷被消除视为闭环。

③安全管理、职工素质、路外治安等问题：采取有针对性的措施，问题得到了切实解决或有效控制视为闭环。

（3）安全问题库坚持定期清理。

"两违"问题对照月度工作质量考核，保持一致性，按月汇总存档；涉及其他处室协调解决的问题，经整改负责人核实确定整改完毕的，进行问题存档后清出问题库，将未解决的问题继续纳入下月问题库，同时整改负责人对问题的整改情况存档备查。

单元 3.5　电气化铁路行车安全

案例3-20

××年10月12日××站电力机车接入无电区一般事故

案例描述： ××年10月12日，根据接触网施工计划顺序号6，5时20分至7时50分下行到达场2道、3道、11道、14道接触网停电，禁止办理电力机车。6时25分NGL站向Ⅰ场值班员预告电46003次列车，值班员未认真核对车次，向信号员下达了电46003次列车开放场外停车信号命令，信号员也未认真确认是否是电力机车，就办理了2道停车进路。造成电46003次列车进入××Ⅰ场14道无电区，烧坏电务设备及接触网，构成一起电力机车接入无电区一般事故。

案例分析：

（1）值班员在办理电46003次列车时，在阶段计划、临站预告、临站报点、车机联控四个环节都明确它是电力机车，临站在开车前还询问施工是否结束，在此种情况下，值班员不仅没重视，而且不确认接车线是否具备接车条件，就盲目地安排向无电区排列接车进路，基本的作业标准没有落实，是这起事故的主要原因。

（2）信号员在接到值班员临站开车预告后，就填记占线簿，在占线簿上写明了电46003次列车，而且在值班员车机联控时也是呼叫电46003次列车，但是值班员安排怎么排路就怎么排路，丧失了基本联控职责，是这起事故的重要原因。

案例启示： 从本案例可以看出，电气化铁路的行车有其特殊性，除了考虑基本要求外，还要避免机车进入无电区。

电气化铁路是指电力机车作为牵引动力的铁路,与普通铁路相比增加了一套牵引供电系统。牵引供电系统主要包括牵引变电所、接触网和继电保护装置三大部分。

一、电气化铁路人身安全概述

(一) 电气化铁路开通前应做好安全宣传教育工作

(1)在接触网送电前 15 天,铁路局集团有限公司应将送电日期以书面形式通知路内外各有关单位。各单位在接到通知后,要立即转告所属有关人员。从此开始视为接触网带电,所进行的一切作业,均按接触网带电的要求办理。

(2)电气化铁路区段的各单位,包括通过该区段的客运段、列车段、机务段,除对有关人员进行培训外,还应根据《电气化铁路有关人员电气安全规则》《高速铁路接触网安全工作规则》《技规》《行规》《电气化区段行车组织办法》等有关规定,结合本单位具体情况,制定保障人身安全和作业安全的细则、措施,并组织职工认真学习,然后进行安全考试。取得安全考试合格证者,方可单独上岗作业。电气化铁路开通后,每年仍需对职工进行一次安全考试。尤其是车务、机务部门,对操作隔离开关的人员,必须进行训练,取得供电维修管理中心颁发的合格证后,方准操作隔离开关。

(3)采取多种形式对路内外职工、家属进行安全宣传教育。例如:印发、张贴有关安全教育的宣传材料;播放有关电气化铁路安全常识的影视片;对通过电气化铁路区段的押运人员发给"押运人须知"等书面材料等,都是保证人身安全,防止触电事故发生的有效措施。

(二) 电气化铁路开通初期要注意加强电气化安全方面的宣传教育工作

据调查,有不少电气化铁路在开通初期,由于部分职工和沿线附近居民对架空式接触网及其相连接的部件带有 27.5kV 高压电,严重威胁人身安全的危险性认识不足,曾多次发生人员直接或间接使用非绝缘物件触碰接触网带电部分,造成人员触电伤亡的事故。因此,电气化铁路开通初期,我们必须做好电气化铁路人身安全和作业安全的宣传教育工作,严格遵守《电气化铁路有关人员电气安全规则》的规定,采取各种措施,预防触电事故的发生。

(三) 电气化铁路开通初期容易发生触电事故的深层原因

电气化铁路接触网施工时,一般都是首先埋设杆塔,然后架网,最后才是送电开通。接触网支柱埋设后,支柱上即揭示"高压危险,严禁攀登"的警告语。然而,埋设地柱、架设接触网后,长则一年,短则数月后才能送电通车。人们对支柱上揭示的"高压危险"已经习以为常。接触网送电以前,可能有人已经有意或无意中触碰过接触网及其导线,但未发生触电事故,致使一些人误认为"高压危险"并不危险。这种错觉为接触网通电后发生触电事故埋下隐患。

接触网及其相连接的部件上是否有电,人们难以直观判断。所以送电初期如不加强宣传教育、不做到"家喻户晓,人人皆知",加上一些人的误解和无知,就可能发生触电伤亡事故,一旦发生触电伤亡事故,人们才真正理解"高压危险"是千真万确的,那么这种认知过程中所付出的代价岂不是太大了吗?

（四）通过跨越接触网的天桥、跨线桥时应注意的事项

天桥、跨线桥等跨越接触网的地方，距离带电部分较近，容易发生触电事故。为了确保人身安全，一般都设有安全棚，以屏蔽感应电流，为此，行人通过这种天桥或跨线桥时，严禁使用竹竿、棍棒、铁线等非绝缘物件穿、捅安全棚网，因为直接或间接与接触网带电部分接触，都十分危险，特别要警告儿童，不要在电气化铁路上面玩耍，也不要长时间逗留。

（五）各种车辆和行人通过电气化铁路平交道口时必须遵守的规定

（1）汽车和畜力车通过电气化铁路平交道口时，货物装载高度（从地面算起，下同）不得超过4.2m，不得触动道口限界门的活动横板或吊链，装载高度超过4.2m的货物可绕行立交道口或进行倒装。

（2）车辆装载高度超过2m的货物上，通过道口时严禁坐人，待车辆通过道口后，再行上车乘坐。

（3）当行人持有木棒、竹竿、彩旗和皮鞭等高长物件通过道口走近接触网下时，不准高举挥动，须使物件保持水平状态走过道口。

供电维修管理中心应将本条规定内容制成揭示牌，固定在道口两面限界门的右侧门框上。

（六）发现有人在电气化铁路上扒乘货车时的处理方法

有关部门曾三令五申，严禁扒乘货车，主要是为了防止人员坠车、货车被盗或受损、人员在电气化铁路上扒乘车时发生触电伤亡事故。因此，当发现有人扒乘货车时，要严加制止。特别是从非电气化铁路开来的货物列车，在进入电气化铁路前，接发列车人员应认真检查，发现有人乘坐在敞车、平车装载的货物上或篷车车顶上时，应令其下车，劝其乘坐客车或将其安排在安全处所，以防列车进入电气化铁路后扒乘人员触电。

如列车已进入电气化铁路，且停于带电的接触网下面时，应好言相劝，让他们千万不要站起来，提醒他们上方接触网有电，要以俯卧式慢慢"爬"下来，必要时，应操纵隔离开关，使接触网停电后再令其下车。在接触网带电条件下，千万不要大声斥责、吓唬，以免引起他们的恐慌，站起来"逃跑"时触电。

（七）电气化铁路附近发生火灾时的处理方法

电气化铁路附近发生火灾时，必须立刻通知列车调度员、电力调度员或接触网工区值班员外，应遵守下列规定：

（1）用水或一般灭火器浇灭离带电部分不足4m的燃着物体时，接触网必须停电；用沙土灭火时，距接触网2m以上者，可不停电。

（2）距接触网超过4m的燃着物体，可以不停电用水浇，但必须特别注意避免水流向接触网方向喷射，并保持水流与带电部分的距离在2m以上。

二、防止电气化铁路区段职工触电事故的安全措施

（一）各岗位职工通用的安全措施

（1）凡涉及电气化铁路区段（简称电气化区段）作业的各单位，都必须认真组织职工学习

本措施,并经考试合格后方准上岗作业。对新改职直接从事电气化作业的职工,要将本措施纳入三级安全教育内容,通过安全教育合格后方准上岗作业。

(2)所有接触网设备,自第一次受电开始,在办理停电接地手续之前,均按有电对待。

(3)在电气化区段,除专业人员按规定作业外,所有职工和其所携带物件(如长杆、导线等)与接触网设备带电部分必须保持2m以上的安全距离。

(4)在距离接触网带电部分不足2m的建筑物作业时,接触网必须停电,停电后安设可靠的临时接地线,并设专人监护,施工结束后,接触网工要确认所有工作人员都已进入安全地点,方可通知正式完工,并办理消令手续。

(5)在电气化区段,职工不准登上机车车辆顶部或翻越车顶通过线路。

(6)电气化区段所有接触网支柱应悬挂涂有"禁止攀登""有电危险"的警告牌。施工人员禁止在支柱上搭挂衣物、攀登或在支柱旁休息。

(7)在电气化区段,通过铁路平交道口的汽车、拖拉机等运输工具装载的货物高度(从地面算起,下同)不得超过4.2m,不得触动道口限界门的活动横板或吊链。严禁在装载高度超过2m的货物上坐人。

(8)禁止通过任何物体,如棒条、导线、水流等与接触网的各导线及相连部件接触(接触网特殊带电作业除外)。

(9)严禁在接触网上搭挂绳索等物,若发现接触网上挂有线头等物,不准接触。发现接触网导线断落时,人员要远离到10m以外,并立即通知有关部门,对该处加以防护。

(10)如果接触网绝缘不良时,在其支柱、支撑结构及其金属结构上,在回流线与钢轨的连接点上,都有可能出现高电压,因此,平常应避免与上述部件接触。当接触网绝缘破坏时,禁止与之接触。

(11)用水或一般灭火器浇灭离带电部分不足4m的燃着物体时,接触网必须停电;距离接触网超过4m的燃着物体,可在接触网不停电的情况下进行灭火,但水流不得向接触网方向喷射。用沙土灭火时,距离接触网2m以上者,可不停电。

(12)对非电气化区段的有关人员临时进入电气化区段工作时,应由分配工作单位的负责人向有关人员传达电气化区段安全注意事项。

(二)调车及接发列车作业的安全措施

(1)在带电的接触网线路上进行调车作业时,禁止登上篷车(在区间和中间站禁止登上敞车)使用手闸制动,编组、区段站在接触网高度为6200mm及以上的线路上准许使用敞车人力制动机时,不准踏在高于人力制动机踏板机踏板台的车帮或货物上作业。

(2)禁止调车及接发列车人员直接或间接地(通过任何物体)接触接触网各导线、相连部件及电力机车的电力设备,列车上水时不允许水管朝上。

(3)当区间或站内(包括机车整备线、装卸线)接触网停电接触时,不得向区间或站内接发电力机车及其牵引的列车。

(4)登乘电力机车进行调车作业时,必须待其停稳后上、下车。

(三)装卸作业和押运人员的安全措施

(1)在带电的接触网下,不准在敞车、平车、罐车等车辆(篷车、保温车、畜力车内除外)上进行装卸作业,不准因用竹竿等测量货物的装载高度而靠近接触网。

(2)装卸作业时,必须在指定线路的安全区域内停电进行。作业结束,值班员确认所有人员均已离开危险区域后,方准向接触网送电。

(3)在装卸货物线的分段绝缘器内侧2m处应埋设符合规定标准的安全作业标志,在标志外或非指定带有接触网的线路上,严禁登上车顶作业。

(4)装卸货物列车,不经有关部门批准不得超限,因装载加固不良需要整理时,必须在接触网停电后方准进行。

(5)在接触网未停电、未接地时,禁止吊车的吊臂在接触网下伸臂转动。

(6)各类罐车在电气化区段发现泄漏时,严禁人员上车处理,要将其牵引到非电气化区段处理,如情况紧急必须在电气化区段处理时,要立即通知供电调度员,在接触网停电后方可处理。

三、电气化铁路车站行车人员作业安全

(一) 电力机车进入接触网停电线路的危害

电力机车进入接触网停电线路主要有以下几个方面的危害:

(1)电力机车受电弓将高压电"带进"已停电的接触网上,危及正在进行停电检修接触网、整装货物作业人员的安全。

(2)即使接触网检修作业人员已撤离现场,但由于接触网未恢复到正常状态,有可能刮坏接触网部件或使电力机车受电弓受损。

(3)电力机车受电弓滑过分段绝缘器时,可能烧伤绝缘器,甚至烧坏隔离开关。

(4)如停电区域装设了接地线,用于防护作业人员安全时,将导致变电所断路器瞬间跳闸,该供电臂接触网停电,影响供电臂内各区段、车站列车的到发与运行。

因此,车站应采取各种安全措施,防止将电力机车及其牵引的列车接入接触网停电的线路,确保作业人员安全和行车安全。

(二)防止将列车接入接触网停电的线路

车站为防止将电力机车及其牵引的列车接入接触网停电的线路,应采取以下措施:

(1)挂牌制:在车站行车室内应由施工部门揭挂"接触网供电分段示意图"(改建后由供电维修管理中心提供)。站内检修、施工停电前,由施工负责人用红笔勾画出停电区域,施工完毕后抹除。停电后,车站值班员应在控制台停电股道的按钮上或《站细》规定的地点揭挂"停电"标示牌,恢复供电后及时摘下。

当区间接触网停电时,车站值班员应在控制台上停电一侧的始端按钮上揭挂"停电"标示牌。设有接触网终点的线路,应在控制台上该股道的接触网终点按钮上揭挂"接触网终点"标示牌。

(2)加卡制:按照操纵台手柄的转动角度以及按钮按下的活动距离做成特制的"停电卡",当股道停电后,即在该股道的手柄或按钮上安置"停电卡",达到不能随意转动手柄或按下按钮的目的。恢复供电后,立即撤除"停电卡"。

(3)戴帽制:按照电气集中操纵台或手柄的大小、形状,用铁皮或硬纸制成按钮或手柄帽,当股道停电后,即在该股道按钮或手柄上"戴帽",达到不能随意按下按钮或转动手柄的目的,

防止错办接车进路。该股道恢复供电后及时撤除。

(4)加锁制:非电气集中的车站,将道岔扳至不能进入停电股道的位置并加锁。

(5)检查确认制:车站接发列车人员在检查确认接发列车进路空闲时,一并检查确认隔离开关是否合闸送电,检查确认接车线上空接触网有无供电作业人员。

(三)接发列车作业应注意的安全事项

电气化铁路车站办理接发列车作业时,除严格执行《铁路接发列车作业》(TB/T 30001—2020),并按照五项作业程序进行外,还要注意以下安全事项:

(1)立岗接发列车前,应从控制台上再度确认进出站信号的开放状态。原因如下:第一,牵引电流有可能干扰轨道电路,使已经开放的进出站信号自行关闭;第二,处于供电臂末端的车站,其接触网上的电压可能低于17kV,取自牵引电流的信号电源将低于180V,从而导致信号机不能开放或自行关闭。为此,车站值班员开放信号后必须检查确认其开放状态;助理值班员立岗接发列车前,必须再度检查确认,防止列车在进站信号机外停车或在出站信号未开放时,显示发车手信号,危及行车安全。

(2)列车进出站时,除按规定检查列车运行情况外,运行前方有桥隧建筑的车站,要特别注意检查敞车、平车上装载的货物高度有无超出限高,罐车顶部空气包的盖板是否翘起,篷布是否飘动,绳索是否松动。因为隧道内接触网高度一般低于区间,旧有改造的隧道接触网高度允许为5330mm,个别隧道内甚至低于5330mm,若货物超高或罐车盖板翘起,加上列车运行中的震动,容易碰触接触网。轻则牵引变电所断路器跳闸,整个车供电臂内各区间、车站接触网停电,影响列车运行;重则罐车盖板碰触接触网产生火花,使罐内溅出的汽油燃烧,引发火灾或发生爆炸,其后果是十分严重的。飘动的篷布、松动的绳索容易损坏线路一侧的接触网及其支柱上的接地线,甚至拉倒支柱或造成列车脱轨。

(3)发现上述情况时,对停站列车,应将接触网停电进行整理或通知有关人员甩车后,将其送至接触网停电或未挂网的线路上进行整理;对通过列车,如危及行车安全,应令其停车处理。

(4)对停站上水的旅客列车,要提醒列车员不要用水管冲刷车厢;上水完毕拔掉水管时,水管不能朝上喷射。因为水能够导电,用水管喷射带有高压电的部件,容易引发人员触电事故。

(四)货物检查与整理应注意的安全事项

货物检查员、运转车长等在检查接收开往电气化区段的货物列车时,应向押运人员、回送的内燃机车的随乘人员宣传安全注意事项。如发现敞车、平车装载的货物上或篷车、罐车、保温车顶上有押运人员乘坐时,应劝其下车,将其安排在篷车内;对押运人员在罐车盖板上或敞车装载的货物上插设的树枝等标志物,应设法撤除。因为进入电气化区段后,这些标志物超高碰触接触网导线,会引起变电所断路器跳闸停电,从而影响列车正常运行。

在检查货物装载状态时,除按装载加固规则有关规定认真检查外,还要特别注意检查货物装载高度、罐盖和篷布捆绑情况。如发现异状,应通知有关人员甩车并送至无网或停电线路上进行整理。严禁在带电的接触网下攀登车顶关闭罐盖、整装货物、紧固篷布绳索等。禁止用非绝缘杆尺检测货物高度。

（五）站内接触网停电、区间接触网有电时的接车方法

在站内接触网停电、区间接触网有电时，可采用列车滑行进站（或者通过车站）的接车方法：

（1）列车滑行进站（或通过车站）时，在后方站向司机递交降弓滑行进站（或通过车站）的调度命令，司机在降弓标或降弓手信号前降弓滑行进站（或通过车站）。

（2）停电的接车站，接到列车滑行进站或通过车站的调度命令后及时开放进站（或出站）信号。

（3）原定滑行进站的列车已从邻站发出，如因接车站线路临时发生故障或其他原因不能滑行进站时，车站值班人员应及时关闭进站信号，列车应在断电标前（分段绝缘器设在进站信号机内方时为进站信号机外方）停车。

（4）站内接触网有人作业时，检修施工负责人必须通知有关人员提前撤出作业区域。

（六）站内接触网停电、区间接触网有电时的发车方法

站内有非电力机车时，可用非电力机车作为补机（工作机车）组织发车。利用其他机车的本务机车（非电力机车）作为补机时，须发布调度命令。一般补机推送列车出站，只能在出站方向为平道、下坡道或坡度不超过 2.5‰ 的上坡道进行。

（1）由非电力机车作为补机且补机加挂列车前部时，将列车牵引至前方站摘下补机。

（2）由非电力机车作为补机发车时，补机不准越出站界。补机机车乘务员负责与列车尾部车辆连挂、制动软管的连接及试风。本务机车司机确认列车主管风压符合规定、出站信号机开放、行车凭证无误后，用列车无线调度电话通知运转车长（无运转车长时，通知车站值班人员），其用语为："× × 次列车运转车长（× × 车站）可以推送发车。"运转车长和车站发车人员按规定向推送司机显示发车和发车指示信号，推送司机即可将列车推送出站，推送速度不得超过 20km/h；前方瞭望由本务机车司机负责，遇有危及行车安全情况时，及时采取措施。当本务机车进入区间后，本务机车司机鸣笛一长声、两短声，通知补机司机停止推进，并制动停车，列车停稳后，运转车长或调车指挥人负责摘解风管、提钩，具备发车条件后，向本务机车司机显示发车信号，列车按显示信号运行。

（七）利用电力机车调车的规定

（1）利用电力机车调车时，有关人员应在机车停稳后再上下。

（2）利用电力机车调车时，调车指挥人员需在调车作业通知单中注明接触网终点，电力机车与接触网终点标或停电的接触网分段绝缘器间必须保持不小于 10m 的安全距离。

（3）电力机车在无网区摘挂车辆时，要有足够的车辆作为"隔离车"后再进行摘挂。

（八）"长竿钓鱼"调车法的使用

"长竿钓鱼"调车法是指电力机车顶着一定数量的车辆作为"隔离车"，使车辆进入无网区（或接触网临时停电的线路）进行摘挂车辆、配对货位或担当救援车辆，而电力机车本身并不进入无网区，始终保持在接触网供电的条件下进行调车作业的一种调车方法。

采用"长竿钓鱼"调车法应注意以下事项：

（1）要有足够数量的"隔离车"以保证"钓鱼竿"的足够长度，当电力机车推送车辆进入无网区或无电区进行调车作业时，保证电力机车受电弓与接触网终点标或分段绝缘器之间 1 ~ 2 车的安全距离。

（2）严格控制推送速度，调车指挥人员应在适当地点，根据机车受电弓与接触网终点标或分段绝缘器的距离和调车车列前端与停留车的距离，正确、及时地向司机显示十、五、三车距离信号，正确掌握推送速度，及时减速、制动停车，严防电力机车进入无电区或无网区。

（3）应在附有示意图的调车作业通知单上注明接触网终点标或分段绝缘器与无电停留车之间的距离，以及它们与有关调车信号或最外方道岔尖轨尖端之间的距离，用于确定"隔离车"数，并便于司机和调车指挥人员控制推送距离和推送速度。在附有示意图的调车作业通知单辅助栏内标明"×道无网×道接触网停电"，以提醒有关人员注意。

四、防止触电伤亡知识

（一）常见的触电情况

电流通过人体叫触电。电流通过人体时，会产生各种不同的伤害，轻则手脚发麻、发热，皮肤被烧伤，外部组织受到局部损害；重则全身肌肉痉挛，呼吸困难，心脏停搏，甚至死亡，这是最严重的触电事故。

常见的触电情况主要有以下几种：

（1）人体碰触带电的导体。

（2）人体碰触损坏的电气设备。

（3）人站在接地电流通过的地面上。

（4）人体与高压带电体之间的距离小于最小安全距离，形成带电体对人体放电。

（5）误操作时强烈的电弧波及人体等。

（二）电击与电伤概述

电击是指电流通过人体时，人体内部组织受到破坏。当人体直接接触带电部分，通过人体的电流达到一定值(超过10mA)时，就会使触电部分的肌肉抽筋，皮肤表面的角质层被破坏，人体电阻迅速下降；电流增加到50mA以上时，人体全身肌肉痉挛，呼吸困难，心脏停搏以至死亡。

电伤是指电流通过人体时，人体外部组织受到局部损害。其包括烧伤电烙印和皮肤金属化等几种。烧伤是由电流的热效应造成的。例如，带负荷拉合隔离开关，强烈的电弧波及人体而导致烧伤；人体与高压带电体之间的距离小于或等于放电距离，带电体对人体产生放电电弧而导致烧伤，这时人体虽有较大电流短时间通过，但并不会引起电击。因为这种电流会将触电者击倒，使其远离放电体。但是，这种电伤往往严重烧伤人体，严重者也能致命。

（三）发现有人触电时的应急处理方法

发现有人触电时，首先应使触电者迅速脱离电源，处理方法有如下几种。

（1）如隔离开关距触电者较近，应立即拉开开关，切断电源。

（2）如隔离开关距触电者较远，来不及切断电源时，救护人员应穿着绝缘鞋，戴上绝缘手套，使用绝缘棒使触电者脱离电源。

（3）采用抛线短路法，即用一根金属导线，一端牢固地接在钢轨上，另一端抛挂在接触网上，迫使电源开关跳闸。抛线地点应距触电者靠牵引变电所一侧10m以外，并注意防止短路电流伤人。

在切断电源以前,不要赤手直接或间接使用非绝缘物件接触触电者(此时已成为带电体),以防救护者本人触电。

在切断电源的同时,要做好触电者再次摔倒跌伤的防护措施。例如,触电者刚触电时由于肌肉收缩而紧握带电体;断电时,手一松开,触电者就可能从高处跌下,加重伤势。

单元3.6 行车作业人身安全

案例3-21

"4·13"××站职工死亡事故

案例描述:××年4月13日0时10分××站北场二班六调开始进行第F002号调车作业计划共计8钩。作业人员:调车长金××、接连员贾××、制动员李××;调车机车DF5型1692号,调车司机常××。当作业至第6钩建二线+8时,按作业计划分工,调车长金××负责建二线挂8辆(距机转2号道岔57m)撤除西端防溜措施和牵引去东货线在机车上辅助瞭望;接连员贾××负责第7钩东货线+2辆停留车和线路的检查;制动员李××负责第6钩建二线+8辆尾部车辆撤除止轮和牵出后恢复机转2号道岔定位。调车机第5钩电二线给32辆后,在专1号道岔折返经走行线去建二线挂8辆空车。0时55分24秒,调车机挂妥,李××松开了最后一辆车(车号C64K 4863344)的人力制动机(后部第七、第八辆为对口闸),并向调车长报告。0时55分43秒车列牵出后,李××向调车长汇报"牵出好了"。调车长指挥机车牵出后走行371m(牵出过程中的最高速度为12km/h),预计尾部已越过机转2号道岔(实际尾部越过机转2号道岔200m),但未听到尾部制动员李××呼喊"减速、停车"(恢复机转2号道岔定位)。0时58分10秒,调车长立即指挥机车停车,并用电台呼叫李××,但无人应答,他立即与接连员贾××一同顺线路寻找,在建二线距机转2号道岔70m处发现李××头朝东、脚朝西、面朝下,顺卧在南股钢轨外侧轨枕上,耳鼻出血,立即拨打"120",并报告车站,李××被送至该市医院后经抢救无效死亡。120出诊记录显示,李××口腔、鼻腔有鲜血流出,颈静脉波动消失,胸部变形塌陷,多处骨折,右胸壁有一长约2cm的伤口。尸表检验的初步结论是胸部脏器损伤致死。

案例分析:从监控数据和现场测量情况看,初步判断制动员李××在车列牵出101m、速度为11km/h时,从尾部车辆上坠落,导致脏器损伤死亡。

案例启示:人身安全是最重要的,应加强对职工人身安全教育,避免人身伤亡事故发生。

对行车有关人员,应加强日常安全生产知识和劳动纪律的教育、考核,并有计划地组织好在职人员的日常政治和技术业务学习。

一、劳动安全管理

(1)各级领导必须认真贯彻执行上级有关劳动安全的方针、政策、法令、规章制度、命令和措施,按照管生产必须管安全,谁主管谁负责的原则,督促、检查有关劳动安全管理的执行情况,做到计划、布置、检查、总结、评比生产的同时,定期分析,研究本单位、本部门的劳动安全工作。铁路局集团有限公司每半年、站段每月、车间(中间站)每旬不得少于一次。

(2)站段领导、车间主任、工班长要经常组织职工学习有关安全生产、劳动安全的规章制度,教育职工遵章守纪;组织职工进行班前预想、班中联防、班后总结。不得违章指挥、违章作业和违反劳动纪律。

(3)职工劳动安全教育应做到:

①对"三新"(新入厂、新换岗、使用新技术)人员,必须进行"三级"(站段、车间、班组)劳动安全教育。未经考试合格的不准上岗作业。

②特种作业人员必须经过专业劳动安全培训,经理论、实践考试合格取得规定的操作证,持证上岗。

③各单位每年对干部、工人进行一次全员劳动安全教育培训并考核,不合格者不准上岗。

二、技术设备安全管理

(1)车站站长按规定时间及时负责组织有关部门进行行车设备的安全检查。站内两线间的钢轨、轨枕、道岔,车辆修配零件、工具等,均应摆放在指定地点,不得影响作业人员作业和安全。对于妨碍作业安全的问题,车站站长负责督促有关部门及时解决。危及行车或人身安全时,站长有权停止作业。

(2)专用线的照明、有关设备和货物堆放距离,必须符合相关规定和要求。危及行车和人身安全时,要及时通知企业进行整修。

(3)调车线的两条线路间及中间站调车组上、下车地点,必须保持平坦并须设有充足的照明设备。

(4)距离线路中心不足3m的行车房舍对向线路一侧门前,应安设防护栏杆。

(5)编组站、区段站和较大中间站的调车场应有饮水、热饭设备和急救药箱。在集中作业的场所附近还应设有卫生间,夏季在待业休息地点应搭设凉棚。

三、运输部门职工安全管理

(一)行车作业人身安全标准

(1)班前禁止饮酒,班中按规定着装,佩戴防护用品。

(2)顺线路行走时,应走两线路中间,作业人员及所携带的工具不得侵入机车车辆限界,并注意邻线的机车、车辆和货物装载状态。严禁在道心、轨枕上行走,不准脚踏钢轨面、道岔连接杆、尖轨、辙叉心等。

(3)横越线路时,应"一站、二看、三通过",注意左右机车车辆的动态及脚下有无障碍物。

(4)横越停有机车、车辆的线路时,应先确认有无机车车辆运行,然后在离该机车车辆较远处通过。严禁在运行中的机车车辆前面抢越。

(5)必须横越列车、车列(组)时,应先确认列车、车列(组)暂不移动,然后从车辆通过台或两车钩上越过,越过时勿碰开钩销,上下车时要抓紧蹬稳并注意邻线有无机车车辆运行;经车辆通过台越过时应从车梯上下车。

(6)严禁在机车车辆底下坐卧,以及钢轨上、车底下、轨枕上、道心里坐卧或站立。

(7)严禁扒乘运行中的机车车辆,以车代步。

(二)接发列车作业人身安全标准

(1)应熟知站内作业区域、行走路径及两侧相关的设备设施,并随时注意使用情况,如遇设备设施、走行通道存在异状或发生变化时,应及时通知有关人员并采取安全措施。

(2)接发列车时,应站在规定地点,随时注意邻线机车车辆动态。

(3)安装、摘解货车列尾主机、中继器,吊起列车尾部软管时,应确认车列暂不移动方可进行作业。

(三)调车作业人身安全标准

(1)必须熟知调车作业区的技术设备、作业环境和作业方法,以及接近线路的建(构)筑物的形态和距离。

(2)上下车时必须遵守以下规定:

①上车时,车速不得超过15km/h;下车时,车速不得超过20km/h。

②在高度不超过1.1m的站台上下车时,车速不得超过10km/h。

③在路肩窄、路基高的线路上和高度超过1.1m的站台上作业时,必须等车停稳后上下车。

④登乘内燃、电力机车作业时,必须在机车停稳时再上下车(设有便于上下车脚蹬的调车机除外)。

⑤上车前应注意脚蹬、车梯、扶手,平车、砂石车的侧板和机车脚踏板的牢固状态。

⑥上下车时要选好地点,注意地面障碍物,不准迎面上车,不准在列车、车列(组)运行中反面上下车。

(3)在列车、车列(组)运行中,禁止下列行为:

①在车钩上,在平车、砂石车的边端或端板支架上坐立,在平车、砂石车的边端站立。

②在篷车车顶或装载超出车帮的货物上站立或行走。

③手抓篷布或捆绑货物的绳索,脚踏轴箱或平车鱼腹形侧梁。

④在车梯上探身过远,或经站台时站在低于站台的车梯上。

⑤在装载易于窜动货物的车辆间和货物空隙间站立或坐卧。

⑥骑坐车帮。

⑦跨越车辆。

⑧两人及以上站在同一闸台、车梯及机车一侧踏板上。

⑨进入线路提钩、摘解制动软管或调整钩位。

(4)手推调车时,必须在车辆两侧进行,并注意脚下有无障碍物。

(5)在电气化区段,接触网未停电、未接地的情况下,禁止到车顶上进行调车作业。在带电的接触网线路上调车时,作业人员及其所携带的工具等须与接触网高压带电部分保持2m以上的距离。

（6）前往岔线、段管线或货物线进行调车作业,须事先派人检查线路大门开启状态及线路两侧货物堆放情况;事先派人检查有困难时,应在《站细》中规定检查确认办法。

（7）带风作业时,必须执行一关（关折角塞门）,二摘（摘制动软管）,三提钩的作业程序。

（8）摘解制动软管、调整钩位、处理钩销、采取或撤除防溜措施时,必须等列车、车列（组）停妥,并得到调车长的回示。昼间由调车长做好防护,夜间必须向调车长显示停车信号。

①调车人员须确认列车、车列（组）停妥,得到调车长同意,并使用无线调车灯显设备发出"紧急停车"指令后,方可进入车挡。调车长进入车挡作业时,由其本人向司机显示（发出）停车信号进行防护。

②使用手信号调车时,调车长须向司机显示停车信号进行防护后,方可同意作业人员进入车挡;调车长得到所有作业人员均已作业完毕的汇报后,方可撤除防护。

（9）调整钩位、处理钩销时,不要探身到两车钩之间。对平车、砂石车、罐车、客车及特种车辆,应特别注意端板支架 、缓冲器、风挡及货物装载状态。

（10）溜放调车作业应站在车梯上,一手抓牢车梯,一手提钩,不准用脚提钩或跟车边跑边提钩（驼峰调车作业除外）。严禁在列车运行中抢越线路去反面提钩。

（11）使用人力制动机时（在静止状态下,站在地面或低于车钩中心水平线的人力制动机闸台上使用时除外）,必须使用安全带。要做到"上车先挂钩""下车先摘钩"。不能使用安全带的车辆,如平车、砂石车、罐车、守车等,作业时必须选好站立地点。

（12）严禁使用折角塞门放风制动。

（13）使用铁鞋制动时,应背向来车方向,严禁徒手使用铁鞋,并注意车辆、货物状况和邻线机车、车辆的动态。严禁带铁鞋叉上车。

（14）严禁在运行中的机车前后端坐卧。

（15）使用折叠式人力制动机时,须在停车时竖起闸杆,确认方轴套落下,月牙板关好,插销插上后方可使用。

（16）作业中严禁吸烟。

四、行车有关人员任职前培训及考核

案例3-22

人身伤亡事故

案例描述：××年2月28日11时45分,××机务段整备车间日勤保洁班组祝××（男,21岁）等7名新入职的整备工,按照车间副主任陈××指派,到达老架修库北门外14道,准备对DF4D型0030号机车进行保洁作业,15时01分,祝××登上机车后,从机械室天窗登上机车顶部,准备擦拭喇叭时,发生触电,当场死亡,构成一般B类（死亡）事故。

案例分析：

（1）新入职人员管理失控。××机务段没有将新入职人员作为重大的安全风险进行管理,没有按规定为新入职人员选配师傅,签订师徒合同,劳动安全培训时间不足,考试走过场现象严重,造成新入职人员对安全知识掌握不牢。参加保洁作业的7名职工均为上岗不足3个月的复员军人,车间不仅没有指派有经验的人员带班,更没有指派干部监控。

（2）班组管理混乱。××机务段整备车间有保洁人员 75 名，分为 5 个保洁班，但是车间没有配备工长，车间调度员直接领导作业组，却不履行工长职责，只是负责点名，对作业组实行放羊式管理，让不懂管理的新入职人员管理作业组，让不熟悉现场情况的新入职人员带班作业，车间干部在点名会上也没有针对性地提示人身安全注意事项。

（3）干部违章指挥生产。××机务段整备车间副主任陈××指派 7 名职工在带电的接触网下对机车进行保洁作业，没有明确指出未进行车顶保洁作业，未进行具体分工，未指派作业负责人，也未进行安全提示。

（4）职工违章作业。作业人员严重违反《职工劳动安全作业防护标准》"电气化区段作业人员严禁登上机车车辆顶部"的规定，在接触网有电的情况下，盲目打开天窗，不确认车辆是否有接触网，就登上机车顶部进行保洁作业。

（5）劳动安全管理缺失。××机务段整备车间没有将触电作为劳动安全危险源进行管理，没有制定针对性的控制措施。

案例启示：××机务段没有认真吸取事故教训，也没有采取针对性措施，更没有加大对车间检查指导的力度，造成同类事故重复发生。

铁路行车有关人员，在任职、提职、改职前，必须经过拟任职业的任职资格培训，并经职业技能鉴定、岗位任职资格考试合格，取得相应等级的职业资格证书和相关岗位任职资格后方可任职。

在任职期间，应按规定周期参加任职岗位适应性培训和业务考试，考试不合格的，不得上岗作业。

（1）新提职的车站值班员、机车乘务员、车辆乘务员，必须具备相应专业中专以上学历，并参加任职前的岗位培训，经铁路局集团有限公司考试合格后，方可任职。其中新提职的机车司机必须经国铁集团指定的培训基地进行理论培训，由铁路局集团有限公司组织实践考试合格后，方可提职。

（2）对行车主要岗位人员任职资格再确认的持证上岗考试，每年进行一次，不合格不准上岗。

（3）工班长在取得岗位技能培训合格证的同时，每两年要参加一次班组管理知识培训，经考试合格后持"双证"上岗。

（4）行车岗位人员必须参加各类季节性和新技术的适应性培训，其中机车乘务员、车站值班员、车辆乘务员由铁路局集团有限公司组织培训。

五、铁路职工劳动纪律、作业纪律

铁路职工必须做到：

（1）服从领导、听从指挥、遵守规章、执行命令，严禁各行其是。

（2）坚守岗位，遵守工时。严禁擅自离岗、换岗、串班、迟到、早退、旷工。

（3）忠于职守，工作一丝不苟。严禁当班闲谈打闹或做与行车无关的事。

（4）班前充分休息，有条件的站段应设置保休室，建立保休制度。

（5）严禁班中饮酒、打盹、睡觉、翻阅行车规章以外的书报。

（6）遵纪守法。严禁赌博、盗窃、寻衅滋事。

(7)维护生产秩序。行车重地严禁无关人员进入和寄存、堆放杂物。

(8)顾全大局,树立全局思想。严禁推诿扯皮、扰乱运行秩序。

(9)按规定着装,做到整洁、利落,佩戴臂胸章,服务热情周到。严禁败坏职业道德、损坏路风路誉。

(10)行车指挥人员要以身作则,正确指挥,善于管理,对职工违章违纪行为要敢于批评,坚决制止。

思考题

一、填空题

1. 接班前,接班的车站值班员应亲自检查(　　　　)的使用情况和(　　　　)情况。

2. 在接发列车和调车作业时,应按规定的作业程序、作业标准办理,并正确执行作业过程中的"(　　　)、(　　　)、(　　　)、(　　　)"四项制度。

3. 准备进路,是指准备列车的(　　　)、(　　　)和(　　　)。

4. 检查线路空闲的办法在《站细》中有规定,一般分为(　　　)确认和(　　　)确认两种。

5. 检查人员应站在线路中心实地"(　　　)、(　　　)、(　　　)"进行一致确认;设有轨道电路的车站,可通过控制台上该股道表示灯(光带)进行确认。

6. 按《技规》规定,调车作业时,接近被连挂的车辆,速度不得超过(　　　),超过这个速度界限,就很可能造成调车事故。

7. 挤道岔事故的原因有扳道员未认真执行"(　　　)、(　　　)、(　　　)、(　　　)"的扳道程序。

8. 在冬季,气温较低,车辆凝轴较多,起动阻力和运行阻力增大,就会影响调车(　　　)和车辆的溜行(　　　)。

9. 在冬季进行调车峰上作业须特别注意天气、凝轴情况。一般原则是提高(　　　),避免车辆中途停车和追尾。

10. 解体凝轴列车,应运用(　　　),推进猛下闸的办法。

11. 用水或一般灭火器浇灭离带电部分不足(　　　)的燃着物体时,接触网必须停电;距离接触网超过(　　　)的燃着物体,可在接触网不停电的情况下进行灭火,但水流不得朝接触网方向喷射。用沙土灭火时,在距离接触网(　　　)以上时,可不停电。

12. 当电力机车推送车辆进入无网区或无电区进行调车作业时,电力机车受电弓与接触网终点标或分段绝缘器之间保持(　　　)到(　　　)车的安全距离。

13. 对"三新"(　　　)人员,必须进行"三级"(　　　)劳动安全教育。

14. 距离线路中心不足(　　　)的行车房舍对向线路一侧门前,应安设防护栏杆。

15. 横越线路时,应"(　　　)、(　　　)、(　　　)",注意左右机车、车辆的动态及脚下有无障碍物。

二、选择题

1. 接发列车作业以(　　　)为原则,要求接发列车作业各工种人员在操作、时机、用语等方面实现最佳配合。

A. 统一、协调　　B. 统一、一致　　C. 协调、一致　　D. 配合、一致

2. 办理列车(　　)(预告)是接发列车的首要环节,是列车取得区间占用权的重要环节,也是较易发生事故的关键环节。

A. 闭塞　　B. 发车　　C. 接车　　D. 开行

3. 办理闭塞前,必须认真确认区间(　　)。

A. 繁忙　　B. 空闲　　C. 开通　　D. 关闭

4. 接送列车时,应确认:列车是否停在(　　)内方,是否越过出站信号机,是否认真监视列车运行安全状态。

A. 监视器　　B. 出站信号机　　C. 警冲标　　D. 进站信号机

5. 检查发车进路是否正确,检查内容包括:影响进路的(　　)是否已停止,进路有无障碍物,道岔开通位置是否正确,有关道岔是否已加锁等。

A. 解体作业　　B. 接车作业　　C. 发车作业　　D. 调车作业

6. 冬季铁鞋和钢轨之间摩擦力较平时小,铁鞋滑行距离较平时长,因而为了保证安全和防止掉鞋,安放基本鞋和辅助鞋时,应较平时放得(　　)一些。

A. 远　　B. 近　　C. 高　　D. 低

7. 因特殊情况需在警冲标外方进行装卸作业时,须经(　　)、调车区长准许,在不影响列车到发及调车作业的情况下方可进行,装卸完毕后,应立即送入警冲标内方。

A. 车站值班员　　B. 信号员　　C. 列车员　　D. 机车乘务员

8. 安全线及避难线上,禁止停留机车车辆;在坡度超过(　　)的线路上,不得无动力停留机车车辆。

A. 5‰　　B. 6‰　　C. 7‰　　D. 8‰

9. 动车组无停放制动装置或在坡度为(　　)以上的区间无动力停留时,由司机通知随车机械师进行防溜,防溜时使用止轮器牢靠固定。

A. 10‰　　B. 20‰　　C. 30‰　　D. 40‰

10. 在接触网送电(　　)前,铁路局集团有限公司应将送电日期以书面形式通知路内外各有关单位。

A. 5 天　　B. 10 天　　C. 15 天　　D. 20 天

11. 通过铁路平交道口时,严禁在装载高度超过(　　)的货物上坐人,待车辆通过道口后,再行上车乘坐。

A. 0.5m　　B. 1.0m　　C. 1.5m　　D. 2.0m

12. 发现接触网导线断落时,人员要远离(　　)以外,并将该处加以防护,立即通知有关部门。

A. 5m　　B. 10m　　C. 15m　　D. 20m

13. 在站台上下车时,车速不得超过(　　)km/h。

A. 5　　B. 10　　C. 15　　D. 20

三、判断题

1. 办理闭塞后,发车站应及时向接车站报点,超过规定时间,应询问列车是否已发出。

(　　)

2. 接车站在列车到达后,应及时向发车站办理开通。超过规定时间,不必询问列车是否已到达。　　　　　　　　　　　　　　　　　　　　　　　　　　（　　　）

3. 确认控制台显示与信号开放状态一致、信号开放显示与道岔开通位置一致并确认线路空闲,才能办理接发车工作。　　　　　　　　　　　　　　　　　　　（　　　）

4. 办理闭塞时,车次必须准确、清晰,避免误解与错听,特别是须接入固定线路的关键车次,一定要核对清楚才能下达进路。　　　　　　　　　　　　　　　　　（　　　）

5. 行车凭证是列车获准进入区间的依据。　　　　　　　　　　　　　（　　　）

6. 为确保接发列车安全的稳定性,接发列车作业必须按规定程序办理,并使用规定用语。不允许随意简化或颠倒程序。　　　　　　　　　　　　　　　　　　　（　　　）

7. 冬季调车作业时,帽子要有耳孔,手套要分五指,勿穿塑料底及带钉子的鞋。（　　　）

8. 戴眼镜、风镜时不要戴口罩,以防镜片上凝结水汽,影响视线。　　　（　　　）

9. 下雪结冰时,调车人员脚下应捆草绳,以防滑倒。　　　　　　　　（　　　）

10. 机车车辆必须停在警冲标内方。　　　　　　　　　　　　　　　（　　　）

11. 中间站到发线不准停放闲置客车底。　　　　　　　　　　　　　（　　　）

12. 横越停有机车、车辆的线路时,可直接在该机车、车辆较远处通过。（　　　）

13. 上车时,车速不得超过15km/h;下车时,车速不得超过20km/h。　（　　　）

14. 防护员上岗时必须精神饱满,班前须充分休息,班前、班中可适量饮酒。（　　　）

四、简答题

1. 接发列车工作中,办理闭塞时应注意哪些关键环节?

2. 什么是线路空闲? 如何检查线路空闲?

3. 影响列车进路的调车作业包括哪些?

4. 哪些情况需要引导接车?

5. 引导接车的办法有哪些?

6. 什么是无联锁线路?

7. 造成双线区间列车反方向运行或双线改按单线行车的主要原因有哪些?

8. 调车作业中,造成冲突事故的主要原因有哪些?

9. 调车作业中,造成脱轨事故的主要原因有哪些?

10. 防止调车作业事故主要应采取哪些措施?

11. 冬季调车作业有哪些特点?

12. 机车车辆停留需采取哪些主要措施?

13. 对列车调度员下达调度命令如何监控?

14. 对列车调度员行车指挥主要监控哪些内容?

15. 调度指挥工作安全分析包括哪些内容?

16. 电气化铁路开通前应做好哪些安全教育工作?

17. 发现有人在电气化铁路上扒乘机车车辆时应如何处理?

18. 电气化铁路附近发生火灾时应如何处理?

19. 电气化铁路调车及接发列车作业有哪些安全措施?

20. 关于利用电力机车调车是如何规定的?

21. 什么是"长竿钓鱼"调车法？
22. 触电情况主要有哪几种？
23. 职工劳动安全教育应做到哪些？
24. 行车作业人身安全标准有哪些？
25. 调车作业人身安全标准有哪些？

模块4
铁路货运安全管理

学习目标

1. 了解铁路货运安全管理的特点及意义。
2. 了解货运安全保障体系的概念、基本思路和主要内容。
3. 掌握货运安全管理的方针、主要措施,掌握货物损失的定义、种类及等级。
4. 了解货物损失处理的作业程序及货物损失速报的拍发,了解货物损失的调查过程。
5. 掌握货物损失责任的划分,包括发生火灾、被盗、丢失、损坏及其他责任的划分。
6. 掌握货物损失赔偿责任的划分、赔偿要求的受理及赔偿权限的相关规定。

技能目标

1. 运用所学基本知识及货运规章正确判断货物损失的种类及等级。
2. 正确编制货运记录和普通记录。
3. 正确拍发货物损失速报。
4. 正确划分货物损失责任。
5. 运用所学货物损失知识办理货物损失的赔偿。
6. 掌握货物损失处理的相关程序。

课程思政

通过对货物损失相关内容的介绍,培养学生严谨细致的工作作风,认真细致的工作态度,遵章守纪的工作意识。在货物损失处理流程的工作中,不断改进工作流程,培养方便托运人、收货人的服务态度,树立以人民为中心的意识,践行"人民铁路为人民"的宗旨,继承和弘扬铁路优良传统。

建议学时

4课时。

案例4-1

捆绑铁线磨损折断

案例描述：××年5月19日20时12分，2116次货物列车运行至浙赣线樟树大桥时，机后第16位平车所装载的挖掘机回转平台转动侵限，击打、撞击樟树大桥受力拉杆，致使第9孔桥梁垮塌。机后15、16、17、23位脱轨，18~22位掉入江中，16、17位平车装载的广州西站发往上海局北郊站的4台挖掘机均掉入江中。

该起事故造成死亡2人，货车报废5辆，中破2辆，小破1辆，大桥1孔60m桁梁折断报废，损坏线路175m，信号机2架，中断行车17小时46分钟。

案例分析：事故直接原因是挖掘机回转平台捆绑铁线磨损折断，回转平台发生转动后超出铁路限界，撞击大桥受力杆，造成大桥垮塌；装车站在托运人没有委派押运人的情况下，仍然将车挂出，从而使挖掘机在运行中的动态变化失去监控。

案例启示：严格遵守《铁路货物运输规程》（简称《货规》）有关规定，对需要派押运人的货物，托运人必须派人押运；严格遵守《铁路货物装载加固规则》有关规定，按装载加固方案装车和加固；加强货物装载加固知识的学习，熟练掌握各类货物的装载方式、加固方法和所用加固材料，特别是对易转动、可旋转货物要采取锁定或捆绑加固方法；加大货检作业检查力度，认真检查货检站对重点货物的装载加固状态，发现异状要及时进行扣车处理。

案例4-2

选用货车不符合规定

案例描述：××年2月21日××站利用卸后车辆装运卷钢，C64K型4407064号车到达MDJ站。装车前货运员、企业运输员未认真检查待装车辆，未发现该车车底板凹凸不平问题。装车时使用凹型草支垫装运卷钢，车底板凹凸不平，草支垫不能均衡分布在车底板上，货物不能稳固装载，以致在运输途中发生货物位移甩车处理。

案例分析：选用货车不符合规定要求，具体如下。

(1)装车前货运员（企业运输员）未按《铁路货物运输管理规则》（简称《管规》）规定检查车辆状态是否良好、是否符合运输要求。

(2)车体不良，整修用的材料、整修方法未达到保证安全运输要求。

(3)车体状态不良车辆，整修后货运员（企业运输员）未对货车整修情况进行全面检查和确认。

(4)货运、装卸作业人员对状态不良车辆安全防范意识不强，不能主观做好安全防范工作。

(5)车站日常安全管理制度落实不够，日常管理不到位，对重点环节掌握不细，监督管理不严。

案例启示：铁路运输过程中每一个疏忽，都可能导致事故的发生。货物装载是铁路运输中的重要过程，也要加强安全管理。

单元 4.1 铁路货运安全管理的特点及意义

案例4-3

匿报货物品名导致火灾事故

案例描述：××年2月4日,西北××站承运"铬铁"一车,C62A 型 1416179 号车到达××站。托运人为××有限责任公司,收货人为××集团有限公司。该车挂于 26028 次货物列车,全列编组 52 辆。××年2月9日运行至××编组站,14 时 30 分,列检和调车人员发现该列机后第 52 位冒浓烟并伴有火焰,随即启动应急预案,采取大量黄沙覆盖着火部位的措施,隔断"铬铁"与空气的接触,于 16 时 40 分将火势全面控制。

案例分析：经调查核实,托运人将二级遇水易燃物品硅铁(铁危编号 43505,硅含量大于或等于 30% 且小于 90%)匿报为普通货物"铬铁"进行托运。经专业技术机构分析,其化学成分是:硅,含量 44%～48%;铝,含量 7%～12%;钙,含量 6%～8%;钡,含量 16%～20%。由于该货物的硅含量为 44%～48%,"铬铁"实为硅铁,属二级遇水易燃物品。该物质遇水可产生易燃气体并发热,当集热到一定温度后,易燃气体即刻燃烧;有时还会放出有毒的磷化氢气体,该气体极易燃,具有强还原性,遇热源和明火有燃烧和爆炸危险;暴露在空气中能自燃等。

鉴于硅铁的这种特性,《铁路危险货物管理暂行规定》明确规定其不得无包装运输。铁路运输中使用敞车代用篷车时,必须持有由省主管部门审查确认的硅铁产品质量保证书,与发站签订"硅铁敞车运输安全责任书"等,并须上报铁路局集团有限公司批准后按试运办理运输。办理硅铁运输的具体内容应遵照"铁路危险货物品名表"中"铁路危险货物运输特殊规定"第 66 条。

造成这起火灾事故的主要原因是托运人受利益驱动,谎报硅铁为铬铁,违规办理敞车运输。

案例启示：

(1)严格执行危险货物受理、承运、装车等各运输环节的签认制度,完善查堵匿报品名、夹带货物的措施和手段,深入专用线、专用铁路内,加大对待装货物装车的检查力度,切实堵住漏洞。

(2)建立危险货物运输管理台账和安全控制档案,"卡、控"不能流于形式,要完善源头管理,认真执行危险货物运输的技术管理。

(3)加强职工技术业务培训,严格落实标准化作业程序,处理好安全与任务、安全与效益的关系,增强职工的安全意识和法律意识,对可疑货物要按规定程序及时上报处置,消除事故隐患。

一、铁路货运安全管理的特点

铁路货物运输(简称货运)主要是通过货物的位移来完成生产任务的,而货物的位移又是通过列车在高速的运动中实现的,它是一种长距离空间移动式的动态加工,需要管理高度集中,统一指挥多部门、多工种共同配合。铁路货物运输由运输、机务、车辆、工务、电务、车站等业务部门共同完成,要求在运输指挥方面实行统筹安排、统一领导、协调一致。因此,铁路货运安全的管理,一方面同其他运输业一样,客观存在着各种不安全因素;另一方面,铁路本身的特点决定了铁路货运在安全上有其自身的特点。因此,要做好铁路货运安全工作,首先必须了解铁路安全生产的特点,然后采取相应措施,确保运输质量,防止铁路货运事故的发生。

（一）安全问题的普遍性

作为伴随生产而存在的安全问题,其对于所有的生产部门、技术系统都具有普遍的意义,铁路货运系统也不例外。安全问题的普遍性主要表现在以下几个方面。

1. 安全的系统性

安全问题的普遍性涉及生产的各个环节、技术系统的各个方面,包括人、机、环境、管理等因素。特别是铁路货运这样的开放系统,安全既受系统内部因素的制约,也受系统外部环境的影响。因此,研究和解决安全问题应从系统观点出发,运用系统工程的方法,进行综合治理,才能得到更好的效果。

2. 安全的相对性

人类从事的各项生产活动,都伴随安全问题,都有发生事故的可能,所不同的只是发生事故的可能性有大有小,危害程度有轻有重而已。因此,安全是相对的,不是绝对的。但是,事故是可以预防的,安全管理在于消除各种隐患,采取对策,从而防患于未然。

3. 安全的依附性

安全依附于生产而存在,不可能脱离具体的生产活动而独立存在。也就是说,只要有生产活动,就有可能出现安全问题,就有可能发生事故,造成人员伤亡、财产损失。

4. 安全的间接效益性

安全生产的社会效益、经济效益是间接的、无形的,看不见、摸不着,难以定量计算。只有发生事故、产生损失之后,才会感受到它的存在,意识到它的重要性。所以较难量化和评价安全的间接效益,从而也容易在主观思想上对安全生产产生松懈和麻痹。

5. 安全的长期性

伴随着生产的各种事故和不安全状况往往会重复发生,安全工作不能一劳永逸。随着科学技术的进步和社会的发展,生产设备不断更新,旧的安全问题解决了,新的安全问题又会产生。所以,安全工作是一个长期的过程,必须坚持不懈,始终如一地努力才能取得成效,确保安全生产。

6. 安全的艰巨性

高新技术总是伴随着高风险。随着现代科学技术和自动监控设备在铁路运输中的应用,各种技术系统的复杂性增加,事故后果也越来越严重,因而安全工作越来越艰巨。

（二）安全问题的特殊性

由于铁路本身的特点,铁路货运安全工作除了具有上述安全问题的普遍性之外,还有其特殊性,主要表现在以下几个方面。

1. 铁路是一架"联动机",安全工作影响面广

铁路货运是由机务、车务、工务、电务、车辆、供电等多部门组成的一架巨大的"联动机",昼夜

不间断地运转,每个工作环节必须紧密联系、协同动作,才能确保安全运输。任何一个部门、一个环节出了问题都会影响铁路货物运输的安全。特别是行车安全方面更为突出。一旦某个地方发生行车特别重大事故、重大事故,就会影响一线、一片,甚至波及整个运输生产。

2.铁路货运生产过程复杂,安全工作贯穿始终

铁路运送货物,要经过若干工序、若干人员的共同劳动才能实现货物的位移,各个工作环节都必须严格遵章守纪,才能确保货物的运输安全。因此,安全生产贯穿运输生产的始终,关系着生产环节中的每一道工序、每一个人。在生产过程中,只要某一个工种、某一个职工违章作业,就将造成行车事故、货运事故或人身伤亡事故。

3.铁路货运不间断进行,安全生产受外界影响大

铁路货运一年四季昼夜不停地进行,这样,安全生产必然受到外界自然环境变化的影响。如天阴、下雨、刮风、下雪、起雾等,都会影响机车乘务人员瞭望信号和观察线路情况,稍不注意就可能发生事故。防洪季节,线路可能被毁坏,从而影响行车安全。寒冷季节,可能造成运输设备被冻坏,影响安全生产。强烈雷电,可能毁坏或干扰通信、信号设备正常运转,容易发生重大的行车安全事故。

4.铁路点多、线长,安全生产受社会环境影响大

铁路货运是通过漫长的铁路线及遍布全国各地的车站完成的。因此,各地社会治安秩序的好坏程度,沿线人民群众对铁路安全知识的了解程度、爱路护路情况,都将影响铁路的安全生产。

5.铁路是现代化交通工具,技术性强,安全风险大

铁路是主要的现代化交通工具,设备先进,结构复杂,因而技术性很强。各种机车、车辆、车站电气集中设备,调车设备,现代化的通信、信号设备,养路机械,修车设备,各类装卸、起重机械等,都要求操作人员掌握相应的安全技术措施和有关技术知识。因此,各类操作人员都必须经过培训和严格考试,合格后才能任职。而且业务学习和考试必须成为铁路一线作业技术人员和职工继续教育的重要内容。

6.铁路运输生产是动态的,时间因素对安全影响大

铁路货运是通过长大的高速列车发生位移而实现的。由于列车的速度快,线路开行密度高,因此,在作业时要求有关人员特别注意时间因素,要做到分秒不差,准确无误,才能确保运输安全。否则,一分一秒之差,都可能导致重大事故、大事故。

二、铁路货运安全管理的意义

铁路货运安全是铁路运输生产系统运行秩序正常,人员、货物和运输设备安全无损的综合表现。货运的安全对于社会的稳定、国民经济的发展、广大人民群众的生命财产安全、社会的民生工程、抢险救灾物资运输、国防建设以及国际贸易乃至国家形象都有着十分重要的意义。

(一)铁路货运在构建和谐铁路中肩负着重大责任

铁路是我国国民经济的大动脉和大众化的交通工具。铁路的性质、地位和作用,决定了铁

路在国民经济建设中肩负着重大责任。建设和谐铁路，最基本的要求是确保运输安全。之所以是最基本的要求，是因为铁路作为大众化的交通工具、公共安全的重要领域，确保人民群众生命财产安全是铁路系统第一位的责任，是铁路运输服务质量最集中的体现，也是和谐铁路建设最重要的目标。

然而铁路运输安全管理不可控因素多，管理难度大，始终面临着严峻的挑战和考验。其不仅取决于设备质量，而且取决于职工素质和管理基础；不仅取决于治安状况，而且取决于自然环境；不仅取决于系统内部，而且取决于外部条件。铁路运输安全不同于一般行业、企业的生产安全，其公共安全的属性更加突出，如果发生严重的安全问题，造成的损失更大，社会影响更恶劣，也必将使铁路改革发展的全局陷入被动。

现阶段我国正处在企业体制转换、生产方式转变、新旧设备交替、能源成分变化、市场结构调整、人员素质差距较大、国际贸易开放、市场竞争越来越激烈的背景下，这给铁路运输的安全管理工作带来许多新的问题，如果不能妥善处理，不仅容易导致事故的发生，还会激化矛盾，影响社会安定。所以一定要加强对铁路货运安全生产的领导和管理，坚持"安全第一，预防为主，综合治理"的方针，扎扎实实地做好铁路货运安全管理工作。

(二) 安全是铁路货运生产的生命线

安全与生产是密切相关的，是生产能顺利进行、完成和超额完成的重要保证。有生产就有不安全的因素，不抓安全就会影响生产。只有对生产中的不安全因素采取及时的、必要的组织措施和技术措施，加以防止或消除，才有可能保证生产的顺利进行。否则，就会发生各种事故，不仅使人民群众的生命财产遭受损失，铁路职工和运输设备受到危害，而且铁路本身的运输生产也要遭到损失。

(三) 安全是衡量铁路货运工作质量的重要指标

铁路货运是通过长大列车在高速的运动中实现的。它的产品是"位移"，其计量单位是$(t \cdot km)$、$(人 \cdot km)$或换算$(t \cdot km)$。产品质量特性包括安全、准确、迅速、经济、便利和文明服务，其中安全最为重要。任何企业的产品只有从产地安全运送到消费地后，才能实现其使用价值，产品的整个生产过程才算完结，运输产品"位移"的质量和社会价值也同时得到体现。因此，在运输产品质量特性中，安全是最重要的质量指标。

保证将货物完整无损地运送到目的地，正确地交付给正当收货人，是铁路货运部门的基本职责。铁路货运人员应该严格遵守规章制度，采取各种先进手段和防护措施，消灭事故，确保货物运输安全。一旦事故发生后，就必须按《铁路货物损失处理规则》的规定，认真、严肃地分析处理，划清事故责任，从中找出事故原因，吸取教训，采取有效措施，杜绝类似事故的再次发生。

(四) 铁路货运安全生产具有重要的经济意义

实现安全生产是搞好增收节支、提高经济效益的有效措施。铁路货运安全质量，直接影响社会的经济收益。如果在铁路运输过程中，被运物资破损、丢失、变质、被盗等，则不仅货物丧失实用价值或原有使用价值降低，也会影响铁路自身的经济效益。另外，货物损失多，赔款率高，经济效益就会下降。货物损坏浪费运输能力，增加铁路本身的消耗，也将最终在运输市场中失去中心地位。因此,货物损失是最大的浪费,安全是最大的节约,只有尽量减少或消灭事故,铁路的经济效益才能不断提高。

在社会主义市场经济不断深入发展的今天,铁路要发展,必须走向市场,这就更需要提高产品质量,确保运输安全,树立良好的铁路运输企业形象。当前,面对日趋灵活多变的市场需求,铁路通过运输管理体制、经营方式的改革,实行重载、提速、调图以及多元化经营,采用新设备、新技术,给运输生产提供了活力,同时也对安全运输提出了更高的要求。

(五)铁路货运安全关系国家的抢险救灾和民生工程

中央给铁路部门总体上提出了"保交通、保供电、保民生"的要求,确保每次抢险救灾时重点物资能及时、快速地运输到灾区。在具体运输过程中,坚持实行"五优先"政策,即优先安排计划、优先配空、优先装车、优先挂运、优先放行,必要时可先装车后补计划。

铁路货运还关系国家的民生工程。每年进入酷暑严冬季节,全国发电量屡创新高,耗煤量居高不下。铁路部门密切关注各大电厂电煤存耗情况,加大电煤装车组织力度和重点电煤合同补欠力度,确保不因铁路运输使电厂缺煤停机。

(六)铁路安全生产关系国际贸易和国防军事建设

铁路安全生产不仅是国内也是国际社会的永恒主题,与国际贸易密切相关。因此,必须高度重视,采取相应防范措施。加强安全生产和安全管理,高度重视事故的预防工作,不断与国际接轨。

铁路运输是军事交通体系中的重要组成部分。由于战争进一步现代化,军事战略方针要求快速反应和综合保障,铁路运输作用也更加突出。

单元4.2 铁路货运安全保障体系

案例4-4

押运人脱岗导致液化石油气罐车押运间火灾事故

案例描述:××年4月23日,编组43辆的42485次货物列车到达华北××站5道,24日0时15分牵出作业时,作业人员发现机后第10位液化石油气罐车押运间两侧门窗冒烟,随即向值班站长报告,车站立即启动应急预案,及时将即将进站的4453次客车呼停站外,同时组织人员一面用消防斧将押运间门劈开,一面向罐车罐体喷水以降温救险。由于措施得当、处理及时,仅用1小时10分钟就将事故处理完毕,避免了一起火灾可能引爆液化石油气罐车的重大事故。

案例分析:42485次货物列车中编挂液化石油气罐车6辆,事故车号为GYS5s 0960677,4月17日承运。发站为西北××站,托运人为××地区××化工运输有限公司。到站为华北××站,收货人为××燃气有限责任公司。

经查实,该车的 2 名押运人未随车押运,押运间内堆放物品混乱并存有易燃杂物,发生不明原因的火情时又无人处置,以致酿成这起押运间火灾事故。

案例启示：

(1)要认真执行《铁路危险货物管理暂行规定》中"危险货物运输押运管理"的有关规定,加强对押运人员的培训和考核。铁路货检人员也必须认真签认"全程押运签认登记表",运输途中,凡押运人缺乘、漏乘时车站应及时甩车,补齐押运人员方可继运,确保押运人员做到全程押运。

(2)要全面落实危险货物受理、承运、装车、运输、押运、编组、隔离等各环节的管理制度,认真执行液化气体、爆炸品、剧毒品、硝酸铵等重点危险货物的签认制度,对关键作业环节、工作薄弱点实行重点监控,以确保危险货物运输安全。

(3)进一步完善危险货物运输应急预案,积极开展救援演练,及时消除可能导致发生各种火灾爆炸事故的隐患,确保铁路运输畅通。

(4)加强铁路沿线治安管理,铁路公安应开展经常性的清站、查车工作,同时车站要加强对货物列车的巡视、看护,确保安全。

一、货运安全保障体系的概念

铁路货运安全保障体系是指配置在货运系统上,起保障货运安全作用的所有方法和手段的综合。一方面要保证货运系统内人员和设备的安全,另一方面要保证货运系统不会受到外部环境的威胁。

人、机、环境、管理等均会对货运安全造成影响,因而它们是构成货运安全保障体系的要素。货运安全保障体系是一个以管理为施控主体,以货运安全的直接因素(人、机、环境)为受控客体的控制系统,目的是实现某一时期的系统安全目标。从本质上讲,安全保障体系是一个以"管理"为中枢,以"人"为核心,以"机"为基础,以"环境"为条件,以保障体系安全为目的总体性的人－机－环境系统。"管理"要素渗透到每一环节,促使各个要素结合成一个整体。"人"既是"管理"的主体,又是"管理"的对象,"人"在系统中的主导地位不会变,可变的只是管理层次越高,其主导性越强。"机"是安全生产中必不可少的物质基础,它只有在"管理"要素的作用下,与"人"和"环境"有机结合后,才能成为"现实的"生产力要素。"环境"是对安全有重大影响的要素群,环境时刻影响着安全,但其影响既可能产生正效应,也可能产生负效应。对安全而言,系统可以发挥"管理"要素的中介转换功能,即通过改善可控的内部小环境来适应不可控的外部大环境,以强化正效应或削弱负效应,并创造保障铁路货运安全的良好条件。

二、货运安全保障体系的基本思路

建设和完善货运安全保障体系是涉及货运安全发展的重大任务,是适应提速新形势、规范货运安全管理、解决货运安全突出问题的重要举措,也是确保提速货运安全持续稳定的治本之策。

当前加快建设和完善货运安全保障体系的基本思路:以确保提速持续安全为目标,坚持管理创新、流程优化、信息共享、系统集成、动态监控、全程考核的原则,以优化组织机构、健全完善规章制度、精细装载质量控制、强化危险货物运输管理、构建安全监控网络、提高职工队伍素质、严格安全考核机制为重点,全面强化货运安全管理,加快形成质量可靠、监控有力、管理有序的货运安全保障体系,实现货运安全全程有序可控,为推进和谐铁路建设提供更加可靠的货运安全保障。

三、货运安全保障体系的主要内容

(一)优化货运安全管理机构

高效、有力的货运安全管理机构是构建货运安全保障体系的组织保证。目前,国家铁路经营管理体制推行"一级法人,两级中心;责任分明,各司其职;系统管理,双向调节"的管理模式。其特点是:在地位上,明确铁路局集团有限公司作为唯一的法人实体和市场主体,是全局经营管理决策、生产指挥和经济效益的中心,站段则是成本管理的中心;在职能上,明确了铁路局集团有限公司对站段负有直接领导和管理责任,站段必须按照铁路局集团有限公司统一指挥完成各项任务;在管理上,明确了建立综合管理和系统管理相结合,以系统管理为主,纵横向协调的管理机制。

(二)健全完善规章制度

完善的规章制度和作业标准是构建货运安全保障体系的重要前提。在规章制度建设方面,结合铁路货运规章的宣传、贯彻和执行,深入推进各项基本规章的完善和修订工作,突出围绕提速安全对货物装载加固、货检作业等提出的新要求,加强重点货物办理资质管理,完善装载加固材料和装置的技术标准和作业标准,全面规范货检、装载加固、危险货物运输等货运安全作业标准。在规章制度管理方面,以货运规章文电管理、装载加固方案管理等系统为基础,实现国铁集团、铁路局集团有限公司、站段三级规章文电、标准、资质、办理限制、限界管理、装载加固方案等相关信息的共享、网上查询、执行反馈等功能,建立规章文电动态修订制度。

(三)精细装载质量控制

全程控制货物装载质量是构建货运安全保障体系的核心内容,主要内容如下:

1. 严格车辆选配

装车站要严格遵守货车使用限制的规定,选用技术状态良好的货车,装、卸车单位不得随意维修车体及车门、窗等配件破损的货车。建立爱车工作长效机制,制定严格的考核制度,规范装、卸车作业管理,杜绝野蛮装卸导致车辆损坏的行为。

2. 严格装载质量控制

严格阔大货物等重点货物的办理资质管理,不具备资质的严禁办理。装车站要严格按照确定的装载加固方案组织装车。杜绝滥加绳索、使用不可开启绳卡和到站割砍篷布绳问题,推广弹力篷布绳,严把篷布苫盖、绳索捆绑等源头质量。

3. 严格执行交接检查签认制度

严格执行交接检查签认制度,进一步明确散堆装、易窜滚、易脱落、可旋转以及阔大货物、集装箱的装载加固检查签认重点内容。严格交接检查,提高专用线(专用铁路)装卸车作业质量,杜绝装载加固不良的重车和未清扫干净的空车出专用线(专用铁路)。

4. 严格执行押运人管理制度

严格按照押运人管理办法组织押运。同时,建立押运人管理信息系统,实现对押运人的全过程管理,凡发生责任问题的要取消押运资格,造成责任事故的要追究主管单位的责任。

(四)强化危险货物运输管理

建立完备的危险货物运输管理制度,实现危险货物运输有序可控。

(1)建立危险货物运输源头卡控制度。对未取得危险货物运输承、托运人资质的,未在铁路危险货物办理规定中公布品名的,新购危险货物车辆、开办危险货物办理站(专用线)未经过安全评价和运输综合评估的,一律不办理运输。

(2)建立装车作业监督制度。设立危险货物装车监督岗位,对危险货物的装卸工作进行实时监控,避免危及货物安全的状况发生。

(3)完善危险货物运输应急救援制度。完善危险货物运输应急预案,重点装卸车站、编组站应配齐基本应急救援器材,在办理危险货物的铁路车站、专用线(专用铁路)要配置危险货物检测和防爆装置,建立定期应急救援演练制度,提高实战能力。

(4)建立危险货物运输信息管理系统。通过与货运营销及生产管理系统(FMOS)、货票等系统的信息共享,实现危险货物运输计划审批、车站承运、在途追踪和卸车交付的全程管理。加快危险货物运输事故应急救援管理的信息化进程,实现事故救援预案、救援能力管理、救援方案生成、事故信息传输等信息化集成管理,从而掌握应急救援资源,及时高效施救。

(五)构建安全监控网络

人机联控的货运安全监控网络是构建货运安全保障体系的重要组成部分。主要内容如下。

1. 强化货检工作

以推进标准化货检站建设为载体,加强对火车门窗盖阀关闭、货物装载加固状态以及篷布、篷布绳网的苫盖、捆绑状态等情况的安全检查,落实货检区段负责制。强化路网型货检站货检车间管理,充实货检力量,动车组开行区段的货检站要严格按照双人双面的要求尽快配齐货检人员。严格作业流程,实现货检作业的精细化管理和集中监控,加强与调度的联系,提高作业的计划性,明确作业重点,提高货检作业质量和效率。

2. 完善货运安全监控网络

加强货运安全视频监视系统的建设和运用管理,拓展、完善系统功能,制定相关技术条件和运用管理办法,实现国铁集团、铁路局集团有限公司、站段三级货监调度台专人 24h 实时监控。加强货运计量安全检测监控系统建设,如在路网型货检站配齐超偏载检测装置、轨道衡、危险货物检测仪等货运计量安全检测设备,完善并补强既有超偏载检测监控系统;进一步加强既有动态轨道衡的联网监控,加强超偏载检测监控系统和铁路货车运行状态地面安全监测系统(TPDS)的互联互通,实现信息共享;加强装载站(专用线、专用铁路)安全监控系统建设,在全路大型货运站逐步推广货运安全集中监控模式,实现从站场作业到交接车全过程可视化实时监控、集中管理;加强货检安全集中监控系统建设,将货检站既有货运计量安全检测设备和安全管理信息系统整合、集成到一个管理系统,完善集中监控、实时监测报警、到达列车语音自动提示、数据综合处理等功能,实现从列车进站预检到列车出发的全程视频监控管理。

(六)提高职工队伍素质

加强职工培训管理,提升职工的安全意识,增强职工的责任心,建设高素质的职工队伍是构建货运安全保障体系的重要基础。

1.增强安全意识

牢固的安全意识是货运安全的重要前提和保证,它是广大干部和职工对货运安全的认识、情感和态度发展到严于律己时的思维定式,是形成安全动机和行为的先决条件。增强个人安全意识可确保安全自控,增强群体安全意识可实现安全互控和联控。要充分发挥各级机构党团组织的先锋带头作用,运用各种宣传教育手段,主要途径有:

(1)坚持安全教育。

不断进行安全教育和定期培训,使广大职工正确认识并处理好安全与效益的关系,安全与国家、集体、个人之间的关系,安全与自控、互控、联控之间的关系,使安全意识的能动性得到充分发挥。

(2)强化安全管理意识。

一是人本意识,人是安全生产中最富有主观能动性、创造性和积极性的要素。二是长远意识,应警钟长鸣。长治久安是安全运输的根本所在,由不得半点松懈和麻痹。三是辩证意识,硬性制度、严格检查和加大奖惩力度是必要的,但更需要在提高职工队伍综合素质及促进职工安全习惯行为的养成上下功夫。

(3)树立示范典型。

使班组成员学、比有榜样,赶、超有对象,牢固树立"安全生产光荣,违章违纪可耻"的观念,自觉为安全生产多做贡献。充分发挥班组优良作风和集体荣誉的作用,加大制度和纪律的约束力,增强群体一致向上的凝聚力,形成"要我安全变成我要安全"的氛围。

(4)完善奖惩机制。

鼓励职工忠于职守,努力工作,在安全生产上取得成绩,并获得应有的奖励,从而使他们在精神和物质上得到满足。如果因违章违纪发生事故并造成损失,就应在受到惩罚后,通过认真总结经验教训,避免事故再次发生。

2.加强业务培训

建设功能完善的职工培训基地。依托装载加固、危险货物运输技术咨询机构,发挥职业学校的培训功能,对货运从业人员实行普及和强化培训,每年对从事装载加固、危险货物运输、货检等重点岗位工作的货运职工进行培训,进一步加强新设备、新技术应用的短期强化培训。大力推行培训考核结果与任职资格连挂制度,严格持证上岗制度。

3.完善安全考核和监察机制

加快建立安全分析预警机制,以考核促防范,从源头上杜绝货运安全隐患。细化考核标准,量化考核项目指标,明确一票否决内容,实现对货运安全的客观公正评价,采用评比、表彰、通报等多种形式,以创建标准化货检站、加强超偏载等检测监控系统运用管理和检测情况考核等为重点,将危及货运安全的问题一律纳入考核。同时,进一步加强领导负责制、逐级负责制、专业负责制、岗位负责制的落实,严格责任追究制度,运用经济、行政、法律等手段加大对安全问题的考核处理力度,确保问题责任落实到人。

完善货运安全监察制度是构建货运安全保障体系的外在保障。它是由专业的、规范的安全监察机构对职责范围内的货运安全工作进行监督和检查。各级铁路安全监察部门,负责对各级货运安全工作实行严格的监察,维护货运安全法规,促进路风建设,保证安全正点、优质高效地完成货物运输任务。

单元4.3　货运安全管理的方针及主要措施

案例4-5

危险货物罐车人孔盖途中开启事故

案例描述:

(1)××年11月18日,编组为48辆空轻油罐车的DH85652次列车通过××站时,车站值班员发现机后第4位(G75K型6500029号)、第10位(G75K型6500292号)发生罐车人孔盖开启,立即通知前方站扣车整理,造成列车中途停车3小时26分钟。

(2)××年11月28日,编组为48辆空轻油罐车的DH85602次列车到达××站,机后第39、45位罐车人孔盖开启,该站进行整理后于12时45分发出列车,途经5个车站后于14时32分到达××站时,值班员发现机后第21位罐车(G75K型6500242号)人孔盖开启,立即通知前方××站扣车整理,造成列车在该站停车1小时44分钟。

(3)××年11月30日,编组为48辆空轻油罐车的DH85602次列车通过××站时,车站值班员发现部分罐车人孔盖开启,立即通知前方站扣车整理,造成列车在该站停车3小时8分钟。

案例分析:

(1)上述三起罐车人孔盖开启事故,反映出对危险货物运输安全在思想上重视不够,尤其是对提速区段列车运行安全缺乏严格细致的管理,一直未制定有效的防范措施,是导致此类问题多次发生的主要原因。

(2)货运作业标准不落实,缺乏严、细、实的工作态度是造成上述事故的重要原因。一是途经有关站在进行列车交接检查时,未按区段负责制要求认真进行货检作业,未对罐车人孔盖关闭情况进行检查,导致途中罐车人孔盖开启,影响列车运行安全。二是发现人孔盖开启后,仍未认真采取措施处置,而是敷衍了事,导致列车运行过程中罐车人孔盖再次开启。

(3)社会治安环境差,沿线站车秩序混乱,对沿途空罐车人孔盖开启问题缺乏综合治理,导致闲杂人员扒乘以及在空罐车掏油现象严重,是上述事故发生的另一重要原因。

案例启示:

(1)认真落实《铁路危险货物管理暂行规定》中危险货物罐车受理承运、装卸车及途中检查等的各项规定。一是受理承运要严格执行罐车装运品名、充装量及自备罐车受理承运等有关规定;二是装车作业前要认真对罐车阀件进行安全检查,对于罐体有漏、裂、阀、盖垫及仪表等附件、配件不齐全或作用不良的罐车,要立即补足配件或进行修理,否则严禁使用和排空;三是罐车装卸作业后,要及时关严罐车阀件,盖好人孔盖,拧紧螺栓,防止运行过程中螺栓松动或人孔盖开启;四是货检站要严格执行货检作业标准,加强对通过列车车辆和货物装载状态的监视,发现人孔盖开启等问题要及时通知有关部门处理。

(2)严格按照"事故原因未查清不放过,事故责任者未处理不放过,整改措施未落实不放过,事故教训未吸取不放过"的原则,对上述三起空罐车运行途中人孔盖开启事故进行认真剖析,抓住事故源头,深入查找事故原因,对空罐车人孔盖开启问题采取针对性的整改措施,坚决防止类似事故再次发生,确保危险货物运输安全。

一、货运安全管理的意义、方针和原则

铁路是国民经济的大动脉,它通过完成社会产品流转的运输任务,在整个国民经济中起着桥梁和纽带的作用。为此,要求铁路运输必须保持安全畅通、迅速及时、经济便利,确保整个社会的生产、流通、消费等环节紧密相连,持续稳定。由此可见,保障货运安全,对国民经济发展和人民生活改善,对社会主义建设和国际经济交往,对国防现代化建设,对铁路自身的经营效益,对国家、社会财产安全和广大铁路职工的生命安全,都有着十分重要的意义。

安全生产是铁路运输工作的永恒主题。铁路货运安全应本着"安全第一,预防为主,综合治理"的方针进行管理。

货运安全管理工作应遵循"预防为主、处理为辅;以事实为依据、以规章为准绳;秉公而断、依法办事;奖惩分明"的原则。

二、货运安全管理的主要措施

(1)加强对货运设备的管理和养护维修,消除设备隐患,使设备保持完好。

(2)重视对职工的教育,有计划地开展岗位技能培训,组织学标对标、达标和岗位练兵、安全生产竞赛等活动,进一步提高货装人员的业务素质,增强实际操作能力。

(3)严格货装各项规章制度的管理,建立废、修、补、建的正常制度。认真落实各项工作制度和作业标准,实行定量与定性相结合的安全工作考核办法,促使全体货装职工按岗位作业标准进行作业。

(4)加强专用线管理,落实专用线装卸车质量监控措施,严格执行路企检查交接制度,杜绝事故隐患。

(5)加强货场、站场治安、消防管理和货运途中的防范工作,严防犯罪分子盗窃、哄抢运输物资和破坏运输设备。公安和运输部门要加大对货盗的打击力度,对货盗严重地区,实行集中整治,对内外勾结、监守自盗的要从严惩处。

(6)努力减少货损。认真落实装卸作业标准和货物堆码标准,机械作业要运行平稳,不刮不碰。装卸作业要轻拿轻放,保证货物完好无损。各检修单位必须认真负起责任,对配件残缺的车辆和破损篷布要及时整修,减少车辆和篷布状态不良引发的货损事故。

（7）强化货运安全。装车站应严格按方案装车，严防超重、偏重、集重、超限和坠落。严格执行装车质量签认交接制度，确保装一辆重车保一路平安。技术作业站要加强货检工作，杜绝装载不良引发事故。

（8）认真分析货物损失事故发生原因，及时总结经验教训，掌握事故发生规律，针对性地制定和落实防范措施。

单元 4.4　货物损失处理

一、货物损失的定义及种类

货物在铁路运输过程中（自铁路运输企业接收货物时起，至将货物交付收货人时止）发生的灭失、短少或者损坏，均属于货物损失。

货物损失分为五类：

（1）火灾；

（2）被盗（有被盗痕迹）；

（3）丢失（全批未到或部分短缺，没有被盗痕迹的）；

（4）损坏（破裂、变形、磨伤、摔损、部件破损、湿损、漏失、腐烂、植物枯死、动物死亡、污损、染毒等）；

（5）其他（办理差错及其他原因造成的货物损失）。

二、货物损失等级

货物损失按其性质和损失程度分为四个等级。

（1）一级损失：货物损失款额 10 万元以上的；

（2）二级损失：货物损失款额 1 万元以上未满 10 万元的；

（3）三级损失：货物损失款额 1000 元以上未满 1 万元的；

（4）轻微损失：货物损失款额未满 1000 元的。

《铁路货物损失处理规则》所称"以上""以下"均包含本数。

案例4-6

剧毒品被盗丢失事故

案例描述：××年6月13日××站承运两车装有剧毒品的农药，车号 W5SK 8002416、W5SK 8001195，票号 52750、52751。托运人为××有限公司，收货人为××化学工业供销总公司。运单采用剧毒品黄色专用运单，货票记载品名为"氧乐果"，铁危编号 61126。派有押运人员 2 名，每车乘坐 1 人。

　　上述车辆于16日15时40分到达××站到达场9道,货检作业时,发现机后第32位(车号W5SK 8001195)一侧无封。车站立即向有关部门报告,并通知公安部门全程看护,将事故车辆送至专用线2道卸车,经车站货运部门、公安部门、收货人及押运员共同清点,发现车号为W5SK 8001195的车辆所装剧毒品缺少15件零4瓶(每件20瓶,每瓶300g,共缺少304瓶)。另一车(车号W5SK 8002416)施封完好,卸后件数与运单货票记载3700件一致。

　　经公安、货运等部门协同努力,该起剧毒品被盗案件已经侦破,追回丢失货物300瓶。

　　案例分析:这次剧毒品被盗案件反映了铁路沿线和站车秩序不良,盗窃活动十分猖獗。但在事故调查中,也发现危险货物运输管理上仍存在严重漏洞,一是剧毒品车辆在站停留3小时26分钟,车站未采取措施进行看护;二是未按剧毒品车辆货检作业要求用数码相机对剧毒品车辆两侧(车号、施封、门窗状况等)进行拍照存查;三是托运人未按规定安装防盗报警装置,车站未严格认真审查,造成了安全隐患;四是押运员未起到对所押运货物的安全保障作用,事故发生后未按规定报告。

　　案例启示:

　　(1)严格执行国铁集团关于危险货物运输的各项规定,完善源头管理,加强受理环节审查,落实危险货物受理、承运、装车等各工种、环节的签认制度,依法加强监督检查,切实堵住危险货物运输的漏洞。

　　(2)严格执行重点危险货物运输押运人管理规定和区段负责制及看护巡守制度。中途发现押运人员未持证上岗、未按规定着装、未携带必备的安全防护用品和处置工具以及擅离职守等,一律甩车,并发电报通知有关方面严肃处理。对装有危险货物的车辆,各级调度要重点掌握,减少中途停留时间;站内停放危险货物车辆时,要采取安全防护措施,派人重点看护,对装有剧毒品、爆炸品、易燃气体等重点货物的车辆,要通知公安部门加强看护巡守。

三、货物损失处理作业程序

　　货物损失处理作业包括货损发现和现场处理、货损调查与定责、货损赔偿与诉讼、货损分析与统计及无法交付货物和无标记事故货物(简称两无货物)处理。

　　货物损失处理作业程序如下:

　　(1)货损发现和现场处理:抢救处理→货损报告→货损调查→货物清理→收集资料→编制货物损失报告。

　　(2)货损调查与定责:现场核实→编制货运记录→确定货损等级→拍发货物损失速报→查询→答复→原因和损失鉴定→货损分析→划分责任承运人与托运人、收货人间责任→划分承运人内部责任。

　　(3)货损赔偿与诉讼:审核资格→审核资料→赔偿与清算→诉讼。

　　(4)货损分析与统计:分析→统计。

　　(5)两无货物处理:编制记录→收集保管→查询及处理→报批变卖。

四、编制与拍发货物损失速报

1.确定货物损失等级

　　(1)根据货物损失程度估算损失款额。

（2）根据托运人、收货人提供的货物价值测算货物的损失款额。

2.拍发货物损失速报

（1）发现火灾,罐车装运的压缩气体、液化气体泄漏,剧毒品、放射性物品被盗丢失以及估计损失款额达到一级损失等情况时,应在 1h 内逐级报告,并在 24h 内向有关站、直属站段、铁路局集团有限公司和有关铁路公安部门以电报形式拍发货物损失速报,并抄送国铁集团货运部。

（2）在拍发货物损失速报前用电话立即逐级报告;情节严重和后果严重的,铁路局集团有限公司应及时向国铁集团报告。

（3）货物损失速报要经车站主管领导审核签发,是为了保证速报的严肃性,便于及时处理货物损失。

（4）货物损失速报拍发后,及时录入保价系统并传输。

3.货物损失速报的内容及格式

（1）损失等级、种类;

（2）发现事故的时间、地点;

（3）货物发站、到站、货物名称、承运日期;

（4）车种、车型、车号,运单号码,办理种别,保价或保险金额（金额前注明"保价"或"保险"或"商险"字样）;

（5）损失概要;

（6）对有关单位的要求。

拍发速报时,在电文首部冠以"货物损失速报"字样,（一）～（六）项加括弧作为各项代号。

示例:拍发货物损失速报（表4-1）。

货 物 损 失 速 报   表4-1

签发: 核稿: 拟稿人: 电话:

发报所名	电报号码	等级	受理日	时分	收到日	时分	值机员

主送:A 站、B 站、新乡车务段、长沙货运中心、中国铁路郑州局集团有限公司货运部、中国铁路广州局集团有限公司货运部
抄送:国铁集团货运部、中国铁路郑州局集团有限公司公安局、中国铁路广州局集团有限公司公安局

货物损失速报

（一）二级损失、火灾。

（二）2019 年 1 月 6 日 9 时 27 分,C 站到达场。

（三）A 站,B 站,木粉,2018 年 4 月 23 日。

（四）P_{60GK}3465878,××FZA0000128,整车,保价 10 万元。

（五）2019 年 1 月 6 日 9 时 27 分 33006 次列车进入 C 站到达场,货检员发现车内冒烟并起明火,我站立即将该车送无电区处理,组织人员淋水灭火,12 时 40 分扑灭火灾。残货于 14 时会同公安检查清点完毕。经查,本批货物运单记载装载 1200 件,现场检查烧损 200 件,因救火淋湿 300 件,估计损失约 5 万元,具体损失待鉴定。该车是全钢车,地板完好无损。货物运单记载该车为承(托)运人装车。现损失货物已卸于我站某库内,完好件与损失件已分开码放,火车暂存我站 6 道。

（六）请发站速查装车情况,并于接报之日起 3 日内派人协助处理。请发、到站速联系发、收货人,征求其处理意见并诉告。

（C 站货物损失处理专用章）   C 站主管领导签字

                                              2019 年 1 月 6 日

五、货物损失的调查

(一)车站接到调查记录的处理

一般事故由到站负责处理。

车站接到调查记录(包括自站编制的记录)、货物损失速报和查询文电后,核对送查记录及附件是否正确、齐全,加盖收文戳记,编号登记于货物损失(记录、调查、赔偿)登记簿内,并按以下规定办理:

(1)初次接到调查记录时,如果核对所附材料不符合要求而影响事故调查,应一次提出,自接到记录之日起3天内将原卷寄回送查站处理。

(2)调查记录如果有误到情况,自接到之日起3天内将原卷转寄应寄送的车站,并抄知误寄站。

(3)属于自站责任的,自接到记录之日起3天内以查复书答复送查站,告知发、到站。

(4)对已明确为自站责任,但还需要向有关单位索取补充材料,了解货物损失、下落或到达、交付情况的,应以查复书要求处理站补充。

(5)属于他站责任的,以查复书说明理由和根据,自收到货运记录之日起3天内答复处理站,并抄知发、到站和有关单位。被定为一级损失的,应抄报主管铁路局集团有限公司。

(6)对逾期未到货物的查询,应自接到查询的次日起2天内将查询结果电告到站,并向下一作业站(编组、区段或保留站)继续查询。

(7)因情况复杂,责任站不能在规定期限内调查答复(包括要求暂缓赔偿的),需要延期时,应提前提出理由,通知到站(铁路局集团有限公司)。但此项延期自收到记录之日起,最多不得超过30天。

(二)铁路局集团有限公司接到货物损失调查报告的处理

重大货物损失、大货物损失由铁路局集团有限公司负责处理。

发生货物损失的铁路局集团有限公司对重大货物损失、大货物损失应立即深入现场组织处理。当货物损失涉及其他铁路局集团有限公司责任时,应在拍发货物损失速报之日起,15天内邀请有关铁路局集团有限公司参加处理,召开分析会,作出会议纪要。

有关铁路局集团有限公司接到重大货物损失、大货物损失速报后,应组织调查,并按发现铁路局集团有限公司通知的开会日期参加货物损失分析会,并签署会议纪要。

铁路局集团有限公司间对货物损失责任划分意见一致时,由发现铁路局集团有限公司将会议纪要连同有关材料送到达局。铁路局集团有限公司间对货物损失责任划分意见有分歧时,应在会议纪要内阐明各自意见,由发现铁路局集团有限公司将会议纪要连同现场调查材料等以局文上报国铁集团裁定,并抄送有关铁路局集团有限公司。

货物损失处理工作应自事故发现之日起60天内处理完毕。

六、货物损失责任划分

货物损失责任划分应以事实为根据,规章为准绳。在查明货物损失情况和原因的基础上,按国家法律、行政法规及铁路企业的有关规定划清承运人与托运人、收货人之间的责任。划分铁路内部各单位及物流企业责任时,按照《铁路货物损失处理规则》附件 3 和有关规定办理。

(一)火灾

(1)火灾责任认定以公安消防部门认定的起火原因为依据,铁路局集团有限公司间对火灾责任认定意见不一致时,二级、三级、轻微损失由处理铁路局集团有限公司按照公安消防部门的认定划分责任;相关铁路局集团有限公司对一级损失责任认定不一致时,由发生铁路局集团有限公司报国铁集团裁定。

(2)因未按规定安装防火板或安装不符合规定,闸瓦火花烧坏车底板而造成的火灾,列最近定检施修该车的车辆段所属铁路局集团有限公司或车辆厂属地铁路局集团有限公司责任。列车未按规定隔离造成的火灾,由列车编组站负责;中途摘挂后隔离不符合规定造成的火灾,列中途摘挂站责任。

(3)有公安机关证明系扒乘人员引起的火灾,列该扒乘人员最初扒乘该次列车的扒乘站(铁路局集团有限公司)负责。既有扒乘原因又有使用车辆不当情况时,扒乘站负主要责任,使用车辆不当的负次要责任。

(4)遇铁路局集团有限公司间分界站接入列车时发现火灾,在进站 30min 之内用列车无线调度电话通知交出铁路局集团有限公司调度所,并取得该列车乘务组证明,查不清原因的,列交出铁路局集团有限公司责任。

(5)违反车辆使用规定,列发站责任(防火板原因造成火灾的除外);车辆代用的能查明火灾原因的,列责任站责任,查不清起火原因的,列发生站(区间发生的列发生铁路局集团有限公司)责任,赔偿由发站(有铁路局集团有限公司代用命令的由发送铁路局集团有限公司)和发生站(铁路局集团有限公司)分摊。

(6)罐车装用的危险货物,因车辆技术状态不良发生火灾,列最近定检施修该车的车辆段所属铁路局集团有限公司或车辆厂属地铁路局集团有限公司责任;阀(盖)关闭不严的,列装车站责任。

(7)篷车车体完整、门窗关闭、施封良好,查不清火灾原因时,由前一装卸站负责;货车发生补封查不清原因时,由补封单位负责,如属委托补封的或上一责任货运检查站责任补封的,由委托单位或上一责任货运检查站负责;装车站未施封,查不清原因的,由装车站和发生站(区间发生的为发生铁路局集团有限公司)分摊。

集装箱箱体完好,施封良好,查不清原因的,列发站责任。

(8)易燃、自燃货物因包装质量、自然属性或装载方法,非易燃货物以易燃材料包装、衬垫,敞车装运未苫盖篷布,或以其他物品苫盖发生火灾,列装车站责任。

(9)除上述各款外,查不明原因的火灾,列发生铁路局集团有限公司责任。

(二)被盗、丢失

(1)篷车(含毒品车)、冷藏车装运的货物。
①门窗关闭、施封有效的,列装车站责任;未使用规定的施封锁或未在车门下部施封,有记

录或站车交接电报证明的,列封印站责任,赔款由封印站和上一责任货运检查站分摊;无记录或站车交接电报证明的,列封印站责任,赔款由封印站和到站分摊。

②封印失效、丢失、断开,不破坏封印即能开启车门的,均按站车交接规定列责。

③货车发生补封的,列上一责任货运检查站责任,未按规定拍发电报的,列补封站责任;连续补封的,列第一责任站责任,赔款共同分摊;自站责任补封的,列补封站责任;如属委托补封的,列委托单位责任。货车在途中发生补封,补封单位拍发的站车交接电报漏抄送发、到站的,列上一责任货运检查站责任,赔款由责任单位和补封单位分摊。

④卸车站发现货车封印的站名相符但号码与运输票据或封套记载不符时,列装车站责任。

⑤施封的货车,已有途中站车交接电报或普通记录,且现状与途中站车交接电报或普通记录记载内容相符,卸车站可以不再拍发电报。如内容不相符,又未拍发站车交接电报的,列卸车站责任。

⑥车窗开启或使用不完整车辆(包括车体端侧墙有破洞,车窗、烟囱口不完整)以及不施封造成的,列装车站责任。

(2)敞车装运的货物。

①铁路货车篷布丢失造成货物损失,按站车交接规定列责。

②托运人自备篷布丢失及造成货物损失的,列发站责任,赔款由沿途各铁路局集团有限公司分摊。

(3)集装箱装运的货物。

①卸车发现集装箱封印失效、丢失,站名无法辨认以及封印站名、号码不符或箱体破损的,列装车站责任。施封有效,站名相符,号码不符的,列发站责任。

②使用平车和集装箱专用平车装运集装箱箱体损坏的,按站车交接规定列责;有交方普通记录证明的,列交方责任;没有交方普通记录证明的,列接方责任;多次损坏、多次证明的,列第一责任站责任,赔款共同分摊。

③集装箱装载不符合规定造成封印失效、丢失的,列装车站责任。

④到站发现罐车破封查不明原因的,列发送铁路局集团有限公司责任,赔款由沿途各铁路局集团有限公司分摊。

⑤有公安机关证明,系扒乘人员造成货物被盗、丢失,列该扒乘人员最初扒乘该次列车的扒乘站(铁路局集团有限公司)责任。

⑥路用罐车技术状态不良造成货物泄漏时,列最近定检施修该车的车辆段所属铁路局集团有限公司或车辆厂属地铁路局集团有限公司责任。

⑦调车冲撞造成罐车货物泄漏时,列调车作业站责任;查不清调车冲撞站的,列发生站(铁路局集团有限公司)责任。

⑧车门缝处货物被盗割的,列发送铁路局集团有限公司责任,赔款由沿途各铁路局集团有限公司分摊。

⑨集装货物卸车发现整体灭失以及散落其中小件丢失的,列装车站责任;包装和捆绑不良造成的,列装车站责任,赔款由装车站和发站分摊。

⑩货物发生被盗、丢失定责前被公安机关侦破的,按破案结论定责。

⑪不属《管规》中站车交接检查内容,但通过货运计量安全检测监控设备(简称监控设备)

或其他方式检查发现敞车篷布顶部被割坏或篷车(集装箱)顶部被破坏等问题的,按下列规定列责:

a. 在途中有监控设备的货运检查站、无监控设备的途中站发现的,按规定处理并拍发电报的,如上一责任货运检查站有监控设备,列上一有监控设备的货运检查站责任,赔款由责任货运检查站和发站分摊;如前方途经站无监控设备,列发站责任,赔款由发现铁路局集团有限公司前方沿途各铁路局集团有限公司分摊。

b. 检查发现但未处理的,列发现站责任,赔款由发现站、发站和上一有监控设备的货运检查站分摊。

c. 中途站换装整理时发现的,如上一责任货运检查站有监控设备,列上一有监控设备的货运检查站责任,赔款由责任货运检查站和发站分摊;如前方途经站无监控设备,列发站责任,赔款由沿途各铁路局集团有限公司分摊;换装后发生的,列换装站责任,赔款按《管规》第11、12条规定分摊。

d. 车体完整、篷车施封良好、篷布苫盖无异状的,列发生站责任;能通过监控设备判明发生区段的,列发生铁路局集团有限公司责任;无法通过监控设备判明的,列发站责任,赔款由发现铁路局集团有限公司前方沿途各铁路局集团有限公司分摊。

(三) 损坏

(1)因货物无包装或包装有缺陷发生损坏的,列发站责任;货物发生损坏,经到站鉴定不属于包装质量和货物性质原因的,列装车站责任。

(2)整车易碎货物(包括以陶瓷、玻璃为容器的货物)发生损坏,除能查明责任者的外,列发站责任;有明显冲撞痕迹,查不清责任者的,列到达铁路局集团有限公司责任,赔款由沿途各铁路局集团有限公司分摊。集装箱装运的易碎货物发生损坏,又查不明铁路内各单位间原因的,列到达铁路局集团有限公司责任,赔款由沿途各铁路局集团有限公司分摊。

(3)篷车漏雨造成货物湿损,货运检查中能够发现的,列装车站责任;不能发现的,列最近定检施修该车的车辆段所属铁路局集团有限公司或车辆厂属地铁路局集团有限公司责任。敞车货物湿损的,列装车站责任。铁路货车篷布丢失造成货物湿损,按站车交接规定列责。托运人自备篷布丢失、损坏及造成货物湿损的,比照(二)被盗、丢失第(2)条处理。篷布顶部被割造成货物湿损的,比照(二)被盗、丢失第(11)条处理。篷布质量不良造成货物湿损的,列装车站责任。集装箱箱体状态不良,货物发生湿损的,列发站责任。

(4)货物装载加固违反规定,或使用不符合要求的捆绑加固材料和装置,造成货物损坏的,列装车站责任。分卸的货物倒塌造成货物损坏的,列前一卸车站责任,赔款由装车站和前一卸车站分摊。

(5)货车(集装箱)清扫不彻底造成货物污染的,列装车(箱)站责任。

(6)使用未洗刷除污的车辆造成货物污染,上一卸车站未回送洗刷除污的,列上一卸车站责任;回送洗刷除污的车辆被排走而漏洗刷除污的,列误排站责任;洗刷除污不彻底的,列洗刷除污站责任。

(7)对污染源和被污染货物处理不当,造成损失扩大的,由处理站承担损失扩大部分赔款。

(8)货物染毒涉及车辆原装货物,又未保留原车和货物,经鉴定能查明原因的,列责任站责任;查不清原因的,列未保留站责任。

(9)违反铁路危险货物配放表、铁路车辆编组隔离表的限制以及车辆使用规定造成污染的,列违反站责任。

(10)违反车辆使用限制,或货物质量、温度、包装、装载方法不符合《铁路鲜活货物运输规则》(简称《鲜规》)要求,造成货物变质的,列发站责任。

(11)机械冷藏车违反易腐货物控温规定,造成货物变质的,列发送铁路局集团有限公司责任。

(12)发、到站装卸车作业时间超过《鲜规》要求的,列发站或到站责任。

(13)货物运到逾期造成货物变质的,列积压站责任;连续积压,列积压时间最长的车站责任,赔款由连续积压站按积压天数比例分摊。

(四)其他

(1)伪编货运记录的,列编制站责任。同一车内多批货物发生损失,编制两份以上货运记录,若经查明其中一份属于伪编,则其余各份货运记录所涉及的货物损失列编制站责任。误编、迟编以及迟送查货运记录的,列责任单位责任,赔款由责任单位与记录编制站分摊。收到调查记录(包括查询文电)超过规定答复期限未答复的,列延迟答复站责任。

(2)涂改运输票据造成货物损失或办理差错的,列涂改站责任;无法辨认涂改站的,列接方责任。因票据封套上封印号码填记简化,影响原因和责任分析的,列责任站责任,赔款由责任站和简化填记的车站分摊。卸车发现运单、货票上记载的件数、重量、货物价格发生涂改,未按规定加盖戳记,实卸货物与涂改后的记载相符,而与领货凭证不符的,除能查明原因者外,列发站责任;到站卸车未按章编制记录的,列到站责任。

(3)途中票据丢失后发生的货物损失或办理差错,除能查明原因者外,列丢票站责任。

(4)由于发站未检斤或检斤不准确,发生被盗或丢失后质量不相符的,列责任站责任,赔款由责任站和发站分摊。

(5)对误到的货物未按规定编制记录和处理,发生损失的,列卸车站责任。

(6)铁路内部交接不认真,接收后发现货物损失或办理差错的,除能查明责任者外,列接方责任。

(7)处理不认真,未采取积极措施,换装、整理不当,以致货物损失扩大的,由处理不当或换装、整理不当车站承担损失扩大部分赔款。

(8)到站对运到逾期货物不按章编制记录(或拍发电报)查询,列责任站责任,赔款由责任站(或货物积压站)和到站分摊。发站、中途站对运到逾期货物接到查询记录、电报,未在2日内(自接到查询的次日起)答复,货物发生损失的,列责任站(或货物积压站)责任,赔款由责任站(或货物积压站)和延迟答复站分摊。

(9)发生一级损失,处理铁路局集团有限公司未能在规定期限内处理完毕,或未按本规则规定向国铁集团提出裁定申请的,列处理铁路局集团有限公司责任。二级、三级损失,到站未在规定期限内定责处理或提出裁定申请的,列到站责任。轻微损失到站未在规定期限内定责处理的,列到站责任。

(10)由铁路行车原因造成货物损失的,按安全监察部门确定的责任单位列责。

(11)投保运输险的货物发生损失,因代办保险的车站未在货物运单记事栏内加盖"已投保运输险"戳记,超过保险索赔期限如由铁路负责的,列责任单位责任,赔款由责任单位和代办保险的车站分摊。

(12)货物发生损失,依照规定赔偿,托运人(或收货人)有异议,法院判决按照实际损失赔偿超出赔偿限额或保价比例的,列责任单位责任,其差额损失赔款由责任单位和发站分摊。

(13)铁路局集团有限公司调整卸车站后,卸车发现的货物损失或办理差错,能查明责任的,列责任站责任,赔款由责任站和调整卸车铁路局集团有限公司分摊;查不明责任的,列调整卸车铁路局集团有限公司责任。违反规定办理货物(车)变更,货物发生损失的,列变更受理站责任。

(14)误运到站,回送过程中发生货物损失,属于回送站责任的,赔款由回送站和误运站分摊。

(15)领货凭证上未记明本批货物的货票号码,或未在货物运单和领货凭证平行处加盖骑缝戳记致货物发生冒领或误交付的,列到站责任,赔款由到站和发站分摊。

(16)列车编组顺序表上对施封的货车未记明"F"字样,货车一侧无封,货物发生被盗、丢失的,列上一责任货运检查站责任,赔款由上一责任货运检查站和该列车的编组站分摊;货车两侧无封的,列该列车的编组站责任。

(17)货物品名过多或同一品名规格、价值不同以及同一包装内有两种以上的货物按一批托运时,未按规定填写货物运单(货票)、物品清单或填写简单笼统,造成到站难以确定损失的,列责任站责任,赔款由责任站和发站分摊。

(18)货车已施封,但未在运输票据或封套上注明"F"字样及施封号码,货物发生被盗、丢失,能查明原因的,由装车站和责任单位共同负责;查不明原因的,由装车站负责。

(19)货车滞留,滞留站未按规定拍发电报,货物发生变质或损失的,列责任单位责任,赔款由责任单位和滞留站分摊。

(20)记录编制站拆下的封印,在规定保管期限内,责任站调查发现该封印丢失或与记录不符的,列记录编制站责任。

(21)集装运输的货物(如集装袋、网,托盘,成捆钢材,有色金属),卸车时发现捆绑松散,而未对损失货物进行清点(或未检斤)并编记录注明的,列卸车站责任。

(22)由承运人负责接取送达,在接取时发生货物损失的,列发站责任;在送达时发生货物损失的,列到站责任。委托其他物流企业接取送达的,按委托协议清算赔款。

(23)仓储货物发生损失的,列仓储站责任。

(24)未涉及上述情况的责任划分条款,由到站提出定责意见,报主管铁路局集团有限公司审定。

七、货物损失的赔偿

(一)赔偿责任的划分

依据《中华人民共和国铁路法》《货规》和《铁路货物运输合同实施细则》的规定,承运人从承运货物时起至货物交付收货人或依照有关规定处理完毕时止,对货物发生灭失、损坏负赔偿责任。但由于下列原因发生货物灭失、损坏的,承运人不承担赔偿责任:

(1)不可抗力。

(2)货物本身的自然属性或者合理损耗。

（3）托运人、收货人或押运人的过错。

由托运人、收货人的责任或押运人的过错导致铁路运输工具、设备或第三者发生货物损失时，托运人或收货人应负赔偿责任。

（二）赔偿要求的受理

（1）托运人或收货人向承运人要求赔偿货物损失时，应按批向到站（货物发送前发生的货损向发站）提出"赔偿要求书"并附下列证明文件：

①货运记录（货主页）原件；

②货物运单原件；

③物品清单（发站没有填制的除外）；

④领货凭证（货物全批灭失时需提供）；

⑤损失货物鉴定书（无须鉴定的除外）；

⑥其他必要的证明材料。

（2）承运人向托运人或收货人提出赔偿要求时，应提出货运记录、损失清单和必要的证明文件。

（3）对承运人责任明确的保价运输货物发生的事故，发站可以受理办赔。

（4）受理赔偿时，车站须审核赔偿要求人的权利、有效期限、"赔偿要求书"的内容，以及规定的证明文件是否正确、有效和完整。

（5）经审核无误后，在"赔偿要求书"收据上加盖车站公章或货物损失处理专用章，交给赔偿要求人。

（6）车站受理的以及铁路局集团有限公司接到的赔偿案件，应按顺序登记于货物损失（记录、调查、赔偿）登记簿内。

（7）车站上报铁路局集团有限公司的赔偿案件，经审核确定不属于铁路责任时，铁路局集团有限公司应说明理由与根据，将调查页及赔偿材料退给处理站，一律由处理站以正式文件答复赔偿要求人，同时将全部赔偿材料（赔偿要求书除外）退给该要求人，并抄知有关单位。

（三）赔偿的权限

（1）轻微损失的赔偿由受理站审核办理。

（2）三级损失的赔偿由受理站在受理当日，以查复书（写明调查过程、损失款额、赔偿金额等）形式上报主管直属站段，抄送发、到站及相关站，由主管直属站段审核办理。

（3）二级、一级损失的赔偿及保价货物损失赔偿，由受理站在受理当日，以查复书［写明调查过程、损失款额、赔（补）偿金额等］形式上报主管铁路局集团有限公司，抄送发、到站及相关站，由主管铁路局集团有限公司审核办理。

（4）涉及物流总包业务损失赔偿受理权限。

涉及物流总包业务的，由签约单位按合同约定指定车站办理赔偿；不属车站办理权限的，由车站在受理当日，以查复书［写明调查过程、损失款额、赔（补）偿金额等］形式上报主管直属站段或主管铁路局集团有限公司，抄送发、到站及相关站，由主管直属站段或主管铁路局集团有限公司按合同约定审核办理。

思考题

一、填空题

1. 货物损失分为( )、( )、( )、( )、( )。

2. 货物损失按其性质和损失程度分为( )、( )、( )、( )四个等级。

3. 对火灾,罐车装运的压缩气体、液化气体泄漏,( )、( )、( )被盗丢失时,货物损失速报应报送公安部门。

4. 划分事故责任应以( )为根据,( )为准绳。

5. 篷车车体完整、门窗关闭、施封良好,查不清原因时,由( )负责。

6. 有公安机关证明系扒乘人员引起的火灾,列( )责任。

7. 卸车站发现货车封印的站名相符但号码与运输票据或封套记载不符时,列( )责任。

8. 货车(集装箱)清扫不彻底造成货物污染的,列( )责任。

9. 承运人从( )时起至货物( )完毕时止,对货物发生灭失、损坏负赔偿责任。

二、选择题

1. 货物损失( )万元以上的为一级损失。

   A. 5 　　　　B. 10 　　　　C. 15 　　　　D. 20

2. 货物损失( )万元以上未满( )万元的为二级损失。

   A. 1　10 　　　B. 2　5 　　　C. 3　15 　　　D. 5　10

3. 损失款额未满( )元的为轻微损失。

   A. 1000 　　　B. 3000 　　　C. 5000 　　　D. 7000

4. 初次接到调查记录,如果核对所附材料不符合要求而影响事故调查时,应一次提出,自接到记录之日起( )日内将原卷寄回送查站处理。

   A. 1 　　　　B. 2 　　　　C. 3 　　　　D. 4

5. 对已明确为自站责任,但还需要向有关单位索取补充材料,了解货物损失、下落或到达交付情况的,以( )要求处理站补充。

   A. 普通记录 　　B. 货运记录 　　C. 行车记录 　　D. 查复书

6. 因情况复杂,责任站不能在规定期限内调查答复(包括要求暂缓赔偿的),需要延期时,应提前提出理由,通知到站(铁路局集团有限公司)。但此项延期自收到记录之日算起,最多不得超过( )日。

   A. 10 　　　　B. 20 　　　　C. 30 　　　　D. 40

7. 铁路局集团有限公司间对起火原因意见不一致时,货物损失未满( )万元事故,由处理铁路局集团有限公司定责。

   A. 5 　　　　B. 10 　　　　C. 12 　　　　D. 15

8. 发站或中途站对运到逾期货物接到查询记录、电报,自收到记录、电报之日起( )日内未答复,货物发生损失的,赔款由延迟答复站与责任单位(或货物积压站)分摊,事故列责任单位(或货物积压站)责任。

　　A.5　　　　　　　　B.7　　　　　　　　C.9　　　　　　　　D.11

9.赔款额(　　　)元以下的,由受理站(非决算单位的车站由车务段)审核赔偿。

　　A.2000　　　　　　B.3000　　　　　　C.4000　　　　　　D.5000

10.货物损失款额(　　　)元以上未满1万元的为三级损失。

　　A.1000　　　　　　B.2000　　　　　　C.3000　　　　　　D.4000

三、判断题

1.发现重大事故、大事故、火灾事故,应在24小时内向有关站、铁路局集团有限公司拍发货物损失速报,并抄报国铁集团、主管铁路局集团有限公司。　　　　　　　　(　　)

2.发现货物一级损失,发现铁路局集团有限公司应立即深入现场组织处理。　　(　　)

3.车站应在发生危险化学品运输事故以及液化气体泄漏,剧毒品、爆炸品、放射性物品被盗丢失时,及时逐级向运输调度和货运、公安管理部门报告,并在3小时内向有关站、铁路局集团有限公司拍发货物损失速报,同时抄报国铁集团、主管铁路局集团有限公司。　(　　)

4.当货物损失涉及其他铁路局集团有限公司责任时,自拍发货物损失速报之日起10天内邀请有关铁路局集团有限公司参加处理,召开分析会,作出会议纪要。　　　　(　　)

5.普通记录第二页与第一页的内容不符为普通记录伪编。　　　　　　　　(　　)

6.货车已施封,但未在运输票据或封套上注明"施封"字样及施封号码,货物发生被盗丢失时,查明原因的,由装车站和责任单位共同负责。　　　　　　　　　　　(　　)

7.货物的合理损耗由承运人承担赔偿责任。　　　　　　　　　　　　　(　　)

8.赔款额超过5000元的,由铁路局集团有限公司审核赔偿。　　　　　　　(　　)

9.货物损失按其性质和程度分为四个等级。　　　　　　　　　　　　　(　　)

10.涉及物流总包业务的,由签约单位按合同约定指定车站办理赔偿。　　　(　　)

四、简答题

1.简述铁路货运安全的特殊性。

2.简述铁路货物运输安全管理的意义。

3.影响铁路货运安全的因素主要有哪几个方面?

4.货运安全保障体系的主要内容包括哪些?

5.精细装载质量控制包括哪些主要内容?

6.简述货运安全管理的主要措施。

7.简述货物损失的分类。

铁路客运安全管理

学习目标

1. 掌握旅客携带品的相关规定、安全检查的内容及发现危险品时的处理方法。
2. 了解列车秩序管理的内容，掌握在乘车途中保证旅客人身安全的做法。
3. 掌握防止旅客意外伤害的措施。
4. 明确旅客及客运乘务员禁烟管理规定，了解消防安全、食品安全管理规定。了解旅客列车安全设施，掌握旅客列车安全设备使用规定。
5. 了解旅客列车防火安全设备及"两炉一灶"安全管理。了解乘务员出、退乘安全管理规定，折返站安全管理规定，乘务安全管理规定及库内安全管理规定。
6. 掌握站车发生火灾、爆炸事故时的应急处理程序，动车组列车晚点的应急处理程序，站车发生重大疫情时的应急处理程序，旅客病情发作时的应急处理程序，站车发生旅客食物中毒事件时的应急处理程序，车站突发大客流时的应急处理程序，恶劣天气下客运组织应急处理程序。

技能目标

1. 培养学生处理危险品的能力。
2. 掌握保障重点特殊旅客安全的技能。
3. 掌握旅客发生意外伤害的应急处理措施。
4. 掌握消防安全的应急措施及处理程序。
5. 掌握动车组列车晚点等突发事件的应急处置程序，具有处理突发事件的技能。
6. 掌握站车发生重大疫情时的应急处置程序，具有处理各种突发事件的能力。

课程思政

通过铁路客运安全管理知识的学习，学生应认识到铁路客运安全的重要性。引导学生树立"安全第一"的思想，牢记"人民铁路为人民"的初心和使命，践行全心全意为人民服务的宗旨，在客运服务中奉行"以服务为宗旨，待旅客如亲人"的服务理念，不断提高旅客运输服务质量。

建议学时

4 学时。

铁路旅客运输的任务就是最大限度地满足广大旅客在旅行上的需求,安全、迅速、准确、便利地将旅客、行李、包裹和邮件运送到目的地,保证旅客在旅行中的舒适、愉快,为不同层次的旅客提供良好的物质和文化生活服务。旅客运输的安全性是衡量铁路旅客运输质量的重要指标之一,必须保证旅客在旅行中的生命、财产安全。铁路客运企业在进行客运生产活动时,要时刻把安全摆在第一位。

在旅客运输过程中,站车客运人员要时刻牢记旅客人身安全工作的重要意义,为营造和谐铁路努力做好各项安全工作,要严格、认真落实各项安全作业标准,尤其在预防措施上下功夫,积极探索有效的防止旅客受到人身伤害的办法,把旅客安全重点转移到防止事故发生上来。同时也要加强事故发生后的应急处置管理,将对旅客的伤害和对铁路企业的影响降到最低。

单元5.1 安全检查管理

一、旅客携带品

(1)旅客携带品由旅客本人负责看管。每人免费携带品的质量和体积是:成人20kg、儿童(含免费儿童)10kg,外交人员35kg。每件物品外部尺寸长度、宽度、高度之和不超过160cm(动车组列车130cm)。杆状物品质量不超过20kg,高度不超过200cm。

(2)下列物品不得带入车内:

图5-1 禁止携带物品示意图

①国家禁止或限制运输的物品;

②法律、法规、规章中规定的危险品、弹药和承运人不能判明性质的化工产品;

③动物及妨碍公共卫生(包括有恶臭等异味)的物品;

④能够损坏或污染车辆的物品。

禁止携带物品示意图见图5-1。

(3)下列物品限量携带:

①气体打火机(不得超过5个),安全火柴(不得超过20小盒);

②不超过20mL的指甲油、去光剂、染发剂,不超过120mL的冷烫精、摩丝、发胶、杀虫剂、空气清新剂等用自喷压力容器盛装的物品;

③军人、武警、公共安全专家人员、民兵等凭法规规定的持枪证明佩带的子弹。

二、安全检查

旅客进入下列场所时,即有义务接受运输安全检查(图 5-2):

(1)铁路车站站房;

(2)作为车站组成部分的售票、行包托运、寄存场所;

(3)车站在站房外划定的候车区;

(4)加入检票进站的行列;

(5)检票口内的通道、站台;

(6)旅客列车。

旅客应当接受并配合铁路运输企业在车站、列车上实施的安全检查,不得违法携带或夹带匕首、弹簧

图 5-2 旅客安全检查

刀及其他管制刀具,或者违法携带、随身托运烟花爆竹、弹药等危险品、违禁物品。铁路运输托运人托运行李、包裹时不得匿报、谎报货物品名和性质。

车站和列车应当以广播、标语、宣传牌等各种方式,向旅客宣传法律、规章中有关危险品管理及处罚规定,并将品名和限制携带的数量向旅客公告。

旅客或托运人无正当理由拒绝检查的,在车站,安检人员可以拒绝其进站或托运;在列车上,由列车工作人员通知乘警依法进行检查。因拒绝检查而影响运输的,由旅客或托运人负责。对怀疑为危险物品,但受客观条件限制又无法认定其性质的,旅客或托运人又不能提供该物品性质和可以经旅客列车运输的检测证明时,铁路可以不予运输。

铁路安检人员要了解“三品”的品名、性能、特征及危害性,知道发现“三品”的处理处置方法。重点区段、乘降所、春运期间和有特殊任务时,乘警和列车要有组织地开展危险品检查,检查人员应佩戴安全检查标志。开箱(包)检查时,乘警负责实施,旅客应当在场,旅客申明所携带物品不宜接受公开检查时,检查人员应根据实际情况,在适当场合检查。列车上查出的危险品,由乘警妥善处置。

三、危险品处理

(1)在车站发现旅客携带超过限量规定的少量有危险性质的生活用品,可以由旅客选择交由送站亲友带回或放弃该物品。

(2)站车发现属于严禁携带和托运的危险品、违禁物品时,应将物品及旅客或托运人交公共安全专家部门处理。

(3)列车检查发现的鞭炮、拉炮、摔炮、发令纸类的危险品应立即水浸销毁。

(4)发现危险品或国家禁止、限制运输的物品,妨碍公共卫生的物品,损坏或污染车辆的物品,按该件全部质量加倍补收乘车站至下车站四类包裹运费。危险物品交前方停车站处理,必要时移交公共安全专家部门处理。对有必要就地销毁的危险品,应就地销毁,使其丧失危害力并且无须承担任何赔偿责任。没收危险品时,应向被没收人出具书面证明“没收危险品决定书(兼收据)”。

（5）对携带、托运危险品情节严重，构成犯罪的，应依照《中华人民共和国铁路法》和《中华人民共和国刑法》的有关规定追究刑事责任。

（6）旅客进站上车后主动全部交出其携带的危险品的，对携带人可以从轻或免除处罚。

（7）对没收危险品或执行治安处罚的，检查人员均应向当事人告之诉权。当事人表示申请复议或提起诉讼时，不影响没收或处罚决定的执行。

单元5.2　旅客乘降安全管理

车站要加强站台两端便门和平过道安全管理，防止旅客违章进出站造成的人身伤害。在站内设置完善的安全警示标志，比如"禁止旅客由此出站""严禁横越股道"，遇有雨雪天气时应提示"小心路滑、防止摔倒"，乘坐电梯时应提示"请勿踏黄线，注意安全"，在列车上端门、边门提示"小心挤伤""禁止翻越跳窗"等警示标志。同时要对站内老化设施进行及时的维修和养护，例如站台塌陷、照明不良、地道积水、候车室座椅破损失修、候车室内卫生间地面防滑设施不到位等，这些都可能造成旅客的意外伤害事故。

一、站内平过道安全管理

车站站内跨越正线、到发线的平过道要严格按照相关规定进行管理，防止旅客在站内误入平过道导致的人身伤害。

（1）平过道（不含行人专用平过道及设备管理单位专用平过道）的安全管理主体单位为车站，各使用单位必须与车站签订平过道通行安全协议，并建立通行车辆发证和凭证通行平过道制度。站内其他平过道，按照"谁使用、谁管理、谁负责"的原则，由使用单位与车站签订安全协议。

（2）列车运行速度超过120km/h区段以及有动车组通行区段设置的平过道（不含行人专用平过道及设备管理单位专用平过道），车站必须24h派人看守，各直属站、车务段应明确平过道看守人员岗位职责，落实看守责任。

（3）平过道栏杆（栅门）以关闭为定位。需要开启栏杆（栅门）前，平过道看守人员须经信号楼（行车室）作业人员准许，得到准许的密码后方可开启栏杆（栅门），并将密码、要点时间记入专门簿册内；信号楼（行车室）作业人员在确认要点时间段内无列车、调车车列通行的情况下方可发出准许的密码。车辆通行结束后，平过道看守人员应立即关闭栏杆（栅门），并及时向信号楼（行车室）作业人员汇报。栏杆（栅门）钥匙或遥控器由车站平过道看守人员负责管理。动车组通过前，平过道看守人员须站立在规定地点，看守平过道。

（4）车辆通行前，须经平过道看守人员同意，并严格执行"一停、二看、三引导、四通过"制度。

（5）平过道看守人员和引导人员应经安全教育培训并考试合格后，持证上岗。上岗时携带口笛,穿戴规定的服装和臂章,坚持立岗瞭望制度,不依赖电话,不依赖报警。

案例5-1

旅客侵入线路被撞身亡

案例描述:××年3月21日13时25分,XYC站客运值班员李××(男)在维持站台秩序过程中,未能认真做好防护工作,致使一名旅客在抢过站内平交过道时侵入线路,李××上前拦阻不及,二人一同被通过列车当场撞死。

案例分析:事故直接原因是李××在维持站台秩序作业中,未能认真做好防护工作,采取补救措施不及,致使一名旅客侵入线路。事故间接原因为XYC站对站内的平交道口管理不善,未设置防护设施,防护手段单一,日常安全教育不到位。

案例启示:铁路客运工作不到位也可能导致旅客身亡事故,每一个工种都不可掉以轻心。

二、车门乘降安全管理

案例5-2

杜绝车门松动可能造成的意外

案例描述:××年6月5日,某次列车14时50分运行至××站临时停车时,在车厢端部通过台上抽烟的旅客陈××发现车门有松动,随即向乘务员王××反映问题,王××疏散车门附近及通过台、连接处的旅客至车厢后,试图用车门钥匙锁定车门但没成功,使用无线对讲机上报列车长并联系检车员,检车员现场检查后最终将车门封死,及时有效地杜绝了可能发生的意外。

案例分析:本案例中列车车门发生故障,乘务员按照铁路有关规定,及时向列车长汇报。列车长立即通知车辆乘务员进行抢修,以确保列车运行中设备正常。在维修车门过程中,列车乘务员严把车门,防止旅客跳车、扒车、坠车等险性事故的发生。该案例中,列车乘务员对车门实施了有效的安全管理。

案例延伸:

该案例中所涉及的车门安全管理包括以下几点。

1. 车门管理正常作业

(1)列车车门管理制度。

列车乘务员对车门管理要严格执行"停开、动关、锁,出站台四门检查、瞭望"的制度。

①列车停稳前不得开启车门,列车起动要及时关门并加锁,列车未出站台不得离开值守的车门,列车出站台后,列车乘务员要按照车门管理职责范围全面落实自检、互检工作。

②自检、互检时要重点检查车门上下锁是否锁闭到位,检查车门外有无异常情况,遇塞拉门时还要打开翻板查看是否有异常情况,同时,要劝阻旅客不要倚靠车门,有安全防护栏的要查看栏杆是否安装牢固,发现设备故障或存在异常情况要立即报告列车长,并采取防护措施。

③为确保乘降安全和组织旅客快上快下,硬座车厢外端门为滑槽式车门时,到站应使用本

车厢车门作业,外端门为内开式车门时,到站应使用本车厢或相邻车厢对角车门作业;卧铺车厢到站应使用本车厢车门作业,到站前应锁闭外端门。

④各车厢乘务员应依规认真执行乘降组织工作,杜绝不提前到岗、到站不开车门、开车门不立岗、列车未起动提前关锁车门、提前离岗等违反作业规定的现象。

⑤列车遇临时停车,各车厢乘务员要进行车内及车门巡视检查和安全宣传,确保车门锁闭,严禁旅客上下车,发现问题要及时处置并报告列车长。

列车乘务员关车门时要卡好卡簧,防止挤伤旅客手脚。

(2)开车后车门管理要求。

列车出站后,凡每车配置对讲机的列车,必须由小号至大号逐车厢向列车长报告"车门已锁,互检完毕";没有每车配置对讲机的列车,列车开出后,列车长、值班员、添乘干部、包保干部等班组骨干在每站开车后必须分工对车门锁闭情况进行检查。

运行途中,各车厢列车乘务员要加强责任范围内车门的检查巡视。

硬座车厢超员时,遇办客站列车长要把卡控重点放在硬座车厢,开展巡视检查,及时处理突发问题。

(3)临时停车车门管理要求。

要发挥广播指挥生产作用,广播开播期间遇临时停车必须播报,临时停车时,列车乘务员必须看守并检查车门,严防通勤职工私自打开车门乘降。

所有列车乘务员必须熟记沿途各办客站到开时刻、标志性特点等,乘务室必须配置本次列车时刻表及停站。遇新线路、新停站、新人员和列车晚点时,列车长必须在小班会上或逐车厢重点提醒前方运行区段作业注意事项。停车后无法判定是否已到达办客站时,必须加强瞭望和互控,严禁擅自组织旅客乘降。

(4)车门故障无法开关时的应急处置。

若到站车门无法打开,应立即通告和引导旅客,使用邻近车厢车门组织乘降,并报告列车长,列车长要立即通知车辆乘务员赶赴现场处理,并协助故障车厢乘务员组织旅客有序乘降;若列车已起动、车门发生故障无法关闭时,列车乘务员应立即疏散车门附近及通过台、连接处旅客至车厢内(影响行车或人身安全时,要果断使用紧急制动阀停车),锁闭通过台处端门及内通过门,设置警示隔离装置,坚守现场并注意自身安全,及时报告列车长及车辆乘务员,车门故障由车辆乘务员到场处置,列车长要做好现场处置的取证工作。

(5)车门锁具故障应急处置。

若车门锁具故障无法加锁或途中跳锁,当班列车乘务员应看守好车门,将故障门附近及通过台、连接处旅客疏散至车厢内,锁闭通过台处端门及内通过门,设置警示隔离装置,坚守现场,报告列车长,由车辆乘务员到场处理;如故障无法排除,则按要求做好防护。

(6)车门玻璃缺失或破损时的应急处置。

在始发站发现车门玻璃缺失或破损时,应要求车辆乘务员立即安装或更换;运行途中发现车门玻璃缺失或破损时,当班乘务员应看守好车门,将故障门通过台旅客疏散至车厢内,锁闭通过台处端门及内通过门;同时报告列车长,通知车辆乘务员到场处理,并按要求做好防护。

（7）运行途中发现车门开启时的应急处置。

列车运行途中发现车门开启时，乘务人员应立即关闭车门；若发现车门无法关闭，应立即疏散车门附近及通过台、连接处旅客至车厢内，锁闭通过台处端门及内通过门，设置警示隔离装置，坚守现场并注意自身安全，及时报告列车长及车辆乘务员，车门故障由车辆乘务员到场处置，列车长要做好现场处置的取证工作。

（8）列车超员车门无法正常开关时的应急处置。

开关门前应提前疏散门口旅客及行李，确保开关门顺畅；关门时因旅客较多疏散困难时，列车乘务员应立即报告列车长，列车长要立即通知车站组织人员协助疏散并赶至现场。

2. 加强新进人员重点卡控

各次列车要将新进人员、支援人员纳入重点卡控，图定列车对新老职工要合理搭配，要组织结成对子加强互控，给新职工安排的岗位要处于班组长（或班组骨干）的监控范围，要尽量避免将新职工安排在列车两端车厢值乘；临时旅客列车要预先筛选责任心强、有乘务经验的骨干力量值乘两端车厢，无乘务经验的要搭配使用，实行互控，列车长、值班员、供水员、带队干部和包保干部要重点加强无乘务经验人员值乘车厢的重点卡控；各次列车要把两端、中部有乘务经验人员值乘的车厢确立为基准车厢，在无法判定到站情况时，以基准车厢为准。

3. 车门故障引发客伤事故的处理

根据《铁路旅客人身伤害及自带行李损失事故处理办法》，凡是车门未锁导致旅客跳车、坠车或站内背门下车造成伤害的，属于列车责任。具体为：

（1）凡列车运行中（含调车出入库）发生车门漏锁、敞门运行触及安全红线或造成事故的，严格按照红线管理或事故处理规定追责，负责该车门自检的列车乘务员负主要责任，负责互检该车门的列车乘务员负次要责任，列车长（整备工长）负监管责任。

列车乘务员要清楚自己负责管理的所有自检、互检车门责任区，值乘中要严格按车门管理制度落实自检、互检工作，发现问题要及时向列车长报告。

（2）凡因列车乘务员未认真执行车门管理要求，发生到站不开车门、开车门不立岗、列车未起动提前关锁车门、提前离岗等违反作业规定的，按照"三标"不达标进行考核，造成严重问题的，升格处理。

案例启示：

（1）列车乘务员高度树立"安全第一，预防为主"的意识；

（2）严格执行车门管理制度，关键岗位做到互控、他控、联控；

（3）列车长应加强巡视，以确保旅客生命、财产的安全。

旅客上下车时，如果客运人员对旅客乘降组织不到位，也可能引发旅客因拥挤产生挤伤、摔伤、踩踏甚至跌进轨道进入车底的惨重事故，所以要重点加强旅客上下车的组织工作。在始发和途中站组织旅客乘降时，列车长要督促列车工作人员加强安全宣传提示，对重点旅客进行帮扶，防止旅客摔伤，严格控制车门管理。

（1）车门管理做到"停开、动关、锁"，出站台四门检查、瞭望，相邻车厢互检车门；进站提前到岗试开车门（塞拉门除外），停稳开门；运行中车门加双锁管理，严禁擅自开启车门。

(2)车门口严禁堆放物品,堵塞车门。

(3)临时停车时,列车员站在通过台中部,坚守车门,监控车内,未经列车长统一组织不准开启车门,列车起动后检查四门,防止抓车。

(4)变更到发线时,确认站台方向;进入无站台股道乘降时,应开启靠近站舍一侧车门;非正常停车需疏散旅客时,应开启列车运行方向左侧车门;确认邻线无列车通过、不危及安全时,方可组织旅客下车。

(5)列车停站锁闭卧车端门,旅客乘坐的车厢与机车、发电车、行李车、邮政车等连接时,内、外端门和尾部车辆后部的内、外端门锁闭。

(6)列车尾部车门、内端门无论有无车辆检车员作业,按照谁作业谁负责的原则加锁管理,开车后本节车厢乘务员负责检查,列车长巡视检查。

(一)始发站乘降安全管理

(1)始发站发车前,列车长与车站值班员和客运乘务员确认旅客乘降完毕后,听到车站打铃或哨声停止,使用无线对讲机通知司机关闭车门,用语为"动车××次司机,旅客乘降完毕,请关闭车门"。

(2)在车门处组织乘降必须进行安全宣传,先下后上,扶老携幼,防止旅客对流而发生拥堵,要及时清除车梯、翻板和通过台积冰积雪、杂物,防止旅客滑倒摔伤。

(3)始发站车门关闭后,遇特殊情况需要重新开启时,列车长应先确认列车未起动,然后用无线对讲机通知司机,用语为"动车××次司机,因××原因,请打开车门"。再次关闭车门时,通知司机的程序、用语与第一次相同。

(4)动车组列车重联时,前进方向后组列车长确认本组旅客乘降完毕后,向前组列车长报告;前组列车长在确认本组旅客乘降完毕,并得到后组列车长旅客乘降完毕的报告后,使用对讲机通知司机关闭车门。

(二)中途站乘降安全管理

(1)列车起动后,乘务员要立即巡视检查责任车厢车门锁闭情况。列车长在广播后要立即对全列车门进行巡视检查,重点检查非客运人员监控的车厢车门,发现故障要立即通知机械师到场处理。

(2)动车组列车在到达中途停车站前10min,列车长、乘务员应提示下车旅客做好下车准备,引导准备下车的旅客到车门处等候下车;到站前2min,列车工作人员按分工到岗监控车门,下车旅客比较集中时,按分流预案组织旅客均衡下车。

(3)动车组列车到达停车站前,列车工作人员需根据停车站的站台方向,按照规定时间和分工检查车门状态,动车组列车到站停稳后,按分工监控车门开启状态。

(4)在中途停车站,列车工作人员(列车长、乘务员、随车机械师、随车保洁人员)按照动车组列车车门监控分工,到岗监控车门开启和锁闭状态。列车长要严格掌握车门状态,对故障门和隔离门位置做到心中有数,确定故障车门不能开启时,列车长要指派乘务员在故障车门相邻的另一车门出场,重点监控该出场车门的开启和旅客乘降情况,乘务员要及时向列车长报告,防止该车门发生故障将旅客拉过站。列车到站停稳后车门未开启时,采取手动开门方式,同时向列车长或机械师、司机通报有关情况,做好安全宣传,保证旅客乘降安全。

(5)中途站乘务员确认监控车厢旅客乘降完毕后,应用无线对讲机向列车长报告,列车长在确认全列旅客乘降完毕后,按规定的程序、用语通知司机关闭车门。

(6)中途停车站为低站台时,乘务员在到站前按分工打开翻板锁,列车停稳后组织旅客安全乘降,旅客乘降完毕、动车起动后,乘务员要立即巡视检查车梯处是否有杂物和烟头,清理干净后锁闭翻板。

(7)在夜间或乘降所组织旅客乘降完毕后,要执行安全喊号制度,防止未乘降完毕开车,造成旅客伤害。无站台组织旅客乘降时,乘务员必须下车组织,扶上扶下,避免造成旅客伤害。

📖 案例5-3

旅客过站、乘务员漏乘

案例描述:××年7月31日,××客运段4221次列车0时55分到达××站一站台1道(正点0时51分到、0时57分开),0时58分在旅客未乘降完毕情况下发车,导致YZ8车三位门匆忙下车的2名旅客在站台上摔伤,6名预下车旅客过站,8车乘务员漏乘。

案例分析:本案例中旅客过站、乘务员漏乘的主要原因是××站助理值班员不执行作业标准,在机次第7辆8车车门仍有旅客乘降情况下,显示发车信号,不认真确认旅客是否乘降完毕,指示司机发车。

案例启示:旅客乘降过程中,确认旅客乘降完毕是显示发车信号的前提。

三、旅客高站台乘降安全管理

高站台(图5-3)是指车站内供乘客上下车的地方,高度与火车车厢地板高度基本保持水平,通常高于铁轨面1.25m。高站台方便旅客上下车,加快了乘客上下车的速度,减少了火车停站时间。高站台的乘降安全管理要注意以下几点:

(1)始发站为高站台时,要按规定悬挂安全警示带。

图5-3　高站台示意图

(2)列车进入高站台车站前,要提前准备好安全渡板和止卡器,并确认站台方向。

(3)列车停稳后,要安放安全渡板,确保安全渡板平稳、牢固,严禁直接将安全渡板扔在站台上。

(4)如高站台与翻板高度差较大(高差大于10cm),乘务员必须用内侧脚踩住安全渡板一角(以脚掌部踩住为宜),防止因安全渡板窜动而发生意外。高站台与翻板高度差较小时,可不用脚踩安全渡板。

(5)列车出站台后,立即将安全渡板和止卡器放回规定位置。

单元5.3　列车秩序安全管理

一、列车秩序安全管理的内容

在列车运行过程中,客运人员要确保列车秩序平稳安全,努力实现旅客安全出行、方便出行。要加强车内重点部位、安全防护设施设备和安全警示标志的检查,发现问题要及时整改,严格易燃易爆危险品的卡控措施。列车工作人员要做到以下几个方面:

(1)做好安全宣传和防范,加强巡视,维护车内秩序,保持良好的旅行环境。

(2)发现无人护送的精神异常旅客,列车长应指派专人看护,乘警应予以协助;列车长编制客运记录交至到站或换乘站处理,不得转交中途站;无人护送的无票精神异常人员应交三等及以上车站处理;发现有人护送的精神异常旅客,列车长、乘警应向护送人介绍安全注意事项,并予以协助。

(3)遇有公安机关和司法部门押解犯罪嫌疑人或犯人时,乘警应予以协助。

(4)发现讨要、拾捡、叫卖、霸座、卖座、赌博等现象时,应予以劝阻、制止,并及时通知乘警。

(5)组织旅客乘降做到安全有序,先下后上,上下车旅客超过30人时双开车门(高站台除外);高站台需双开车门时,确保每个车门有人值岗;及时疏导车内旅客,保证均衡。

二、旅客乘车途中的人身安全

在旅客的旅行过程中,通常绝大部分的时间是在列车上度过的,做好旅客在乘车途中人身伤害预防的意义显而易见。尤其随着社会的不断发展及法制的逐步健全,旅客的维权和法律意识明显提高,旅客人身伤害事故善后处理工作难度加大。要保证旅客在乘车途中的人身安全主要应做到以下几个方面:

(1)始发和中途站开车后,乘务员要认真检查行李摆放情况,做到行李架上无铁器、锐器、重物等不适宜放在行李架上的物品,大件行李放置在大件行李处,由旅客自行看管。行李架上的物品摆放要平稳、牢固,旅行箱不得叠放或在旅行箱上放物品,防止物品滑落或取送时物品掉下砸伤旅客。对车厢一端的大件行李架,旅客不用时需收起,以防碰伤旅客。

(2)乘务员在巡视作业中,要经常提示携带儿童的旅客不要让儿童在座席、茶桌上站立,在车内单独跑动、如厕、取倒热饮和站停时到站台玩耍。

(3)为行动不便旅客送开水时,斟水不能过满,端稳慢走,旅客接稳后才能松手。

(4)乘务员要经常提示旅客在取开水和冲方便面时,水不要接得过满,不要用饮料瓶和罐头瓶接开水,以防烫伤。

（5）列车采暖期，要经常向旅客宣传不要将水和杂物洒落入暖气罩内，不要让携带品靠近电热气出风口，确保设备安全。

（6）乘务员要经常做好防挤伤的宣传和提示，随时提示旅客不要将手扶在门框、门缝处，防止挤手事故的发生。

（7）列车运行中严禁旅客倚靠车门，防止车门故障开启，造成意外事故发生。若车门发生故障，在修复之前，必须保持对车门的安全监控，严禁旅客靠近车门处。

（8）列车售货车、多功能车停放时必须采取止轮措施，防止车辆溜逸撞伤旅客。

（9）发现旅客有织毛衣，刺绣，掏耳朵，使用刀叉、利器等不安全行为时，乘务员应及时予以提示和制止。

（10）乘务员要经常观察旅客动态，发现神态、言语、行为异常旅客要重点监控，迅速报告列车长、乘警采取防范措施。发现精神异常旅客有暴力倾向时，应立即疏散其他旅客，同时乘警必须采取强制约束措施。

（11）发现无人护送的精神异常旅客时，安排其在远离驾驶端、紧急制动阀、逃生窗等安全设施的位置乘坐，并且列车长应指派专人看护，乘警应予以协助。发现有人护送的精神异常旅客时，乘务员应向护送人介绍安全注意事项，并予以协助。严禁精神异常旅客独自在车内活动。需要如厕时，必须有监护人（乘警、乘务员）陪同，严禁锁闭卫生间门。

（12）旅客列车发生不法分子行凶时，乘务员应采取果断措施，制止不法分子行凶，同时迅速通知乘警、列车长到场。列车长根据情况组织有关人员制伏不法分子，维护车内秩序，防止发生旅客跳车、挤伤、误伤等情况，同时做好调查取证，并及时向上级有关部门报告。对受伤者连同肇事旅客一并由乘警交前方停车站处理。

（13）动车组列车不准押运犯罪嫌疑人或犯人。遇特殊情况时，对司法部门押送犯罪嫌疑人或犯人必须安排在车厢一端，不能安排在高速铁路动车组列车两头车厢，乘警应予以协助。

（14）对违反国家法律、法规，在列车内寻衅滋事、扰乱公共秩序的人，可责令其下车，情节严重的送交公共安全专家部门处理；对未使用至到站的票价不予退还，并在票背面做相应的记载，运输合同即行终止。

三、重点特殊旅客管理

📖 **案例5-4** --

重点特殊旅客服务

案例描述： ××年2月22日，一位旅客在新浪微博向"@银川火车站塞上服务之窗"发布了一条求助信息，内容为他们将于2月23日搭乘K1178次列车前往北京，同行有一老人因病失去行动能力，进站上车和在旅途中都有很大困难，希望铁路部门给予帮助和照顾。铁路部门提前安排部署，共同联动，将重点旅客送站上车，并安全、顺利地送达目的地。

案例分析：

1）本案例属于站车重点旅客服务实例。在本案例中，由于这名重点旅客已经购买了车票，应视为旅客与承运人之间签订了运输合同。按照《中华人民共和国合同法》和《中华人民共和国铁路法》有关规定，承运人在运输过程中，应当尽力保障重点旅客的顺利出行。同时按照

《铁路旅客运输服务质量规范》有关规定,对重点旅客,应"重点关注,优先照顾":按规范设置无障碍设施设备;组织重点旅客优先购票、优先进站、优先检票上车。

为了更好地提供服务,站车工作人员应当按照下列重点旅客服务内容及标准提供服务。

(1)重点旅客服务内容。

①车站重点旅客服务内容。

a.按照《铁路旅客运输服务质量规范》中"全面服务、重点照顾"的要求,二等以上车站应在售票厅适当位置设置老年旅客优先购票明显标志,给予其优先购买卧铺票的优待。必要时对其他重点旅客比照老年旅客办理。

b.车站应根据实际设置重点旅客候车室(区域),并免费提供开水和一次性纸杯。

c.对重点旅客实行优先购票、检票、上车进站等全过程的服务,对乘坐动车组列车的重点旅客填写"重点旅客登记交接表"。

d.对需要帮助的重点旅客,客运员应帮其搬运携带品并引导进站优先上车。

e.特等、一等站应加快无障碍服务设施设备改造步伐,按照《铁路旅客车站设计规范》(TB 10100—2018)逐步设置残疾人电梯、通道、卫生间等无障碍设施设备。

f.二等以上车站应配备轮椅、担架等代步工具,列车配置处方药品,供重点旅客免费使用。

g.站车对重点旅客突发疾病等特殊情况应当积极提供帮助。

②列车重点旅客服务内容。

a.对重点旅客优先安排座席,优先办理补办卧铺手续。

b.应当为重点旅客妥善放置行李,免费提供一次性纸杯并全程提供开水,帮助重点旅客购餐。

c.空调列车应对不适应空调温度的重点旅客提供"爱心毯"。

d.重点旅客到站前予以提醒并引导、帮助其优先下车,为重点旅客下车提供方便。

e.对重点旅客突发疾病等特殊情况应当积极提供帮助。

(2)重点旅客服务标准。

①进站。

a.发现重点旅客时应主动上前询问,了解其是否需要帮助。

b.根据重点旅客的需求,将重点旅客引导至重点旅客候车室(区域),并办理登记及交接。

②候车。

a.发现重点旅客时应主动上前询问,了解其是否需要帮助。

b.为重点旅客提供重点照顾,并填写"重点旅客登记交接表"。

c.列车到站前,候车室应与站台客运值班员办理交接,并组织重点旅客提前进站。

d.如重点旅客到站为管内车站,需要到站提供帮助的,重点旅客上车站应及时与到站联系,通知到站做好重点旅客接车准备。

③站台。

a.发现重点旅客时应主动上前询问,了解其是否需要帮助。

b.根据重点旅客候车室(区域)客运员的通知,引导、帮助重点旅客乘车。

c.列车到站后与列车长办理交接。认真向列车长介绍重点旅客的情况,必要时,递交"重点旅客登记交接表",并双方签字。

d. 对到站重点旅客,车站应引导、帮助其优先出站。对需要换乘其他列车的,优先办理签证手续,安排在重点旅客候车室(区域)候车。

④旅行途中。

a. 发现重点旅客时,应主动上前询问,了解其是否需要帮助。

b. 车站送交重点旅客时,列车长应认真听取车站对重点旅客的情况介绍,双方在"重点旅客登记交接表"上签字。

c. 列车应及时引导和妥善安排座席(铺位)。重点旅客需要补办卧铺时优先办理。

d. 途中应不间断巡视,提供开水,并帮助重点旅客订(购)餐。

e. 到站前对重点旅客进行提示,将其提前引导至下车门位置。

f. 到站后与车站办理交接。

g. 如重点旅客到站为管内车站并需要到站提供帮助时,列车长应及时通知重点旅客到站,提前做好重点旅客接车准备。

2) 车站及列车工作人员应严格按照《铁路旅客运输服务质量规范》规定主动为重点旅客提供定制化服务,贯彻执行"全面服务、重点照顾",做到对重点旅客"三知""三有"和"三要""四心""五主动",努力为重点旅客提供最优质的服务。

3) 本案例涉及的技术规章有《铁路旅客运输服务质量规范》、《铁路旅客车站设计规范》(TB 10100—2018)等。

案例启示:本案例要求掌握的理论知识主要集中在车站、列车重点旅客服务内容及作业标准;在应用能力方面,主要体现为严格按照《铁路旅客运输服务质量规范》里的相关规定,为重点旅客提供定制化服务;在职业素质方面,主要体现为对工作高度的责任感和严谨的工作作风,为旅客提供优质的服务,礼貌待客。

在列车运行过程中要确保旅客列车重点旅客,癔症旅客,六种重点人,途中提前、临时下车旅客及大站停车下车吸烟、购物旅客人身安全,消除或减小因旅客爬车、跳车等发生意外伤害的风险。

(一)重点旅客

乘务人员对重点旅客要做到勤巡视、勤观察、勤服务,了解需求,到站前引导到车门口,扶老携幼,有条件的告知站台客运员。对于不能自理的残疾人、无同行人的重症病人、孕妇,依靠辅助器具才能行动的旅客及其他需要特殊照顾的特殊重点旅客,列车长要与车站交接签字。

(二)癔症旅客

乘务人员要经常深入车厢,观察旅客动态,发现神态、语言、行为异常旅客,重点监控,及时报告列车长,采取防范措施,危及安全时拉阀停车。

若发现精神异常旅客乘车且有同行人,应要求同行人加强看护,并将患病旅客安置在车厢一角,与其他旅客隔离。列车长、乘警和所在车厢乘务员要加强对该旅客的监控,如患病旅客情绪不稳定、有狂躁发作迹象的,列车长可指派专人协助同行人共同看护。

若发现精神异常旅客单独乘车,应将患病旅客安置在车厢一角,与其他旅客隔离,列车长要指派专人进行看护。遇有精神异常旅客上卫生间时,要设专人监护,卫生间门不能锁闭,要留有缝隙,防止发生意外。患病旅客情绪不稳定、存在暴力倾向的,列车可视实际情况加派看护人手,并将患病旅客安置位置附近的安全锤、灭火器、安全渡板等硬质物品收回。

(三)六种重点人

乘务人员作业中、巡视时,应观察车厢旅客动态,及时发现六种重点人,即精神病人,犯罪嫌疑人,无票乘车人,上车送客未下去车或上错车、坐过站的人,利用铁路自杀的人,酗酒的人。尤其对在通过台、洗脸室长时间滞留的旅客要进行询问,做到发现及时、报告迅速。同时告知相邻车厢乘务员,共同监控,危及安全则拉阀停车。

(四)途中提前、临时下车旅客

(1)卧车提前下车做好登记,到站及时换票,防止过站。临时下车通知列车长、乘警,经同意后下车。

(2)重点旅客提前下车,要在服务措施中做好登记,并通知列车长,到站前引导到车门,列车长与车站进行交接。

(3)对于其他途中临时下车的旅客,乘务员要了解其需求,做好安全提示,有条件的告知站台客运人员。

(五)大站停车下车吸烟、购物旅客

列车严重超员或列车晚点,乘务员劝阻旅客不要下车,站停时间较长时,对下车吸烟、购物旅客告知站停时间、开车时刻,做好安全提示。开车前及时通知站台旅客立即上车,危及安全则拉阀停车。

四、防止旅客意外伤害管理

(一)防止旅客坠车、跳车伤害

(1)位于列车两端防护栏处的风挡门,必须加双锁,前后部车厢端门必须加锁,防止旅客坠车;乘务员要经常检查卫生间车窗、安全防护栏,发现松动或损坏时要立即通知检车员,组织修复,防止旅客跳车。

(2)列车运行中,车门加双锁;塞拉门必须锁闭隔断锁,挂好防开链,不准旅客倚靠塞拉门,防止塞拉门突然开放;车门故障时,必须立即通知检车员,未修复前,要采取措施,指定专人认真监控,严禁旅客倚靠车门。

(3)空调车车窗加锁;非空调车车窗必须安装定位卡,抬起高度不超过15cm。

(4)在车门处查票时,乘务员要同时进行列车开行方向的提示宣传,防止旅客上错车,导致开车后跳车、抓车。

(5)乘务员上车后在翻板上立岗时,必须注意站台及通过台附近旅客动态,防止其跳车。

（6）对六种重点人加强监控,当列车严重超员、列车严重虚糜、列车夜间运行、气温较高时,要加强巡视,防止旅客跳车。

（二）防止旅客"撞、摔、挤、砸、烫"伤害

（1）列车广播员和乘务员要加强安全宣传,劝阻旅客不要站在车辆连接处,不要手扶门框、风挡,更不要将手脚伸入风挡间隙内,不要将头、手伸出窗外,不要向车外抛物。列车超员或旅客集中如厕以及乘务员出入乘务室开关门时,乘务员必须疏导客流,防止旅客挤伤。

（2）列车进站时要确认站台方向;进入无站台股道乘降时,必须确认站舍一侧邻线无机车车辆运行,不危及安全时,方可组织旅客乘降。

（3）门锁必须作用良好,失灵时要立即通知检车员修复。列车通过隧道前,广播员要进行安全提示,乘务员要加强口头宣传,防止气流涌入车内,带动端门关闭或开启,打伤或挤伤旅客。

（4）卧车地毯要铺放平整,两端不得折叠或卷边,避免旅客绊倒摔伤。

（5）储煤箱上盖必须加锁,防止煤箱盖开启砸伤旅客。

（6）乘务员要加强对行李架物品的整理,物品摆放做到平稳牢固,严禁铁器、玻璃制品、锐器上行李架。

（7）乘务员必须向重点旅客宣传安全注意事项,做到儿童乘车"六不准",即不准在车内来回跑动;不准在座席、茶桌、卧铺上站立;不准将身体和任何部位伸出车窗;不准赤脚在车厢内行走;不准单独如厕和取水倒水;不准在车厢内爬上爬下。

（8）硬卧中、上铺防护栏必须完好牢固。夜间重点旅客上、下铺时,要帮扶到位,防止摔伤。"绿皮车"夏季使用电扇时,要提示在上铺躺卧的旅客,手脚与风扇保持安全距离,避免被电扇叶片打伤。

（9）乘务员要提示旅客在取开水和冲方便面时,不要接得过满,车内行走要注意安全,防止列车晃动开水溢出烫伤旅客;提示旅客不要用饮料瓶和罐头瓶接开水,防止瓶体变形、炸裂,烫伤旅客;装有开水的水杯和"大碗面"要放在茶桌中间或边茶桌里侧,并做好安全提示,防止列车晃动或其他人刷碰,烫伤旅客;空调车冬季采暖期间,向旅客宣传身体不要接触电暖气,防止烫伤。

（三）防止旅客其他伤害

（1）旅客列车发生不法分子行凶时,乘务员应迅速通知乘警和列车长,同时要号召车内旅客共同采取应对措施,制止不法分子行凶。

（2）列车长、乘警应立即赶到现场,根据情况组织有关人员制伏不法分子,维护车内秩序,稳定旅客情绪,防止发生旅客挤伤、误伤等情况。对受伤者应及时抢救,编制客运记录交车站。

（3）发现旅客织毛衣,掏耳朵,使用刀叉、利器及放在茶桌上盛满开水的杯子未拧盖等安全隐患时,乘务员要提示、制止,防止伤人。

案例5-5

旅客受伤处理

案例描述:××年10月17日,FX—SH1227次列车CZ北开车后,3车乘务员关乘务室门

时,将等候上卫生间的 3 车 46 号座席旅客袁××(女,NJ 第一高级中学教师,身份证号×××
××××19810102××××,持 XZ—NJ 新空硬座客快车票,票号 B003488)左手拇指指甲根部挤
伤,列车广播找医生,无医生到场,在列车上已做简单处置,旅客要求在 NJ 站下车治疗。

案例分析:

(1)及时救治。列车长应立即赶到现场,组织对受伤旅客进行救治,伤情严重时应立即通
过寻医协助急救。

(2)了解情况。及时了解情况,收集不少于两份有效旁证材料。

(3)按章处理。由列车工作人员过失造成旅客伤害时,一定要按规定程序处理,切忌私下
送医院或协议"私了",以免事后产生纠纷。

(4)站车交接。因伤势严重,需送医院救治时,列车长应编制客运记录交站处理,属列车
工作人员责任造成旅客挤伤时,当事乘务员不下车参与处理。

案例启示:列车上发生旅客受伤事故时,列车乘务员应按规定程序处理。

受伤旅客下车时,列车长也应编制客运记录(图 5-4),说明事情发生经过及处理程序,与
车站办理交接,同时拍发铁路电报(图 5-5)。

××铁路局集团有限公司 **客运记录**	客统—1 第 05 号

记录事由:　　移交受伤旅客
××站: 　　××年 10 月 17 日,FX—SH1227 次列车 CZ 北开车后,3 车乘务员关乘务室门时,将等候上卫生间的 3 车 46 号座席旅客袁××(女,NJ 第一高级中学教师,身份证号×××××19810102×××,持 XZ—NJ 新空硬座客快车票,票号 B003488)左手拇指指甲根部挤伤,列车广播找医生,无医生到场,在列车上已做简单处置,旅客要求在你站下车治疗。移交你站,请按章办理。
附:XZ—NJ 新空硬座客快车票一张,票号 B003488
旅客旁证两份
注:1. 站、车需要编制记录时均适用。 　　2. 本记录不能为乘车的凭证。 　　　　　　　　　　　　　　　　　站 　JZKY 段　编制人员　1227 次　　(印) 　　　　　　　　　　　　　　　　　站 　＿＿＿＿段　签收人员　　　　(印) 　　　　　　　　　　　　××年 10 月 17 日编制

图 5-4　客运记录样例 1

铁 路 电 报							
机水号码						电统—3	
发报所	电报号码	等级	词数	日	时分	附注	
主送:NJ 站							
抄送:SH、SYJ 客运处,JZ 客运段							
××年 10 月 17 日,FX—SH1227 次列车 CZ 北开车后,3 车乘务员关乘务室门时,将等候上卫生间的 3 车 46 号座席旅客袁××(女,NJ 第一高级中学教师,身份证号×××××19810102××××,持 XZ—NJ 新空硬座客快车票,票号 B003488)左手拇指指甲根部挤伤,列车广播找医生,无医生到场,在列车上已做简单处置,旅客要求在 NJ 站下车治疗。							
已编制 05 号客运记录,将受伤旅客及两份旁证移交 NJ 站处理,特电告知。							
					12××次列车长于 NJ 站		
					××年 10 月 17 日		

图 5-5　铁路电报样例 1

案例5-6

案例描述:××年 1 月 21 日,TL—HLGL6303 次列车到 ZSH 站前,8 车无座席旅客张×× (男,HLGL 市汽车团人,持 SBT—HLGL 硬座客票,票号 N063552,身份证号:××××× 19630501×××)在 8 车连接处被与其争座位的旅客赵××(BYHS 人,持 BYHS—HLGL 硬座车票,票号 Z013522,身份证号××××19731002×××)打伤,头部有一处伤口,血流不止,列车广播找医生,无医生到场,在列车上已做简单处置,旅客张××要求在 HLGL 站下车治疗。

案例分析:处理程序如下。

(1)依据《铁路旅客人身伤害及携带品损失处理暂行办法》(铁运〔2012〕319 号)文件,遇下列情形造成的旅客人身伤害应当立即向铁路公安机关报警,列车上向乘警报警:

①杀人、抢劫、抢夺、强奸、爆炸、纵火、绑架、结伙斗殴、寻衅滋事、故意伤害、击打列车、故意损毁、移动站车设备等违法犯罪行为;

②因散布谣言,谎报险情、疫情、警情,扬言放火、爆炸、投放危险物质,或者非法阻拦行车、堵塞通道等,引起公共秩序混乱;

③火灾、爆炸、中毒等治安灾害事故;

④精神病人肇事肇祸,醉酒滋事行为。

(2)列车长和乘警接到报警后应及时赶赴现场,做好解释工作,制止打架斗殴,防止事态扩大。同时向当事人和周围旅客了解情况,对责任双方加强控制,防止其中一方逃脱,影响后续处理。

(3)由乘警向当事人进行问话笔录,列车长要收集旁证材料,并及时对受伤者进行救治。

(4)列车乘警开具三联单并移交车站派出所,列车长编制客运记录将伤者交前方站处理,乘警在客运记录上签字。

列车长编制客运记录见图 5-6,列车长拍发铁路电报见图 5-7。

××铁路局集团有限公司 客运记录		客统—1
		第 10 号

记录事由：　　　移交受伤旅客

HLGL 站：

　　××年1月21日,TL—HLGL6303次列车到ZSH站前,8车无座席旅客张××(男,HLGL市汽车团人,持SBT—

HLGL硬座客票,票号N063552,身份证号×××××19630501×××)在8车连接处被与其争座位的旅客赵××

(BYHS人,持BYHS—HLGL硬座车票,票号Z013522,身份证号××××××19731002×××)打伤,头部有一处伤

口,血流不止,列车广播找医生,无医生到场,在列车上已做简单处置,旅客张××要求在你站下车治疗,移交你站,

请按章办理。

附:SBT—HLGL硬座客票,票号N063552

　　BYHS—HLGL硬座车票,票号Z013522

　　旅客旁证两份,打人、被打旅客自述材料各一份

注:1.站、车需要编制记录时均适用。

　　2.本记录不能为乘车的凭证。

站

JZ客运段　编制人员　6303次　　　(印)

站

_____段　签收人员　　　(印)

××年1月21日编制

图 5-6　客运记录样例 2

铁 路 电 报						
机水号码						电统—3
发报所	电报号码	等级	词数	日	时分	附注

主送:HLGL站

抄送:SY局客运处、公安局治安处,TL公安处,BYHS车务段,HLGL站派出所,TL乘警支队、JZ客运段

　　××年1月21日,TL—HLGL6303次列车到ZSH站前,8车无座席旅客张××(男,HLGL市汽车团人,持SBT—HLGL

硬座客票,票号N063552,身份证号×××××19630501×××)在8车连接处被与其争座位的旅客赵××(BYHS

人,持BYHS—HLGL硬座车票,票号Z013522,身份证号××××××19731002×××)打伤,头部有一处伤口,血流不

止,列车广播找医生,无医生到场,在列车上已做简单处置,旅客张××要求在HLGL站下车治疗,已编制客运记录,将受

伤旅客及打人旅客连同旅客旁证两份,当事旅客自述材料两份一并移交HLGL站处理,特电告知。

6303次列车长于HLGL站

××年1月21日

图 5-7　铁路电报样例 2

五、禁烟管理

车厢连接处为旅客吸烟场所,张贴吸烟标志明示。列车其他场所均禁止吸烟,设立明显的禁止吸烟标志。加强不吸烟管理,发现旅客在禁止吸烟场所吸烟应及时劝阻,对劝阻不听从者,通知乘警处理。动车组列车实行全列禁烟。

(一) 旅客禁烟管理

国务院公布的于 2014 年 1 月 1 日起施行的《铁路安全管理条例》将在动车组列车上或者其他列车的禁烟区域吸烟作为危害铁路安全的行为并作了明确规定。对违反规定的,由公安机关责令改正,对个人处 500 元以上 2000 元以下的罚款。

《铁路安全管理条例》的实施,将使列车禁烟工作有法可依,对保持旅客的旅行环境和列车安全大有裨益。旅客列车是人员高度密集的流动场所,人多地方小,如果在车内吸烟,一旦起火,将危及大家的生命安全。虽然每节车厢配备了灭火器,但是灭火器只能扑救初起火灾,一旦起火,加上火车运行时的风力,可能会导致火势的迅速蔓延。可见,列车发生火灾事故,其危害远远大于地面火灾事故。在列车上吸烟时,烟头或火星掉落在任何一个不易发现的地方或易燃物品上,都会埋下火灾隐患。显而易见,一个烟头就是一个火种,是列车火灾不可忽视的隐患,是列车安全的大敌。为了保证安全,消灭火源,防患于未然,禁止在旅客列车内吸烟就显得非常重要。但近年来,由吸烟引起的旅客列车火灾事故却难以杜绝且屡见报端。

虽然目前针对禁止在列车上吸烟采取了很多措施,高速铁路、动车实行了全列禁烟,但在普速旅客列车连接处仍然设有吸烟处,个别旅客不遵守禁止在列车内吸烟的规定,不听工作人员劝阻,乱扔烟头,甚至躺在卧铺上吸烟,入睡后烟头自燃掉在衣服、被褥或其他可燃物上,极易引起火灾。

《铁路安全管理条例》对违反规定吸烟的旅客处罚力度较大,这不仅是保证旅客列车安全的需要,更是每一名旅客应尽的义务。同时,列车工作人员也要认真执行并落实好《铁路安全管理条例》的要求,加强对吸烟旅客的劝阻,做好旅客列车内禁烟工作,消除火灾隐患,确保列车和旅客的生命、财产安全。

动车组列车有别于其他列车,它属于全车禁烟列车,一旦吸烟,列车上的烟雾报警系统就会自动报警,这不仅会造成列车减速或停车,影响行车安全,严重的还会造成列车火灾,危及列车和旅客的生命、财产安全。动车组列车要做到车厢内禁烟标识齐全、字迹清楚;车辆部门应定期对动车组列车烟雾报警装置进行检查;各客运段对发现的烟雾报警器故障随时报告,并填写设备联检记录;动车组列车在广播计划中添加禁烟广播内容;动车组列车在车厢两端电子显示屏上滚动显示禁烟宣传内容等。

(二) 客运乘务员禁烟管理

(1)班组乘务员在出乘时要主动上缴个人携带的香烟和火种,列车长负责统一收缴、登记和保管。

(2)餐车人员或售货人员的香烟、火种由餐车长或售货组长负责收缴及返还、登记,列车长负责保管。始发列车开车前,列车长要向餐车长或售货组长索要收缴的香烟和火种,并按照保管客运乘务员香烟、火种的措施进行保管。列车长在索要或返还时,要将索要或返还的时间、地点及香烟和火种的品名(数量)登记在《列车长考核手册》内,并要求餐车长或售货组长在《列车长考核手册》上签认。

(3)客运班组中间开口的列车,列车长要凭《列车长考核手册》,交接餐车人员或售货人员的香烟、火种,接班列车长在手册上重新登记,并相互在手册上签认;餐车或售货班组中间开口的列车,列车长索要、返还餐车人员或售货人员香烟、火种的措施按照上述第(2)条的规定执行。

(4)列车运行中乘务员严禁在值岗期间吸烟。双班作业的列车,休班班组乘务员在宿营车休息前或起床后30min内,可着便装(无肩牌、胸章)在宿营车允许吸烟端通过台吸烟,休班列车长负责按规定时间发放、收缴和登记香烟和火种,并进行检查、监控。

(5)折返站乘务员不入公寓,车体停留时间在3h及以上的列车,车内整备作业结束后,列车乘务员可着便装集中在宿营车或列车中部指定车厢一端通过台吸烟,列车长负责按规定时间发放、收缴、登记香烟和火种,并进行检查、监控。

(6)折返站乘务员不入公寓,且车体停留时间在3h以下的列车,单班作业的班组,出乘前列车长收缴的香烟和火种在车下保管,禁止带上车,班组返回退乘后返还乘务员;双班作业的班组,车体停留期间乘务员禁止吸烟。

(7)折返站入住公寓的班组,乘务员到达公寓后列车长将香烟和火种返还乘务员,折返站出乘时列车长再次收缴、登记、保管香烟和火种,班组到达本部退乘时返还乘务员。

六、消防安全管理

旅客列车消防工作贯彻"预防为主,防消结合"的方针,坚持专门机关与群众相结合的原则,做到消防安全与行车安全并重,切实做好旅客列车安全防火工作。

(1)乘务人员必须经过全面的消防安全培训,人人做到"三懂三会",即懂得本岗位的火灾危险性,懂得预防火灾的措施,懂得扑救火灾的方法;会报警,会使用灭火器,会扑救初起火灾。熟记岗位防火职责和火灾事故应急处置基本要求,做到严格考核,持证上岗。保洁人员上岗前也应进行消防安全培训,持证上岗。

(2)操作"两炉一灶"和空调、火灾报警器等设备的乘务人员,应经过专门的消防知识培训,取得合格证后方可上岗。

(3)车辆电气设备必须保持良好状态,电器元件应安装牢固,接线及插座无松动,按钮开关、指示灯作用良好;严禁乱拉电线和违章安装、更换电气装置、元件;严禁擅自使用电热器具等电器。

(4)配电室内禁止存放物品,配电箱、控制箱内及上部不得放置物品,门锁必须良好,人离锁闭;可燃物品不得贴靠电采暖装置。

(5)车辆电气绝缘应符合要求,漏电保护、电气接地等装置应匹配、有效。车辆电气绝缘测试、设备巡检和交接应有记录。严禁用水冲刷地板。

(6)使用餐车配备的电烤箱、微波炉、电磁炉等餐饮炉具时,操作人员不得离岗。

(7)客车取暖和蒸饭锅炉、茶炉应配件齐全、状态良好,落实点火试验和交接制度。使用中,乘务人员应按规定检查水位(压)表、水温表、验水阀、水循环状况,做到不漏水、不超温,严禁缺水、干烧。炉灰应先用水浸灭后再处置,炉室内不准堆放杂物,离人加锁。

(8)餐车炉灶、锅炉烟囱防火隔热装置应完好有效,餐车入库应压火。

（9）列车运行中,餐车严禁炼油,使用燃煤炉灶油炸食品和过油时,油量不得超过容器容积的三分之一。

（10）应定期对餐车炉灶台面、墙壁、抽油烟机、排烟罩、烟道、排风扇、车顶外表面和烟筒口、帽的油垢进行清除,保持清洁,并填写记录。

（11）循环水泵箱、检查孔、观察孔、煤箱、取暖器防护罩内部应保持清洁无杂物;停用的炉室应彻底清除可燃物,加固锁闭。

案例5-7

锅炉缺水发生火灾

案例描述: ××年 12 月 22 日,××铁路局集团有限公司 2585 次旅客列车（YC—XA）终到 XA 站后,车底拉到 SMC 站停留。14 时 05 分,看车人员发现行李车锅炉间冒烟,立即向车站报警。车站将行李车解体拉至安全线实施扑救,14 时 35 分将火扑灭。经查,事故原因系锅炉缺水干烧,车厢壁板因高温灼烧发生阴燃,过火面积约 $1m^2$。事故发生时行李员离岗。

案例分析: 这起火险是乘务人员焚火作业中,不认真查验,未及时掌握锅炉燃烧状态,造成锅炉缺水干烧引起的,暴露了车队在职工焚火安全管理、安全责任意识教育方面的严重疏忽。

案例启示: 消防安全在铁路运输中需要严防死守。

七、食品安全管理

为了保障旅客身体健康,列车上的食品安全问题不容忽视,要加强铁路运营食品安全管理。

（一）食品安全管理一般规定

铁路运营中的食品流通、餐饮服务经营者,应当经铁路食品安全监督机构许可后,凭许可文件证件到工商行政管理部门登记。铁路食品安全监督机构按照食品安全法律、行政法规、部门规章以及有关标准、要求、规范对铁路运营中的食品流通、餐饮服务等进行许可和监管,对食品经营者违反《中华人民共和国食品安全法》规定的行为进行行政处罚。

铁路餐车使用的餐料应当保持清洁,即时加工,隔餐食品必须冷藏。专供旅客列车的配送食品应当符合保质时间和温度控制等食品安全要求。

食品运输车辆应当安全无害,保持清洁,标有清洗合格标识,防止食品污染。禁止承运不符合食品安全标准的食品,禁止食品与有毒有害物品混放、混装、混运。食品运输经营者发现可能受污染的食品,应当及时采取控制措施,并及时报告铁路食品安全监督机构。

（二）高速铁路动车食品安全

（1）列车餐饮服务由与铁路局集团有限公司签订餐饮服务合同的专业餐饮公司承担。为列车提供餐饮服务的企业必须通过 ISO 9000 或 HACCP 质量认证。列车销售的食品、饮品应当为全国名优产品并应当有"QS"标志。列车上销售的食品,必须由餐饮公司统一采购。餐饮公司销售人员应将上车食品的出库单交列车长以备检查。列车上销售的食品应当明码标价、一货一签,并有"CRH"标记。

（2）列车长对出库单上所有食品进行全面检查和监控，杜绝"三无"食品，通过检查配餐外包装是否完好无破损、生产日期是否打印清楚且不超过有效日期，严防配餐变质。冷热链盒饭超过有效期必须销毁，冷链盒饭加热后 2h，热链盒饭生产出 4h 必须销毁。

（3）加热后未售出的食品严格实行定时报废制度。列车上报废的食品在处理前应醒目标明"报废"字样存放。高速铁路动车组列车客运乘务员必须对配餐公司列车食品安全和经营服务工作进行全面监管，发现问题立即制止，并做好信息反馈工作。

单元5.4　安全设备管理

一、旅客列车安全设施

（1）门（窗）锁、窗卡、各处顶篷、煤箱盖、翻板、安全防护栏、塞拉门、锅炉、茶炉、餐车炉灶、电化厨房、配电柜（盘）、人力制动机、轴温报警器、灭火器及其他各类消防设备齐全完备，无故障，状态良好，灭火器压力表朝外，挂具牢固。紧急制动阀无破封。

（2）列车前部、后部风挡门处安装全封闭式安全防护栏；餐车隔厨侧门玻璃应改造为内翻式可开启式窗户，尚未改造的应在侧门外加装防护栏，四角加锁固定；餐车后厨边门、走廊边门加套明锁，钥匙由餐车长保管；夏季后厨边门使用铁网门，四扣齐全，用 U 形锁锁闭；车厢固定外顺号牌入槽捆绑固定。

（3）列车高站台乘降使用安全渡板。

（4）售饭、售货、送水车外沿安装防撞胶条；售饭、售货车有制动装置；送水壶有防烫罩，水壶加锁，壶嘴有帽。

（5）车内各类禁止、警告、安全提示、消防设施等标志齐全，设置明显、规范、美观、大方、统一。车内应粘贴"禁止吸烟""禁止抛物"等标志；电茶炉设"当心烫伤"标志；与机车、发电车、行李车、邮政车等接连的车厢内端门和尾部乘坐旅客车厢的后部内端门设"请勿通过"标志；塞拉门内侧设"禁止倚靠车门"标志；行李车货仓内设"严禁烟火"标志；卫生间门处设"当心夹手"标志；紧急制动阀贴"危险勿动"标志。

二、旅客列车安全设备

（一）紧急停车装置

1. 紧急制动阀

紧急制动阀（图5-8）位于车厢乘务间对面的墙壁上或出门的左边墙壁上或通过门的后面。手把上有铅封，旁边有压力表。在列车需要紧急停车时使用。

使用方法：使用时，不必先行破封，立即将阀手把向全开位置拉动直到全开为止，不得停顿和关闭。遇弹簧手把时，在列车完全停车以前不得松手。在长大下坡道上，必须先看压力表，如压力表指针已由定压下降 100kPa 时,不得使用紧急制动阀(遇折角塞门关闭时除外)。

发现下列危及行车和人身安全情形时应使用紧急制动阀停车:

(1)车辆燃轴或重要部件损坏;

(2)列车发生火灾;

(3)有人从列车坠落或线路内有人死伤(特快旅客列车不危及列车运行安全时除外);

(4)能判明司机不顾停车信号,列车继续运行;

(5)列车无任何信号指示,进入不应进入的地段或车站;

(6)出现其他危及行车和人身安全情形必须紧急停车时。

不能使用紧急制动阀的情况有:

(1)列车运行在桥梁上或隧道内时;

(2)列车发生火灾且运行在居民稠密区、厂矿、草垛、易燃易爆等危险品存放区时;

(3)在长大下坡道上压力表指针由定压下降 100kPa 时(遇折角塞门关闭时除外)。

2.列车人力制动机

旅客列车常用的人力制动机为螺旋式(图 5-9),安装在客车通过台端墙板上。人力制动机手轮为摇把形,平时手把可缩入端板内。这种制动机主要是在车厢无动力(无机车牵引或机车故障)时使用。如车厢在编组甩挂作业时或列车遇到风暴、火灾、塌方等自然灾害而又失去动力时,就需要将制动机旋紧,以防车厢溜动。

图 5-8　紧急制动阀　　图 5-9　列车人力制动机

乘务员听到机车鸣示三短声时,应将人力制动机的手把用手拉出并沿顺时针方向转动,嵌入式的要先拔出手把,再将人力制动机旋紧。机车鸣示二短声时,则反转缓解。

(二)消防设施

1.灭火器

列车上常用的灭火器,如图 5-10 所示,主要是干粉灭火器、水雾灭火器。适用范围:可燃固体、可燃液体、可燃气体,带电设备初起火灾。

干粉灭火器:使用前先摇匀,拉出保险销,对准火焰根部按下压把即喷,注意灭火时要站在上风位置。

水雾灭火器:使用前先摇匀,拉出保险销,不可倒置使用,对准火焰根部按下压把即喷。

2.灭火毯(又称防火麻袋)

餐车配备灭火毯 2 条,放在灭火毯专用箱中,如图 5-11 所示。灭火毯专用箱置于餐车厨房的门口处。其主要用于扑救餐车厨房内的火灾。

3. 消防锤(又称紧急破窗锤)

空调客车硬座车配备消防锤,如图 5-12 所示,仅限紧急逃生时使用。

使用方法:使用时握住紧急破窗锤把手,用力向外侧拔出,然后敲破动车组列车紧急逃生窗红色圆圈提示位置后,利用把手外侧保护框将未完全脱落的玻璃推向车体外侧。

图 5-10　灭火器　　　　图 5-11　灭火毯　　　　图 5-12　紧急破窗锤

(三) 其他安全装置

1. 轴温报警器

轴温报警器(图 5-13)位于乘务间配电箱内,用于监测车轴的温度,当轴温高于车外气温40°C 时,轴温报警器发出"嘟、嘟……"声音报警,屏幕闪烁,客运乘务员要及时通知车辆乘务员处理,严禁乱动或关闭轴温报警器。

2. 安全渡板

每个车厢配有一块安全渡板,如图 5-14 所示。当列车停在高站台处时,在列车停稳开门后,置于车门与站台之间,用以补充站台与车体之间的空隙,防止旅客上下车时因踩空而发生意外。

图 5-13　轴温报警器　　　　　　　图 5-14　安全渡板

(四) 动车组列车安全设备

1. 紧急制动装置

动车组列车紧急制动装置,如图 5-15 所示。紧急情况需要制动时使用,如司机判明可继续行车,司机可将紧急制动阀复位,列车缓解后可继续运行。

使用方法:使用时不必先行破封,直接将阀手柄向下拉动至底部,即可松手,列车停车后用钥匙将紧急制动阀复位。

2. 防火隔断门

动车组列车防火隔断门,如图 5-16 所示。发生火灾时,防火隔断门可阻止或延缓火势蔓延,最长阻燃时间为 15min。

使用方法:使用钥匙打开防火隔断门上侧门锁,拉动防火隔断门,直至两边门合闭,然后锁闭防火隔断门。

图 5-15　紧急制动装置　　　　图 5-16　防火隔断门　　　　图 5-17　紧急逃生窗

3. 紧急逃生窗

动车组列车紧急逃生窗,如图 5-17 所示。利用手柄开启。仅限紧急逃生时使用。

使用方法:使用紧急破窗锤击破紧急逃生窗玻璃,组织旅客按顺序逃生。

4. 疏散舷梯

动车组列车疏散舷梯,如图 5-18 所示。在动车组列车运行中途因故障不能继续运行时,疏散舷梯可将乘客从故障动车组列车转移至相邻线路的列车上。疏散舷梯使乘客可以在必要时从列车上下到站台上。疏散舷梯既可作为一座桥来连接停靠在旁边的列车,也可作为一个梯子帮助乘客下到地面。

使用方法:梯身自带扶手,向上拉起,用套管将扶手固定即可。

5. 乘降梯

动车组列车乘降梯(均为拼装式),如图 5-19 所示。位于 4 车二位端逃生梯室内。在动车组列车运行中发生紧急情况,停车后需将乘客从动车组列车转移到地面时使用。乘客下车时,要确保地面安全。

使用方法:将梯身拼装好,即可使用。

图 5-18　疏散舷梯　　　　　　图 5-19　乘降梯

6. 车厢内车门控制装置

动车组列车车厢内车门控制装置,位于车厢内车门一侧电控挡罩上。由上至下分别为上解锁、蜂鸣器、紧急开门按钮(外侧有防护罩,是旅客在紧急情况下使用的紧急开门装置)、绿色开门按钮(为触摸式开门装置)、红色关门按钮(为触摸式关门装置)、下解锁、红色手动扳手,用于在车厢内开、关车门。

使用方法:上解锁为开门锁,使用钥匙向任意一侧拧动,向上扳动红色手动扳手至90°位置后拉动车门即可打开;紧急开门按钮使用时,直接将按钮外部防护罩按破后,按下按钮,将红色手动扳手向上扳动至90°位置后拉动车门即可打开;绿色开门按钮和红色关门按钮必须在司机释放后方可使用,司机释放后开关门按钮内部灯呈亮灯状态,未释放为灭灯状态;下解锁为关门锁,用钥匙向内侧拧动则关闭除当前操作的车门以外的同侧其他车门。注意在操作之前,必须先确认车门右侧下方的手动车门锁未锁闭,若锁闭,用钥匙解锁后方可操作。

7. 车厢外车门控制装置

动车组列车车厢外车门控制装置,位于车厢外车门面板右侧,包括手动开门扳手、触摸式开门按钮、手动车门锁,用于在车厢外开启车门。

使用方法:在车厢外开门时,将手动开门扳手扳至90°位置不要松手,同时拉动车门即可开启车门;车门中间处的触摸式开门按钮,应在司机释放后才可使用,司机释放后按钮内部灯呈亮灯状态,未释放为灭灯状态。注意在操作之前,必须先确认手动车门锁未锁闭,若锁闭,用钥匙解锁后方可操作。

8. 站台补偿器

动车组列车站台补偿器,位于车门地板边缘。在列车停稳开门后站台补偿器自动落下,补充站台与车体之间的空隙,防止旅客下车时因踩空而发生意外。

使用方法:站台补偿器应随车门开启和关闭自动落下或收起,自动装置故障时应使用手动开关。手动落下时,使用钥匙手动打开补偿器,站台补偿器方可落下;手动收起时,需用手将站台补偿器搬起并不得松手,同时用钥匙将手动开关关闭即可,此操作必须在车门关闭前完成,否则车门无法关闭。

9. 紧急通风装置

动车组全列每节车厢顶篷均设有针孔状紧急通风系统,车厢内墙板下侧板条缝内侧均设有吸气装置。当动车组发生断电,空调系统不能正常运行时自动启动紧急通风装置,以维持车内空气流通,最长可维持30min。

三、旅客列车防火安全设备

旅客列车出入库防火安全、服务设施设备质量检查内容,以防火安全和直接关系旅客切身利益的车辆设施设备为主,分为供暖、制冷系统,供水系统,供电系统,消防设施,服务设施设备。主要包括:

(1)配电盘电器开关,各接线柱、电线路、保险容量;

(2)空调车温度控制仪器;

（3）照明、广播、电铃开关,照明灯、应急灯;

（4）电扇、排风扇及开关,通风窗;

（5）空调、暖气、电暖气制冷供热系统,发电车各管路系统;

（6）灭火器、火灾报警器、紧急断电按钮、逃生器、灭火毯、消防锤;

（7）餐车茶炉、锅炉、茶炉炉体顶罩、烟囱、厨房电气化设备;

（8）锅炉验水阀、手泵、电泵、水位表、温度表、管路;

（9）茶炉出水阀、压力表、水位表;

（10）电茶炉水阀、指示灯及发电车燃油炉;

（11）蒸饭锅炉水位表、压力表、阀体;

（12）餐车水槽、炉灶、排烟罩,餐车炉灶炉体、烟道及炉内泥套、排风设施;

（13）餐车冷藏柜,后厨立、卧式冰箱;

（14）各车门、锁、划、止、翻板、卡簧;

（15）地板(塌陷、鼓包);

（16）车厢内各柜门、锁、划、折页、抽屉及车窗、玻璃;

（17）座椅(铺)、茶桌、衣帽钩;

（18）行李架、物品架、卧铺安全带;

（19）揭示框、烟灰盒;

（20）席位标志牌、高程线;

（21）洗面(手)盆、照面镜、梳妆台;

（22）卫生间车窗防护栏,坐、蹲便器及盖、集便器;

（23）洗手液盒,卫生纸、架、洗面间出水阀、管路;

（24）地漏堵、洗面盆堵、卫生间便器堵、卫生间出水阀;

（25）安全防护栏、窗帘杆、温度计;

（26）电子显示屏、电视及耳机。

四、"两炉一灶"安全管理

"两炉一灶"是指客车内安设的燃煤锅炉、茶炉、餐车炉灶。

（1）锅炉室、茶炉室离人加锁,室内应保持清洁,禁止存放物品、晾挂衣物;炉灰用水浸灭装袋随垃圾袋投放,严禁从排灰孔排放;非取暖期间,锅炉室门应封闭。餐车炉灶有火(电)时餐车不得离人。

（2）锅炉、茶炉不缺水,锅炉不超温,蒸饭器不超压。

（3）锅炉点火前必须注水,严禁无水点火。

（4）餐车炉室内不准堆放易燃易爆物品及其他杂物,锅炉室做到人离门锁。

（5）旅客列车到达终点站前或在整备库停留时,锅炉要灭火。

（6）使用电茶炉装置时,要对电茶炉装置进行监控,发现开水炉控制箱内有异味、冒烟、打火、短路、外壳带电等异常现象时,要立即切断电源,并通知列检员检查维修。

（7）电开水炉炉体上、下部及开水炉控制箱上面和内部严禁堆放杂物。

（8）严禁用湿布擦拭电茶炉电器控制箱内、外部和所有电器元件及配线,以免电器短路、漏电。

(9)使用中应经常检查电茶炉开水水龙头的下部固定螺母与手柄是否松脱,防止旅客被烫伤。

(10)灶台做到一餐一清,烟囱内部、排烟罩、排气扇孔固定部分不拆卸能接触的部位一趟一清,有登记、有检查、有签字;每月定期按分工全面进行一次油垢清理;需拆卸清除的排气扇、烟囱帽由车辆部门负责拆卸,餐车乘务人员负责清理,车辆部门拆卸人、包保人,餐车清理人、包保人有签字。

(11)运行中严禁油炸食物,储油容器与炉灶距离不得小于30cm。

五、用电安全管理

(1)安全使用电源,按操作规程正确使用电气设备。严禁随意调整空调及带电开关电暖器温度。配电室要保持清洁,无其他物品,配电室(柜)、控制箱及时锁闭。

(2)禁止在电源处及配电柜、电暖器、电茶炉等电器装置上部及附近堆放或搭挂物品。冬季开启电暖器时,物品与电暖器距离保持在10cm以上。

(3)严禁无照明开启电气设备,防止触电;电气化区段站停不冲洗车皮,严禁攀登车顶作业。

(4)严禁擅自私拉电线,增设电器装置;严禁用水冲刷地板、通过台和电暖器;严禁脚踩空调机组顶罩。

六、电气化铁路区段安全管理

(1)所有接触网设备,自第一次受电开始,在未办理停电接地手续之前,均按有电对待。

(2)在电气化区段,除专业人员按规定作业外,所有职工和其所携带物件(如长杆、导线等)与接触网设备的带电部分,必须保持2m以上的距离。

(3)在距离接触网带电部分不足2m的建筑物作业时,接触网必须停电。

(4)在电气化区段,职工不准登上机车车辆顶部或翻越车顶通过线路。

(5)禁止通过任何物体,如棒条、导线、水流等与接触网的各导线及相连部件相接触(接触网特殊带电作业除外)。

(6)用水或一般灭火器浇灭离接触网带电部分不足4m的燃着物体时,接触网必须停电;距离接触网超过4m的燃着物体,可在接触网不停电情况下进行灭火,但水流不得向接触网方向喷射。若用沙土灭火时,在距接触网2m以上时,可不停电。

单元5.5　突发事件应急处置管理

一、站车发生火灾、爆炸事故时的应急处置程序

(一)动车组列车的应急处置程序

(1)动车组列车工作人员(含司机、随车机械师、乘警、客运、餐饮、保洁等人员)发现或接到旅客

反映车厢内有爆炸、明火、冒烟或消防设施报警时,应立即到现场查看、施救并通知列车长。列车长接到通知后,应会同随车机械师、乘警根据具体情况,采取相应的措施进行处置。在扑救火灾时,列车乘务人员应保护好现场,并采取措施做好宣传工作,稳定旅客情绪,维持秩序,以免发生混乱。

(2)在确认爆炸后,列车工作人员应立即使用紧急制动阀停车并按下火灾报警按钮(火情小能处置的可不使用紧急制动阀),同时列车长(或随车机械师)立即通知司机。停车后,司机应立即向列车调度员或车站值班员(车务应急值守人员)报告,配合列车长、随车机械师、乘警进行火灾扑救、旅客疏散等工作。有制动停放装置的由司机负责实施防溜,无制动停放装置的由随车机械师做好防溜、防护工作。

(3)列车长应立即指挥列车上所有的工作人员进行处置,乘警、随车机械师等列车工作人员应积极配合;同时组织事故车厢的旅客向其他车厢疏散。

(4)待全部人员向安全车厢疏散完毕,火势仍未得到有效控制,需向地面疏散时,列车长应立即通知司机、随车机械师或其他列车工作人员关闭通道阻火门。司机根据列车长的请求,向列车调度员报告,请求向地面疏散,现场救援。

(5)组织旅客疏散时,必须扣停邻线列车。司机在接到列车调度员已扣停邻线列车的口头指示后,立即通知列车长,列车长接到司机通知后应立即指挥列车工作人员打开车门,根据需要安装好乘降梯,组织旅客向地面安全地带疏散。

(6)列车工作人员应组织旅客有序疏散,并照顾好重点旅客,确保人员安全。

(7)要动员旅客中的医护人员和列车工作人员对受伤人员开展紧急救护,并做好对重点旅客的服务工作。

(8)列车工作人员应积极配合公安部门保护好事故现场,协助公安人员调查取证。

(9)如遇火灾危及旅客安全,又未能及时接到扣停邻线列车的命令时,列车长应会同司机,组织列车工作人员打开运行方向左侧(无线路一侧)车门,结合现场实际,确定旅客疏散方向和疏散方式,列车工作人员应做好旅客安全宣传和防护工作,严禁旅客跨越线路。

(二)车站的应急处置程序

(1)车站工作人员发现或接到旅客反映站内有爆炸、明火、冒烟或消防设施报警时,应立即报火警并向车站值班干部报告。车站值班干部通知有关人员立即到现场确认和处置,同时赶赴现场。

(2)在确认火灾、爆炸后,车站值班干部负责现场指挥救援,并将事故情况首先上报铁路局集团有限公司客运调度,之后将事故情况逐级上报。

(3)现场工作人员应组织旅客安全有序地撤离事故现场,同时做好受伤人员的紧急救护和重点旅客的服务工作。

(4)车站工作人员应配合公安部门保护好事故现场,并积极协助调查取证。

二、动车组列车晚点的应急处置程序

(一)动车组列车应急处置程序

(1)动车组在始发及运行途中出现故障晚点时,列车长要及时联系铁路局集团有限公司动车调度,了解晚点原因等,报告车内情况和请求协助解决的问题,组织乘务员积极主动做好服务工作。铁路局集团有限公司动车调度根据自然灾害、设备故障、施工等情况将晚点原因及预计晚点时间在30min内通知客运处在调度台负责非正常处理的人员,客运处人员向值乘列车长告知晚点原因和预计晚点时间,列车长据此通过广播向旅客告知故障原因和预计晚点时间。晚点30min以上时,列车长应向旅客致歉并告知故障原因,做好解释工作。乘警应与列车长密切配合,经常巡视车厢,维持好车内治安秩序。列车长要了解和掌握旅客提出的要求,并向铁路局集团有限公司反馈,铁路局集团有限公司及沿途站车单位应尽全力向旅客提供帮助,解决因列车故障及晚点给旅客带来的困难。

(2)列车工作人员应加强车厢巡视,掌握旅客动态,并做好宣传、解释、服务工作,稳定旅客情绪,维护好车内秩序。

(3)列车晚点1h以上且逢用餐时间,列车长应提前统计车上旅客人数,通过司机向列车调度员报告,列车调度员通知调度所客运调度员,或司机直接向调度所客运调度员报告,调度所客运调度员接到信息后,应安排前方停车站为列车提供饮食品,列车免费向旅客提供。

(二)车站应急处置程序

(1)动车组列车运行晚点超过15min时,车站应及时与调度所客运调度员联系,了解晚点原因和列车运行情况,代表铁路向旅客致歉,并通报晚点原因,每次致歉间隔时间不超过20min。

(2)车站应掌握售票、候车及旅客滞留情况,维持好站内秩序,并立即向客运主管部门报告。

(3)列车晚点1h以上且逢用餐时间时,车站应免费为等候该次动车组列车的旅客提供饮食品;并按调度所客运调度员的安排,为晚点动车组列车提供饮食品。

(4)车站应加强宣传及列车运行信息公告力度,积极地为旅客办理退票、改签等手续。

案例5-8

旅客列车晚点中途停车的处理

案例描述:××年××月××日BJ南开往TJ的C2069次列车,22时10分正点开车后,运行至YL区间临时停车,终到TJ 23时30分,终到晚点50min,车内旅客447人。YL停车时间在20min左右,在此期间,列车长随时与调度所客运调度员及相关机构联系,积极了解情况。同时要求乘务员在车内做好发放矿泉水的服务及解释、致歉工作,列车长同时加强车内的巡视和广播的随时跟进,由于事情处理过程中随时把旅客放在第一位,能让旅客第一时间了解事情进展,同时列车服务深入车厢,因此,在停车中全列447名旅客大部分没有出现过激行为。在列车长巡视至餐吧区时,有一名旅客要求对晚点一事进行索赔,为避免由于此名旅客的索赔要求带动车内其他旅客情绪,列车长将该旅客引导至乘务室,在引导过程中六号车厢有一位旅客同样提出索赔要求,因此,列车长将两位旅客安排到一起,主动了解旅客需要,同时积极做好服务及致歉工作,安抚旅客情绪,防止由于此两名旅客带动更多的旅客出现索赔投诉等更多过激行为。

列车停车20min后,客调通知要求抽线反方向运行,列车需开回BJ南站。司机在换完端后,列车长又得到列车故障排除,可以继续运行的通知,列车长第一时间通知司机,同时与调度联系,司机再次换端。列车开车后以限速缓行的方式运行,运行中利用广播对列车停车、列车恢复运行致歉,并对列车到站、列车晚点等情况随时播报,做好旅客情绪的安抚工作。运行过程中,列车长同时与站方工作人员积极协调联系,在列车晚点 50min 到站的情况下,列车长要求车内所有工作人员在车门口下车立岗送别旅客,对每位下车旅客逐一鞠躬致歉。通过列车全体人员的共同努力,列车到站后没有任何一名旅客对列车服务提出意见,也没有出现任何一名旅客滞留的情况。同时两名要求索赔的旅客在列车长的积极工作下也顺利下车并与站方办理了交接,由站方进行进一步的处理,没有影响列车的后续运行。

案例分析:

在临时停车处理过程中,值乘班组在以下几方面处理得当:

(1)列车长在思想上对列车突然停车高度重视,能够在第一时间打破常规,亲自利用广播进行宣传及致歉,体现了列车长的大局意识及责任意识。

(2)充分利用广播,及时致歉和宣传,使每一位旅客在心理上得到安抚。同时使旅客及时获取最新的动态消息,使旅客能真切地感受到铁路工作人员的努力与负责。

(3)服务措施跟进有力,班组多次巡视和送水,随时在旅客身边服务,不仅体现在口头上,更有实际的服务内容。

(4)列车长亲自下车厢巡视,不惧怕与旅客正面接触,同时也给旅客通过广播获得的信息以真实感,得到旅客信赖。在巡视中能够发现个别激动旅客并做出灵活的处理,减小了问题处理的难度。

(5)大局意识强,积极联系各个部门,全面掌握事情的最新进展,随时将事情进展与司机及随车人员沟通。在处理过程中,责任意识强,能够站在全局的高度去处理,不推卸、不拖延、不搪塞。

(6)服务缺憾补救意识强,旅客下车时,列车全员鞠躬致歉送别旅客,充分体现了××城际动车组的待客服务态度、大局意识、责任意识及荣誉意识。

案例启示:在事件发生后,铁路工作人员主动作为,措施跟进有力,服务意识强,会减小问题处理的难度。

三、站车发生重大疫情时的应急处置程序

(1)动车组列车发现疑似鼠疫、霍乱等重大疫情的病例或接到动车组列车上有疑似病例的通知时,列车长、乘警应立即向司机和上级主管部门报告,司机向列车调度员报告,列车调度员立即向值班主任报告,值班主任立即向铁路疾控部门报告。车站发现疑似鼠疫、霍乱等重大疫情的病例或接到车站有疑似病例的通知时,应立即向铁路疾控部门报告。

(2)列车调度员根据铁路局集团有限公司有关部门确定的处置方案,安排动车组在指定车站停车。列车长接到司机指定站停车的通知后,做好疾控人员上车和疑似病例交站等相关准备工作,车站及铁路疾控部门做好接车紧急处置准备。

(3)车站、列车长、乘警应组织隔离传染病人、疑似病人和密切接触者,紧急疏散其他旅客,并对有关人员进行登记。

(4)车站、列车长、乘警应组织封锁已经污染或可能污染的区域,同时做好被隔离人员的交站准备。

(5)站车在指定站将传染病人、疑似病人、密切接触者和其他需要跟踪观察的旅客及相关资料移交铁路疾控部门。

(6)乘警及公安部门应维护好车内、站内秩序,确保区域封锁、旅客隔离、站车移交等工作正常开展。

(7)铁路疾控部门应上车对已经污染或可能污染的区域进行消毒。铁路疾控部门确认处置完毕后,方可解除区域封锁。

四、旅客病情发作时的应急处置程序及患病旅客的交接程序

(一)旅客病情发作时的应急处置程序

(1)遇有旅客精神异常狂躁发作,危及自身及他人人身安全时,应动员周边旅客协助,采取强制措施,并将患病旅客带到远离旅客密集区的合适处所安置,但不要脱离旅客群,并派专人(乘务员、乘警)看护,防止患病旅客自杀、自伤及跳车,看护人员要及时检查车窗、车门,确保锁闭牢固。

(2)列车长、乘警应采取果断措施,必要时乘警应对其搜身以防患病旅客用器械自伤、伤人或使贵重物品丢失。列车长检查患病旅客车票、携带品及有关证件,取得不少于两份的旅客旁证材料。证实材料应当准确真实,证人的姓名、工作单位、住址、身份证号码、电话号码等要详细记载。

(3)利用广播寻找医务工作者到场协助诊治(登记医生姓名、身份证号码)。

(4)条件允许时可与患病旅客家属取得联系,在到站或换乘站接应。

(二)患病旅客的交接程序

(1)列车长应编制客运记录移交旅客到站或换乘站处理,不得转交中途站。

(2)车站向列车移交无人护送的精神异常旅客,列车长可拒绝接收。对有人护送或由车站工作人员和公安人员护送的精神异常旅客,列车要向护送人员介绍安全注意事项,并予以协助,给予方便。

(3)列车向车站交接患病旅客时需乘警配合,必要时可增加警力、人手。交接过程中应采取防范措施,防止患病旅客在站台上突然挣脱,造成逃逸、钻车、抓车或伤害他人等问题的发生。

(4)患病旅客情绪不稳定,存在暴力倾向的,列车长应提前电话通知前方交接站,向车站说明情况,要求车站加派警力、人手进行交接,确保交接过程万无一失。

(5)列车运行中遇有旅客因伤、病必须临时停车抢救时,动车组司机接到列车长请求后,立即向列车调度员或车站值班员报告。列车调度员要及时安排列车在前方有医疗条件车站临时停车,并命令前方站通知120急救中心到站实施抢救。

五、站车发生旅客食物中毒事件时的应急处置程序

(1)动车组列车发生旅客疑似食物中毒事件,列车长应立即向司机和上级主管部门报告,

司机向列车调度员报告,列车调度员立即向值班主任报告,值班主任通知铁路疾控部门。车站发生旅客疑似食物中毒事件,应立即向铁路疾控部门报告。

(2)旅客需要紧急救治停站处置时,列车调度员应安排动车组在具备医疗抢救条件的最近车站停车,并通知前方车站做好抢救准备。

(3)站车工作人员应对有关人员进行登记,封锁现场,封存可疑食品、饮用水、食具用具等。铁路疾控部门应上车收集中毒人员的呕吐物、排泄物待查。

六、车站突发大客流时的应急处置程序

(1)车站突发大客流时,应立即组织力量上岗维护好车站秩序,并通知铁路公安部门,铁路公安部门应增派警力协助车站维护秩序,必要时车站应请求地方政府、公安部门给予支援,同时向上级主管部门报告。

(2)车站应协调地方政府,利用电视、广播等媒体广泛宣传,引导旅客理性选择出行交通工具。

(3)车站应增开售票窗口,并维护好售票秩序。

(4)车站应加强候车组织,充分利用候车能力,做好重点旅客服务工作,必要时可"以车代候"。

(5)加强乘降组织,重点部位安排专人引导、防护,确保旅客进出站、上下车的安全。

(6)铁路局集团有限公司加强运输设备和能力调配,组织加开列车,及时疏散客流。

七、恶劣天气下客运组织应急处置程序

因恶劣天气(含暴雨、大雾、大雪、冰雹、台风等)影响动车组列车正常运行,调度所客运调度员应及时通知客运管理部门及沿线车站和滞留列车,客运管理部门应了解现场情况,指挥应急处置,站车及时向旅客公告并致歉。

(一)动车组列车应急处置程序

(1)列车长接到调度所客运调度员或上级主管部门关于动车组列车因恶劣天气影响不能正常运行的通知后,应立即了解车内情况,加强对重点旅客的服务。若出现异常情况则及时向调度所客运调度员或上级主管部门报告。

(2)列车长应与司机或滞留地所在铁路局集团有限公司调度所客运调度员保持联系,了解动车组列车的运行情况,并及时向旅客通报。

(3)动车组列车应备足餐食和饮用水,确保供应。需补充餐食和饮用水时,列车长应向滞留地所在铁路局集团有限公司调度所客运调度员或通过司机向列车调度员报告,指定车站为动车组列车补充餐食和饮用水。

(二)车站应急处置程序

(1)车站应及时公告动车组列车因受恶劣天气影响不能正常运行的情况。售票处、候车室、问询处等服务处所应做好对旅客的宣传和服务工作。

（2）车站应及时增开退票和改签窗口，为旅客办理退票、改签等手续。

（3）车站公安派出所应协助客运部门维护好售票、候车、乘降等秩序。

（4）车站应根据安排，及时为动车组列车提供餐食和饮用水。

八、动车组空调失效时的应急处置程序

（1）动车组空调装置发生故障超过 20min，且应急通风功能失效或无法满足要求时，随车机械师应及时通知列车长。列车长视车内温度及通风情况做出打开车门决定，并通知动车组司机转报列车调度员。

（2）列车需要打开部分车门运行时，列车长通知动车组司机向列车调度员提出在前方站停车请求。

（3）列车长根据动车组乘务人员配置情况，组织打开运行方向左侧（非会车侧）4～8 个车厢前门，并在车门处安装防护网。需要打开车门时，列车长根据需要确定打开车门数量，并通知随车机械师准备好防护网，指派保洁员到存放处领取防护网，防护网的安装在列车长的组织下，由乘警、随车机械师、餐饮、保洁人员配合进行。

（4）防护网安装后，由列车长组织乘警、随车机械师、添乘干部、餐售、保洁员负责值守，严禁旅客自行下车。动车组乘警在第一时间通知前方停车站（区间）所属公安处，由公安处负责第一时间通知停车站（区间）所属派出所指派警力，配合动车组工作人员。

（5）列车长确认值守人员到位后，通知随车机械师。随车机械师确认防护网固定状态和动车组状态后，通知动车组司机。动车组司机向列车调度员申请打开车门限速运行的调度命令。列车调度员向沿途各站及司机下达"××次因空调失效开放部分车门运行，限速 60km/h（通过高站台时限速 40km/h 运行）"的调度命令。

思考题

一、填空题

1. 每人免费携带品的质量和体积是：成人（   ）、儿童（含免费儿童）（   ）、外交人员（   ）。

2. 旅客或托运人无正当理由拒绝检查时，在车站安检人员可以拒绝（   ），在列车上由列车工作人员通知乘警依法进行检查。

3. 列车检查发现的鞭炮、拉炮、摔炮、发令纸类的危险品应立即（   ）。

4. 没收危险品时，应向被没收人出具书面证明（   ）。

5. 车站要加强站台（   ）和（   ）管理，防止旅客违章进出站造成的人身伤害。

6. 车门管理做到"（   ）、（   ）、（   ）"，出站台四门检查、瞭望，相邻车厢互检车门。

7. 临时停车时，列车员站在通过台中部，坚守车门，监控车内，未经（   ）统一组织不准开启车门，列车起动后检查四门，防止抓车。

8. 列车进入高站台车站前，要提前准备好（   ）和（   ），并确认站台方向。

9. 乘务人员对重点旅客要做到(　　　　)、(　　　　)、(　　　　)。

10. 乘务员要加强行李架物品的整理,物品摆放做到平稳牢固,严禁(　　　　)、(　　　　)、(　　　　)上行李架。

11. 旅客列车消防工作贯彻"(　　　　)"的方针。

12. 乘务人员必须经过全面的消防安全培训,人人做到"三懂三会",即(　　　　),(　　　　),(　　　　);(　　　　),(　　　　),(　　　　)。

13. "两炉一灶"是指客车内安设的(　　　　)、(　　　　)、(　　　　)。

14. 当全部人员向安全车厢疏散完毕,火势仍未得到有效控制,需向地面疏散时,列车长应立即通知司机、随车机械师或其他列车工作人员关闭(　　　　)。

15. 动车组列车运行晚点超过 15min 时,每次致歉间隔时间不超过(　　　　)。

16. 车站发现疑似鼠疫、霍乱等重大疫情的病例或接到车站有疑似病例的通知时,应立即向(　　　　)报告。

17. 车站发生重大疫情时,车站、列车长、乘警应组织封锁(　　　　)的区域,同时做好被隔离人员的交站准备。

二、选择题

1. 列车运行速度超过(　　　)区段以及有动车组通行区段设置的平过道(不含行人专用平过道及设备管理单位专用平过道),车站必须 24h 派人看守,各直属站、车务段应明确平过道看守人员岗位职责,落实看守责任。

  A. 100km/h   B. 110km/h   C. 120km/h   D. 130km/h

2. 如因高站台与翻板高度差较大[高差大于(　　　)],乘务员必须用内侧脚踩住安全渡板一角(以脚掌部踩住为宜),防止安全渡板窜动而发生意外。

  A. 5cm   B. 10cm   C. 15cm   D. 20cm

3. 组织旅客乘降做到安全有序,先下后上,上下车旅客超过(　　　)人时双开车门(高站台除外)。

  A. 10   B. 20   C. 30   D. 40

4. 始发和中途站开车后,乘务员要认真检查行李摆放情况,大件行李放置在大件行李处,由(　　　)看管。

  A. 旅客   B. 列车员   C. 列车长   D. 乘警

5. 对违反国家法律、法规,在列车内寻衅滋事、扰乱公共秩序的人,可责令其(　　　),情节严重的送交公共安全专家部门处理。

  A. 下车   B. 停止   C. 休息   D. 道歉

6.《铁路安全管理条例》将在动车组列车上或者其他列车的禁烟区域吸烟作为危害铁路安全的行为并作了明确规定。对违反规定的,由公安机关责令改正,对个人处(　　　)元以上 2000 元以下的罚款。

  A. 200   B. 300   C. 400   D. 500

7. 双班作业的列车,休班班组乘务员在宿营车休息前或起床后(　　　)min 内,可着便装(无肩牌、胸章)在宿营车允许吸烟端通过台吸烟。

  A. 30   B. 40   C. 50   D. 60

8.折返站乘务员不入公寓,车体停留时间在(   )及以上的列车,车内整备作业结束后,列车乘务员可着便装集中在宿营车或列车中部指定车厢一端通过台吸烟,列车长负责按规定时间发放、收缴、登记香烟和火种,并进行检查、监控。

A.3h   B.4h   C.5h   D.6h

9.冷热链盒饭超过有效期必须销毁,冷链盒饭加热后2h,热链盒饭生产出(   )必须销毁。

A.3h   B.4h   C.5h   D.6h

10.使用紧急制动阀遇弹簧手把时,在列车完全停车以前不得松手。在长大下坡道上,必须先看压力表,如压力表指针已由定压下降(   )kPa时,不得再行使用紧急制动阀(遇折角塞门关闭时除外)。

A.80   B.100   C.120   D.140

11.餐车配备灭火毯(   )条,放在灭火毯专用箱中。

A.2   B.4   C.6   D.8

12.当轴温高于车外气温(   )时,轴温报警器发出"嘟、嘟……"声音报警,屏幕闪烁,客运乘务员要及时通知车辆乘务员处理,严禁乱动或关闭轴温报警器。

A.20℃   B.40℃   C.60℃   D.80℃

13.动车组发生火灾时,防火隔断门可阻止或延缓火势蔓延,最长阻燃时间为(   )。

A.15min   B.20min   C.25min   D.30min

14.晚点(   )以上时,列车长应向旅客致歉并告知故障原因,做好解释工作。

A.15min   B.20min   C.25min   D.30min

三、判断题

1.旅客携带品由旅客本人负责看管。   (   )

2.旅客进站上车后主动全部交出其携带的危险品的,对携带人不可以从轻或免除处罚。   (   )

3.车门口严禁堆放物品,堵塞车门。   (   )

4.动车组列车在到达中途停车站前5min,列车长、乘务员应提示下车旅客做好下车准备。   (   )

5.列车停稳后,要安放安全渡板,严禁直接将渡板扔在站台上,并且安全渡板要安放平稳牢固。   (   )

6.运行中严禁旅客倚靠车门,防止因车门故障开启,造成意外事故发生。   (   )

7.发现旅客有织毛衣,刺绣,掏耳朵,使用刀叉、利器等行为时,只要不影响他人,乘务员不必提示和制止。   (   )

8.动车组列车可以押运人犯。   (   )

9.车厢连接处为旅客吸烟场所,张贴吸烟标志明示。   (   )

10.乘务员听到机车鸣示三短声时,应将人力制动机的手把用手拉出并依顺时针方向转动,嵌入式的要先拔出手把,再将人力制动机旋紧。机车鸣示二短声时,则反转缓解。(   )

11.在距离接触网带电部分不足1m的建筑物作业时,接触网必须停电。   (   )

12. 用水或一般灭火器浇灭离接触网带电部分不足4m的燃着物体时,接触网必须停电。
　　　　　　　　　　　　　　　　　　　　　　　　　　　　　　　　（　　　）

13. 若用沙土灭火,在距接触网3m以上时,可不停电。　　　　　　（　　　）

14. 出乘(折返站待乘)期间严禁饮酒,充分休息,保证精力充沛。　（　　　）

15. 站台等待接车时,应站在安全线以内的安全地点,随时注意过往作业车辆。（　　　）

16. 列车晚点2h以上且逢用餐时间时,车站应免费为等候该次动车组列车的旅客提供饮食品。
　　　　　　　　　　　　　　　　　　　　　　　　　　　　　　　　（　　　）

17. 铁路疾控部门应上车对已经污染或可能污染的区域进行消毒。铁路疾控部门确认处置完毕后,方可解除区域封锁。　　　　　　　　　　　　　　　（　　　）

四、简答题

1. 铁路旅客运输的任务是什么?

2. 旅客列车对旅客携带品有哪些规定?

3. 旅客进入哪些场所时即有义务接受运输安全检查?

4. 站车发现危险品应该如何处理?

5. 旅客列车车门管理有哪些规定?

6. 使用高站台乘降时应注意哪些方面?

7. 如何保障重点特殊旅客的乘车安全?

8. 旅客列车安全设备主要包括哪些?

9. 发现哪些情形时应使用紧急制动阀停车?

10. 乘务员出、退乘安全管理有哪些规定?

11. 简述旅客病情发作时的应急处置程序。

12. 简述站车发生火灾、爆炸事故时的应急处置程序。

模块6
铁路运输事故的预防

学习目标

1. 明确我国铁路运输安全管理采取的"安全第一,预防为主,综合治理"的方针,掌握该指导方针的主要作用,了解贯彻"安全第一,预防为主,综合治理"指导方针的原则要求。

2. 明确铁路运输安全与心理现象的关系,掌握感觉和知觉与运输安全的关系,记忆和思维与运输安全的关系,注意与运输安全的关系,情绪与运输安全的关系,气质和性格与运输安全的关系,能力与运输安全的关系,疲劳与运输安全的关系,需要和动机与运输安全的关系。

技能目标

1. 培养学生的安全意识,懂得安全的前提是预防。
2. 能够利用心理学知识解释铁路运输安全中出现的问题。
3. 能够利用心理学为运输安全提供心理保障。

课程思政

通过铁路运输事故预防知识的学习,引导学生树立"隐患就是事故"的理念。通过对铁路职工心理素质内容的介绍,引导学生树立辩证唯物主义的世界观和方法论。物质决定意识,意识是对物质的反映,意识对物质具有能动作用。引导学生理解感觉、知觉、记忆、想象、思维等心理活动客观规律,并利用这一规律更好地服务铁路运输安全,同时引导学生树立马克思主义的世界观,以马克思主义的世界观认识世界。

建议学时

2学时。

单元 6.1　贯彻"安全第一，预防为主，综合治理"的方针

"安全第一，预防为主，综合治理"是我国铁路运输安全管理方针。"安全第一"就是要求运输企业在组织生产、指挥生产时，坚持把安全生产作为企业生存与发展的第一要素和前提条件。"预防为主"就是要求运输企业以主动积极的态度，从组织管理和技术措施上，增强运输安全保障系统的整体功能，把事故遏制在萌芽状态，做到防患于未然。

（一）铁路运输安全管理指导方针

"安全第一，预防为主，综合治理"是人们历经无数伤亡事故的血泪教训，在实践、认识、再实践、再认识过程中，与时俱进总结出来的安全生产管理方针，所有企业都应该坚定不移地贯彻执行。可是，有些单位偏要别出心裁，提出五花八门的"安全生产管理方针"，比如"安全第一、质量第二、××第三""安全为了生产，生产必须安全"等，所以有必要首先弄清楚安全生产管理方针的由来和内涵。

早在 1951 年，毛泽东就在中央人民政府劳动部的工作报告上明确批示："在实施增产节约的同时，必须注意职工的安全、健康和必不可少的福利事业。如果只注意前一方面，忘记或稍加忽视后一方面，那是错误的。"根据这一批示，1952 年第二次全国劳动保护工作会议提出了劳动保护工作必须贯彻"安全生产"的方针。也就是说，针对当时工业生产中实施增产节约的同时有人错误地"忘记或稍加忽视后一方面"（即职工的安全、健康和必不可少的福利），而制定的劳动保护方针——"安全生产"，强调的是生产与安全的统一，要安全地生产。

在这样的背景下，提出了"安全为了生产，生产必须安全"的口号，这在当时是进步的；但是，其根本目的是生产，安全仅仅是手段；"目的"与"手段"相比，当然是"目的"第一，"手段"第二。所以，当时实质的指导思想是生产第一，安全其次。当时为了恢复和发展生产，在认识上有这样的局限，是可以理解的。如此一来，违章冒险作业，盲目蛮干现象时有发生，产生了不少"事故英雄"。

1963 年 3 月 30 日，《国务院关于加强企业生产中安全工作的几项规定》开宗明义提出："进一步贯彻执行安全生产方针，加强企业生产中安全工作的领导和管理，以保证职工的安全与健康，促进生产。"

可见，当时就应该提出"生产必须安全，安全促进生产"了。但是，由于当时人们思想认识存在局限性，对"安全为了生产"这一提法，没有人提出非议，许多单位至今仍对其"情有独钟"。实际工作中，当生产与安全对立时，一句"安全为了生产"，就把安全置之脑后了。能不出事？

1966—1976 年，安全生产工作遭到严重破坏、伤亡事故再次大幅度上升，形成 1949 年以来第二个事故高峰。

1978 年 10 月,《中共中央关于认真做好劳动保护工作的通知》指出:"加强劳动保护工作,搞好安全生产。保护职工的安全和健康,是我们党的一贯方针。"

1980 年 8 月,国务院作出决定,严肃处理"渤海二号"翻沉事故,指出:"安全生产是全国一切经济部门和生产企业的头等大事。"

1981 年 3 月,国家经济委员会、国家劳动总局等 9 个部门《关于开展安全活动的通知》中提出"进一步贯彻安全生产方针、树立安全第一思想",同时要求"预防为主"。

1983 年 4 月 20 日,劳动人事部、国家经济委员会、中华全国总工会在《关于加强安全生产和劳动安全监察工作的报告》中提出"必须树立安全第一的思想,坚决贯彻预防为主的方针"。

1983 年 5 月 18 日,国发 85 号文《国务院批转劳动人事部、国家经委、全国总工会关于加强安全生产和劳动安全监察工作报告的通知》提出:"在安全第一、预防为主的思想指导下,搞好安全生产,是经济管理、生产管理部门和企业领导的本职工作,也是不可推卸的责任。"

1987 年,在全国劳动安全监察会议上,进一步明确提出"安全第一、预防为主的方针"。

此后的表述一般为:在安全生产中贯彻"安全第一、预防为主"的方针。1990 年以来,政府文件或权威媒体报道文章都在宣传贯彻执行"安全第一、预防为主"的安全生产方针。

2021 年 9 月 1 日我国修订施行的《中华人民共和国安全生产法》表述为:坚持安全第一、预防为主、综合治理的方针。这种提法,是广大安全生产管理工作者与时俱进、艰难探索的成果,十分精练,十分科学,具有十分深刻的内涵;正确地阐明了安全与生产的关系、预防和事故处理的关系;体现了党和国家对劳动者的关怀;体现了党和政府对经济发展规律的深刻认识;符合习近平新时代中国特色社会主义思想。

（二）"安全第一,预防为主,综合治理"指导方针的作用

安全生产是社会主义运输企业管理的一项基本原则。安全是与计划、生产、技术、质量、物资、设备、劳动和财务等管理密切相关并渗透其中的企业管理的首要任务。安全管理是上述八项管理中与安全相关的管理内容的综合和发展,并由专门机构和人员负责统一规划、组织协调、监控实施。铁路运输安全管理以"安全第一,预防为主,综合治理"作为指导方针,是安全科学理论与安全生产实践相结合的结果,也是几十年来我国铁路运输安全工作经验和教训的科学总结。这一不以人们意志为转移的客观规律,不仅深刻地揭示了安全与效率、安全与效益及安全管理与其他管理工作之间的辩证关系,也表明了安全管理自身各项工作应遵守的原则。"安全第一,预防为主,综合治理"指导方针主要有导向、规范、约束、评价四个方面的作用。

1. 导向作用

在铁路运输生产中存在各种各样的矛盾,如安全与效率、技术与管理、软件与硬件、局部与整体等。安全与效率始终是主要矛盾,而安全又是矛盾的主要方面,在任何时候只要抓住了主要矛盾和矛盾的主要方面,即对影响安全的不利因素,如隐患、危险等主动出击,预先防止,就能牢牢把握住运输生产的主动权,促使矛盾向有利于安全的方面转化,任何单位和个人违背这

个原则,必将受到事故惩罚,造成无法挽回的损失。

2. 规范作用

铁路运输生产是一个动态变化的过程,影响安全和生产的因素有很多。凡事预则立,不预则废,把"安全第一"要做的工作、"预防为主"必办的事情落到实处,才能收到预期的安全效果。如从指导思想到奋斗目标,从阶段任务到主攻方向,从实施方案到具体办法,从组织分工到监控反馈等进行周密规划、统一部署,并按变化做出必要调整,形成着眼于现场作业控制的管理落实机制,使运输生产处于有序、可控状态。

3. 约束作用

安全需要纪律严明、按章办事,工作高效的个人行为、群体行为、管理行为的联合保证。这就需要上上下下有"安全第一,预防为主,综合治理"的共同思想基础,并以此为准则,抵制、克服不利于安全的思想和行为。为此,按照"安全第一,预防为主,综合治理"的要求,加强安全教育和培训,制定各级安全责任制,健全安全生产激励机制,使广大铁路职工心往一处想,劲往一处使,共同开创运输安全新局面。

4. 评价作用

已发生事故的多少及其损失大小可以衡量一个生产单位安全状况的好坏。但由于事故具有潜在性和再现性、偶然性和必然性、事发原因的多重性和因果性等特性,为了实事求是地判断运输企业的安全状况和发展趋势,除以事故指标衡量外,还需要考查"安全第一"的思想和"预防为主"的措施落实情况及效果,即对运输系统中的关键人员、关键岗位、关键作业、关键设备等有无防范举措,安全观念中是否有超前防护意识,作用如何等进行评价。可见,"安全第一,预防为主,综合治理"不是一句空洞的口号,而是具有丰富的内涵。深刻认识其本质含义并发挥其应有作用,关键在于认识的深化、决策的正确性和扎扎实实的工作。

(三)"安全第一,预防为主,综合治理"是一个不可分割的整体

如前所述,在铁路运输生产中,"安全第一"主要是由运输生产的特点所决定的,"安全第一"的思想到位,解决好各种各样的矛盾,是"预防为主"的前提,离开这个前提就谈不上"预防为主"。因为,不解决好"安全第一"的思想认识和实际问题,职工预防事故的自觉性、主动性和积极性就难以调动和持久。再者,预防事故是主动而为,事故抢救是迫不得已,对人祸天灾而言必须以预防为主,这是运输安全不可动摇的原则。"预防为主"就是要对事故发生的原因进行调查研究、系统分析、制定原则、采取对策。真正做到思想上重视,制度上保证,工作上落实,作风上适应,常抓不懈,持之以恒。

"安全第一,预防为主,综合治理"最终还是以清除隐患、预防事故发生为归宿。因此,应积极采取措施,消除各种不利因素,把事故消灭在萌芽状态,满足"安全第一"需要。可见,"预防为主"是"安全第一"的重要保证,失去这种保证,"安全第一"就成为一句空话。"安全第一"和"预防为主"的辩证关系与生产实践相结合,共同构成了运输生产的安全屏障,二者密不可分。当"安全第一,预防为主,综合治理"的指导方针未能得到彻底贯彻落实时,影响安全的因素,如人员、设备、环境、管理等,其处于非正常状态就成为事故发生的原因。我国铁路运输安全专家和科技工作者的最新研究结果表明,2001—2008 年间铁路行车重大、大事故及险性

事故的原因中,人员失误占56.12%,设备故障占24.51%,环境恶劣(自然灾害、气候不良等)占3.19%,管理不善(规章制度不健全、不合理,教育培训效果差等)占0.25%,其他原因(路外人员责任、人为破坏及不明原因等)占15.93%,其中人员失误和设备故障两种原因合计超80%,已成为预防事故发生的主攻方向。

(四)贯彻"安全第一,预防为主,综合治理"指导方针的要求

我国《铁路主要技术政策》明确指出:铁路运输生产必须坚持"安全第一"的原则,依靠先进技术和装备,保障行车安全。以行车安全为核心,保障旅客运输安全为重点,系统配套发展铁路安全技术与装备,制订、修订有关行车安全的规章、法规和标准,加强安全管理,完善行车安全保障体系。

1. 牢固树立"安全第一"的思想,强化"安全第一"的责任意识

这是保障运输安全的重要前提。人是影响运输安全最重要的因素,人的安全思想和意识是安全生产行为的基础。因此,必须加强以人为中心的管理,持久深入地进行安全生产教育,增强广大职工在社会主义市场经济条件下进行安全生产的责任感和紧迫感,以及不安全生产的危机感,营造人人重视安全,事事确保安全的工作氛围。而运输生产中存在的隐患、发生的事故(除不可抗拒的自然原因外)归根结底是人的"安全第一"思想不牢、安全责任意识淡薄所致。在安全工作与其他工作发生矛盾,或安全工作取得成绩的时候,"安全第一"的思想往往被淡化或移位。这是安全措施未落实、安全形势不稳定的根本原因,应坚决克服和纠正。

2. 遵守规章制度,严格组织纪律

这是运输安全的重要保证。在长期生产实践中,我国铁路部门根据运输生产规律、事故发生的因果关系和防止事故发生的宝贵经验,制定了许多保证安全、提高效率的规章制度和作业标准,并根据情况变化及时加以完善和发展。有章必循,就要有严格的组织纪律约束。纪律松弛、有章不循是对运输生产安全的最大威胁。因此,必须增强职工队伍的组织性和纪律性,使"严字当头、铁的纪律、团结协作、雷厉风行"的路风发扬光大。

建立健全严格的安全管理制度,最为重要的是各级安全生产责任制的逐步完善和切实执行。应避免职责不清、分工不明、互相推诿的不良现象发生,并通过各种管理手段做到是非分明、赏罚分明,形成强有力的竞争、激励和约束机制。

3. 加强职工教育培训工作,提高职工队伍安全素质

这是保障运输安全的重要基础。提高人员安全素质最为有效的途径就是理论联系实际的教育或培训。这在高科技广泛应用于铁路运输的情况下显得更为迫切和重要。通过各种形式的教育和培训,大力抓好职工队伍的职业道德建设,培养爱岗敬业的精神和遵章守纪的良好习惯,提高实际操作能力,特别是非正常情况下的作业技能和应急处理能力,全面落实作业标准化。与此同时,还要不断加强干部的技术业务培训,普遍提高干部队伍的业务素质。

4. 不断改善和更新运输技术设备

这是保障运输安全的物质基础。运输设备质量取决于出厂的产品质量,也取决于运用中的设备能经常得到精心的维护。因此,要坚持设备检修与维护并重、预防与整治相结合的原则,消除设备隐患,落实维修标准、作业标准和质量标准,努力提高设备的有效性,使设备经常

保持良好状态。同时,增加经费投入,改善设备功能,加快实现主要运输装备现代化的步伐。积极发展和完善运输技术设备既能提高运输效率,又能确保各种安全技术设备的安全,这是提高高速铁路运输安全水平的必由之路。

5. 争取地方政府和人民群众的支持

这是保障运输安全的坚强后盾。党和国家领导同志指出:"铁道部门的工作没有各地的支持是做不好的。"铁路运输安全在这一点上表现得尤为突出。铁路应主动加强与地方政府的安全联防和共建,不断改善铁路沿线的治安秩序,积极依靠地方政府和沿线人民群众参与事故救援、抢修等工作。加强铁路安全宣传教育,防止人身伤亡和交通事故的发生,保证铁路运输安全、畅通。

单元6.2 培养职工健康的心理素质

在铁路运输人-机-环境系统中,人的心理现象及其规律性与运输安全密切相关,因此,研究和揭示运输生产过程中人的心理现象及其规律性,已越来越受到国内外运输安全管理部门和专家学者的高度重视。

一、铁路运输安全与心理现象的关系

心理现象在心理学上一般可理解为心理活动的表现形式,是人的大脑对客观现实的反映,它包括心理过程和个性心理特征两个互相联系又相互制约的方面,而且这两个方面各自都包含一些复杂的心理要素和具体表现形式。人的心理现象是多种多样的,它们之间的关系也是非常复杂的。但是心理现象是人们时刻都产生着的,因而也是每个处于清醒状态的人所熟悉的。

心理过程是指人的心理活动过程,包括人的认识过程、情绪和情感过程、意志过程。心理过程是人们共同具有的心理活动。但是,由于每个人的先天素质和后天环境不同,心理过程在产生时又总是带有个人的特征,从而形成了不同的个性。

一般而言,影响运输安全的心理要素主要有感觉、知觉、记忆、思维、注意、情绪、气质、性格、能力、疲劳、需要、动机等。

人在一切活动如劳动、学习和游戏中都有心理现象。比如,听到树叶的沙沙声,看到光亮、颜色,尝到滋味,闻到气味,摸到物体知道软硬、冷热等,都是感觉。感觉是客观事物直接作用于人的感觉器官,在人脑中所产生的对事物的个别属性的反映。作为一种最简单的心理现象,它在动物心理进化过程中和在儿童心理发展的初期,都曾经独立地存在过,但是在正常的成年人的心理活动中很少独立存在。对成年人而言,只有在某些特殊情况下,如来不及看清物体或在试验条件下只要求反映某一属性的时候,才有单纯的感觉。感觉是认识的入口和开端,没有感觉,便不会有比较高级和复杂的知觉、表象和思维,而且后来的心理活动仍然需要感觉给予充实和修正。

在感觉的基础上，人们能进一步辨认出这是刮风、阳光，那是花朵、果实等，这属于知觉。在离开了刺激物的作用后，原来听过的话语，看过的某些图形、物象仍"话犹在耳""历历在目"，这就是记忆。人不仅能通过记忆把经历过的事物回想起来，还能幻想出自己从未经历过的事物，这是想象。人凭借特有的语言，通过分析综合，判断事物的本质及其发生、发展的规律，即是思维。

感觉、知觉、记忆、想象、思维都属于对客观事物的认识活动，都是为了弄清客观事物的性质和规律而产生的心理活动，这种心理活动在心理学上统称为认识过程。

人在认识客观事物时并非无动于衷，常常会产生满意和不满意、愉快或不愉快等态度体验，这在心理学上叫作情感或情绪。除此之外，人还能够根据对客观事物及其规律的认识自觉地改造世界。人能够根据自己的认识确定行为目的，拟订计划和步骤，克服各种困难，最后把计划付诸行动，这种自觉地确定目标并努力去实现的心理过程，叫作意志。

认识、情感、意志这三个心理过程是相互联系、互相促进的。而人的心理现象中的兴趣、能力、气质和性格，又统称为个性的心理特征。

在铁路运输生产活动中，人的操作过程主要有三个环节，即辨认接收信息、操纵控制设备、观察调整运作，这些行为都要受心理现象影响。当人的心理现象处于积极状态时，感知快速，思维敏捷，动作可靠，就能保证系统正常运转。否则，人的感知觉、思维和反应机能就不能正常发挥、差错增多，导致事故发生的可能性就很大。

因此，积极的心理现象是保证铁路运输安全的内在依据，消极的心理现象及由此产生的侥幸、麻痹、惰性、烦闷、自满和好奇等心理倾向，是人的差错(辨认不清、主观臆测、理解不当、判断失误等)引发事故的深层次原因。人的心理状态及其转变程度，成为铁路运输生产中事故与安全相互转化的制约因素，铁路运输安全的心理保障的关键就在于采取各种有效的手段和措施增强人的心理素质。

二、心理要素与运输安全

(一) 感觉和知觉与运输安全

感觉是人通过感觉器官对客观事物个别属性的直接反映。知觉是客观事物直接作用于人的感觉器官，人对客观事物的各种表面现象和诸多属性在大脑中的综合反映。

知觉和感觉一样，都是当前的客观事物直接作用于感觉器官，在头脑中形成的对客观事物的直观现象的反映。客观事物一旦离开感觉器官所及的范围，我们对这个客观事物的感觉和知觉也就停止了。但是，知觉又和感觉不同，感觉反映的是客观事物的个别属性，而知觉反映的是客观事物的整体。

知觉以感觉为基础，但不是感觉的简单相加，而是对大量感觉信息进行综合加工后形成的有机整体。知觉不仅依赖现实的感觉，而且依赖以往感觉经验的积累。感觉和知觉二者密不可分，通常将这两种心理现象称为感知或感知觉。

在运输生产过程中，有些事故发生是由于人的感知觉发生错误(如误认信号、误听或误传命令等)。引起错觉的原因很复杂，既有心理因素，也有生理因素。错觉现象也有很多，其中以视觉错误对运输安全的影响较大。

(二)记忆和思维与运输安全

记忆是人脑对所经历过的人和事的识记、保持和重现。记忆主要以回忆(再现)和认知(再认)的方式表现出来。以前感知过的事物不在眼前,把对它的反映重新呈现出来,叫作回忆;客观事物在眼前,感到熟悉,确知是以前感知过的,叫作认知。例如我们以前听过一首曲调,若能不看乐谱把它哼出来,便是回忆;若别人演奏时能听出是以前听过的,便是认知。记忆是反映机能的一个基本方面,没有记忆,一切心理的发展、一切智慧活动,都是不可能实现的。

思维是大脑在感知和记忆的基础上,对客观信息进行分析、综合、判断和推理的心理过程。思维是人的心理过程中最复杂的心理现象之一,是人脑对客观事物的本质属性及其内在规律的反映。事物的本质属性,指的是能决定事物主要特征的、某一类事物共同的、不可缺少的根本特性。事物的内在规律,主要是指事物之间的因果关系和必要联系。思维,就是人类专门去揭示事物的这种内在的本质属性和规律的心理活动。这是思维与其他心理活动根本不同的地方。由于思维的非直观和复杂性,到目前为止,科学尚未能彻底揭示思维的本质及其内在规律。

记忆和思维是铁路运输企业职工应该具备的重要心理要素之一,没有较好的记忆能力,就不能很好地按章办事,执行计划;没有较强的思维能力,就难以对非正常情况下的各种作业进行妥善处理。例如在工作中,运输指挥人员忘记将计划变更内容及时准确地通知作业人员,或因情况变化,不能立即分析判断,采取对策,就会因贻误时机而直接危及运输安全。

(三)注意与运输安全

注意,是一种心理活动状态,通常是指选择性注意,即注意是有选择地加工某些刺激而忽视其他刺激的倾向。它是心理活动对一定对象的指向和集中。注意有两个基本特征:一是指向性,是指心理活动有选择地关注一些现象;二是集中性,是指心理活动停留在被选择对象上的强度。

心理活动对一定对象的指向和集中,是伴随着感知觉、记忆、思维、想象等心理过程的一种共同的心理特征。注意按其作用或功能分为三种情况:

一是注意集中,即把心理活动重点指向特定对象,对其他无关的心理活动进行抑制,不因无关刺激源的干扰而分散精力。

二是注意分配,即在同时进行两种及以上活动时,把注意力有目的地指向不同对象,也就是通常所说的"一心二用"。如一边看电视,一边织毛衣。注意分配的条件是,同时进行的活动只有一种是不熟悉的,其余活动都达到了自动化的程度。

三是注意转移,即个体根据新的任务,主动地把注意由一个对象转移到另一个对象上。注意转移要求新的活动符合引起注意的条件。同时,注意转移与原先注意的强度有关。原先的注意越集中,转移就越困难。

注意是保证运输安全的基本心理条件。任何一项工作都是由多个作业环节组成的,如果作业人员的注意不集中,或过分集中而不能及时转移,或注意分配不当等,都有可能导致运输事故发生。

(四) 情绪与运输安全

个体往往对客观事物是否满足自身需要,或是否符合自己的愿望和观点而表现出的肯定(满意、愉快、高兴等)或否定(不满、不愉快、憎恨等)的态度体验,就是情绪。情绪是指伴随着认知和意识过程产生的对外界事物的态度,是对客观事物和主体需求之间关系的反映。它是以个体的愿望和需要为中介的一种心理活动。情绪包含情绪体验、情绪行为、情绪唤醒和对刺激物的认知等复杂成分。

情绪和情感状态有积极和消极之分,良好的情绪和情感是保证运输安全的充分必要条件;情绪不稳、心境不佳则是引发事故的重要原因。

(五) 气质和性格与运输安全

气质是人的个性心理特征之一,它是指在人的认识、情感、言语、行动中,心理活动发生时的力量强弱、变化快慢和均衡程度等稳定的人格特征。气质是在人的生理素质的基础上,通过生活实践,在后天条件影响下形成的,受到人的世界观和性格等的控制。主要表现在情绪体验的快慢、强弱,表现的隐显以及动作的灵敏或迟钝方面。气质体现了人的心理过程在强度、速度、灵活性和稳定性等方面的心理动力特征,与日常生活中人们所说的"脾气""性格""性情"等含义相近。性格是人对周围人和事的稳定态度和行为方式的心理特征。气质与性格二者互相渗透、相互影响。

因为气质和性格的外在表现都是围绕着"做什么"(表现为对现实的态度)、"怎样做"(表现为行为方式)展开的,因此,从事铁路运输生产的人员的性格和气质与运输安全直接相关。良好的气质和性格是铁路职工实现自控的心理保证;而气质较差、性格有缺陷的职工,由客观存在的心理障碍而导致自控能力较差的问题,应通过各种安全管理手段促使矛盾向有利于安全的方面转化。

(六) 能力与运输安全

能力是完成某种活动所必需的并直接影响活动效率的身心发展基本品质,是重要的个性心理特征之一。能力是直接影响活动效率,并使活动顺利完成的个性心理特征。能力总是和人完成一定的活动联系在一起。离开了具体活动既不能表现人的能力,也不能发展人的能力。但是,我们不能认为凡是与活动有关的,并在活动中表现出来的所有心理特征都是能力。只有那些完成活动所必需的直接影响活动效率的,并能使活动顺利进行的心理特征,才是能力。例如人的体力、知识,以及人是否暴躁、活泼等,虽然对活动有一定影响,但不是顺利完成某种活动最直接、最基本的心理特征,因此不能称之为能力。

能力可分为一般能力和特殊能力。观察力、记忆力、注意力、思维力和想象力等属于一般能力范畴,为人们认识客观事物,掌握科学文化知识提供了智力保证;色彩辨别力、音响辨别力、图像识别力等均系特殊能力,只能在特定范围和条件下发生作用。例如在列车技术作业过程中,列检所车辆检修人员通过锤敲耳听就能探测出车辆部件或零件的故障或隐患所在,这就是一种特殊能力。

运输职工能力强弱直接关系到运输生产的安危,如细心观察、牢靠记忆、沉着应变、敏捷思维、准确判断及清楚表达等能力是广大职工安全高效地完成运输生产任务的重要保证。反之，观察不细、记忆不强、判断不准、表达不清和反应迟缓等，就会使运输事故发生的可能性增加。

(七) 疲劳与运输安全

疲劳又称疲乏，是主观上一种疲乏无力的不适，是人在连续工作一定时间后，体力和精力消耗超过正常限度所出现的生理心理机能衰退的现象，其表现是：生理机能下降，肌肉酸痛，身体困乏，头痛头晕，视觉模糊，呼吸急促，心率加快，血压升高等；心理机能下降，注意力分散，感知觉失调，记忆和思维能力减退，反应迟缓等。感觉疲劳不是特异症状，很多疾病都可引起疲劳，很少有患病后更觉浑身是劲的情况，不同疾病引起不同程度的疲劳，有些疾病表现更明显，有时可作为就诊的首发症状。

疲劳对工作中的职工在生理上会产生"不能再干下去"和心理上"不想再干下去"的综合影响，轻则使工作效率降低，重则因判断失误或操作不当而发生事故。

铁路运输工作中，客货列车运行速度高、噪声大、露天作业天然环境条件差，职工连续工作时间长，加之安全正点要求高，使生产和管理人员心理压力大，耗费的身心能量多。因此，研究和减轻疲劳，对保证运输安全有重要意义。

(八) 需要和动机与运输安全

需要是人为了生存发展而产生的生理需求和对社会的需求在大脑中的反映。人为了求得个体和社会的生存和发展，必须要求一定的事物，例如食物、衣服、睡眠、劳动、交往，等等。这些需求反映在个体头脑中，就形成了个人需要。需要被认为是个体的一种内部状态，或者说是一种倾向，它反映个体对内在环境和外部生活条件的较为稳定的要求。

动机是人由于某种需要或愿望而引起的一种心理活动，是激励人们以行为达到目的的内因和动力，是为实现一定目的而行动的原因。动机是个体的内在心理过程，行为是这种内在心理过程的表现。

人对安全的需要是"需要层次理论"的重要组成部分。来自安全需要的安全动机有两方面的含义：一方面是保护自身不受伤害的动机；另一方面是保护他人、财产和设备等不被伤害和损坏的动机。前者是人的本能，一般情况下人不可能做出有意伤害自身的事情，这种自卫的动机基本上不需要培养和激励，但应经常告诫和提醒。而后者涉及他人、集体和国家利益，需要加强培养和激励。

人的安全行为是在一定条件下，受安全动机指使的主观努力的结果，运输安全心理保障所要研究和解决的核心问题，就是如何强化人的安全意识，助长遵章守纪、按标准化作业的安全行为，最大限度地减少消极心态对安全生产的不良影响。

思考题

一、填空题

1."安全第一，预防为主，综合治理"指导方针主要有（   ）、（   ）、（   ）、

（   ）四个方面的作用。

2.在铁路运输生产活动中,人的操作过程主要有三个环节,即(   )、(   )、(   ),而这些行为都要受心理现象影响。

3.注意有两个基本特征:一是(   ),是指心理活动有选择地反映一些现象而离开其余对象;二是(   ),是指心理活动停留在被选择对象上的强度。

4.注意按其作用或功能分为三种情况,即(   )、(   )、(   )。

5.疲劳又称疲乏,是主观上一种疲乏无力的不适,是人在连续工作一定时间后,体力和精力消耗超过正常限度所出现的(   )的现象。

二、选择题

1.(   )这三个心理过程是相互联系、互相促进的。

    A.认识   B.情感   C.意志   D.思维

2.(   )以感觉为基础,但不是感觉的简单相加,而是对大量感觉信息进行综合加工后形成的有机整体。

    A.认识   B.情感   C.意志   D.知觉

3.感觉和知觉二者密不可分,通常将这两种心理现象称为(   )。

    A.思维   B.感知   C.意识   D.思想

4.(   )是保证运输安全的基本心理条件。

    A.注意   B.认真   C.细致   D.仔细

三、判断题

1.人不是在一切活动、劳动、学习和游戏中都有心理现象。   （   ）

2.感觉反映的是客观事物的个别属性,而知觉反映的是主观事物的整体。   （   ）

3.记忆和思维是铁路运输企业职工应该具备的心理要素之一。   （   ）

4.能力是完成某种活动所必需的并直接影响活动效率的身心发展基本品质,是重要的个性心理特征之一。   （   ）

5.研究和减轻疲劳,对保证运输安全有重要意义。   （   ）

四、简答题

1.铁路运输安全管理的方针是什么?

2.贯彻铁路运输安全管理指导方针有哪些要求?

3.什么是感觉?什么是知觉?

4.什么是注意?注意有哪两个基本特征?

5.注意按其作用或功能分为哪三种情况?

《铁路安全管理条例》

《铁路安全管理条例》

附录2
"铁路运输安全管理"
课程参考标准

一、前言

(一)课程定位

"铁路运输安全管理"属铁道交通运营管理专业的专业必修课程,也是该专业的专业核心课程之一。其先修课程为"铁路行车规章",课程系统讲授行车、客运、货运安全管理知识,为"铁路行车规章""车站作业计划与统计""接发列车实训""调车工作实训"等专业课程的学习提供了帮助,也为学生培养安全意识和毕业后安全从事铁路生产或技术管理工作奠定了基础。

(二)课程目标

通过该课程的学习,学生树立安全第一和将来从事铁路各工种工作时的安全风险意识,懂得安全的前提和预防。"铁路运输安全管理"以铁路现行规章制度、作业标准为依据,以案例分析教学法为主要手段,注重学生安全风险意识的培养,提高学生解决突发事故的能力,符合职业教育"以能力培养为主导,以技能训练为主线"的要求。

(三)课程设计

1.设计思路

根据铁路技术技能人才相关岗位要求,课程应在突出职业素质,夯实专业基础的同时,注重安全风险意识培养的习惯性,增强安全管理教学的理论性、适用性、实践性,构建以应用性和实践性为基本特点的课程教学体系。在教学组织上,根据"铁路运输安全管理"课程理论性与实用性相结合的特点,坚持"实际、实用、实践"原则,合理组织教学全过程;根据教学内容特点,将理论教学与实践教学有机结合在一起。课程内容全面反映铁路新技术发展的实际,案例事故分析教学和专业知识教学穿插进行。

2.课程的重点、难点及解决办法

课程重点:行车、货运、客运作业过程安全管理基础知识;作业工种的安全风险项目点管理;职工人身安全管理知识;事故救援方式方法等。

课程难点:事故调查报告的编制及改进措施的执行。

解决办法:采用先进的教学手段以直观体现这些重要的过程管理。教师要了解核心问题的本质,着力于理论联系实际,搜集大量事故图片,制作电子课件等,以提高教学场景的直观性、动态性,使学生便于理解掌握、融会贯通,增强工作中的安全风险意识。

二、课程内容和要求

教学时间安排:60 学时。

学习目标:

(1)掌握安全在铁路运输中的地位、我国铁路运输安全的现状;明确铁路运输安全的特殊性;掌握铁路运输安全管理的基础工作。

(2)掌握接发车、调车、停留车安全管理重点工作;掌握行车调度指挥安全管理、电气化铁路行车安全管理、行车作业人身安全管理的方法及内容。

(3)掌握铁路货运安全保障体系的内容、货运安全管理的方针及主要措施。

(4)了解旅客乘降安全管理、列车秩序安全管理、安全设备管理、班组安全管理内容;明确职工健康的心理素质的培养方法。

学习组织形式与方法:

教学模式:教学做一体。

实施地点:多媒体教室。

教学手段:多媒体教学、案例录像教学。

教学方法:小组合作、教师引导与学生自主研讨相结合。

学业评价:

评价原则:章节测验评价为主。

过程评价(平时成绩)按优秀(85 分以上)、良好(75~84 分)、及格(60~74 分)、不及格(59 分以下)四个等级打分,占终结评价的 40%。

模块测验书面考试评价占 60%。试卷中对能力层次要求控制的分数比例原则是:识记40%,领会 10%,简单应用 25%,综合应用 25%。测验试卷中各能力层次易、中、难的比例大致控制在 25:60:15 的幅度内。

三、教学条件

(一)教师团队及职业背景

教师团队由校内具备现场实践经验和专业知识教育经验的双师型教师组成。

(二)教学设施

除常规教学设备条件外,为了加深学生对课堂教学内容的理解,可以在图书馆、电子阅览室查阅相关资料,并且安排学生讨论案例等实践教学内容。

四、实施建议

1.把握行业的最新发展动态,在教学中体现行业的最新成果

在"铁路运输安全管理"的教学中,要求教师注意把握铁路行业的新动态、新理论、新知识、新规章、新案例,注意铁路运输安全管理研究领域的新发展、新成果,鼓励教师参加各种专业会议,收集现场实际案例,增加教师的学识,使其在教学中能得心应手地应用相关知识点的案例,加强信息交流和沟通,开阔学生的视野,激发学生学习兴趣,重点培养学生的安全意识。

2.教师熟悉生产实际,能编制符合知识点内容的案例

铁路运输专业是一门实践性很强的专业,它要求专业教师必须熟悉铁路现场,才能在教学中做到讲解生动,讲授内容丰富,并做到理论联系实际。因此应最大限度地采用案例教学法,最好结合现场真实案例,由学生自行分析得出结论,并根据现场实际情况编制一些对应知识点的案例,让学生留下深刻印象。

3.课程资源的开发与利用

逐步开发建设课程教学辅助资源,不断完善教学录像、电子课件、案例库、习题集、教学标准等信息化资源。

4.其他说明

该课程计划安排 60 学时,可以根据学生自身基础及学习能力做适当调整,可不断更新课程资源,课程内容应密切结合现场实际及时更新。

参 考 文 献

[1] 韩买良.铁路行车安全管理[M].北京:中国铁道出版社,2014.
[2] 杨炎坤.行车安全心理[M].北京:中国铁道出版社,2009.
[3] 丁国平,李丁卯.漫话安全[M].北京:中国铁道出版社,2009.
[4] 秦进.铁路运输安全管理[M].长沙:中南大学出版社,2011.
[5] 鲁新,汤兆平.铁路货运安全概论[M].北京:中国铁道出版社,2012.
[6] 张穹,王兆成,胡亚东.铁路运输安全保护条例释义[M].北京:中国铁道出版社,2005.
[7] 冯春祥,赵锟.车务系统行车作业应急处置[M].北京:中国铁道出版社,2012.
[8] 杨涛,王越.动车组客运岗位培训适用性教材[M].北京:中国铁道出版社股份有限公司,2014.
[9] 王越.铁路客运组织[M].2版.北京:人民交通出版社股份有限公司,2019.
[10] 李慧玲,刘冰.城市轨道交通安全管理[M].北京:人民交通出版社,2011.
[11] 中华人民共和国铁道部.铁路交通事故调查处理规则[M].北京:中国铁道出版社,2007.
[12] 中华人民共和国铁道部.铁路交通事故应急救援和调查处理条例[M].北京:中国铁道出版社,2007.
[13] 中国铁路总公司.铁路技术管理规程[M].北京:中国铁道出版社,2014.
[14] 魏玉光.铁路安全风险管理普及读本[M].北京:中国铁道出版社,2012.
[15] 广州铁路(集团)公司劳卫处.铁路运输站段班组管理[M].北京:中国铁道出版社,2010.